상호작용 의례

Interaction Ritual
Essays in Face-to-Face Behavior

by Erving Goffman with a new introduction by Joel Best

Copyright 2008 by Transaction Publishers
All rights reserved.

The Korean translation edition ⓒ 2021 by Acanet.
This edition is an authorized translation from the English language edition published by Routledge, a member of the Tayler & Francis Group LLC., 605 Third Avenue, 21st Floor, New York, NY 10158, USA.
Arranged by Bestun Korea Agency, Seoul, Korea.
All rights reserved.

이 책의 한국어판 저작권은 베스툰 코리아 에이전시를 통해
저작권자인 Routledge와 독점 계약을 맺은 아카넷에 있습니다.
저작권법에 의해 한국 내에서 보호를 받는 저작물이므로 무단 전재와 무단 복제를 금합니다.

한국연구재단총서 학술명저번역 538

상호작용 의례
대면 행동에 관한 에세이

Interaction Ritual
Essays in Face-to-Face Behavior

어빙 고프먼 지음 | 진수미 옮김

아카넷

일러두기

1. 번호가 붙은 주는 저자 주이며, *가 붙은 주는 모두 옮긴이 주이다.
2. 본문의 고딕 강조는 원문의 강조이다.

조엘 베스트의 서문

『상호작용 의례(*Interaction Ritual*)』는 어빙 고프먼(Erving Goffman)의 남다른 학술적 이력에서 주축을 이루는 저작이다. 고프먼은 1959년에서 1963년 사이에 5권의 저서를 출간하여 거의 무명에 가까웠던 사회학자에서 미국 사회학계의 중요한 인물로 부상했다. 그중 『자아연출의 사회학(*The Presentation of Self in Everyday Life*)』(1959), 『정신병원(*Asylums*)』(1961), 『낙인(*Stigma*)』(1963), 이 세 권은 고전으로서의 명성을 유지하고 있다.

고프먼의 초기 저작은 제2차 세계대전 후 사회학을 지배하던 정상과학의 중압감에서 점차 벗어나기 시작한 사회학계의 각성을 반영한다. 주류 사회학은 탤컷 파슨스(Talcott Parsons)의 거대이론이 지배하는 한편, 서베이 연구와 실험방법을 활용한 계량적 분석에 매료되고 있었다. 이와 같은 주류사회학의 경향에 대해, 탁월한 비평가 C. 라이트 밀스(C. Wright Mills)는 『사회학적 상상력(*Sociological Imagination*)』(1959)에서, 피트림 소로킨(Pitrim Sorokin)은 『현대 사회학의 유행과 맹점(*Fads and Foibles in Modern Sociology*)』(1956)에서 맹비난을 퍼부었고, 사회학자들은 대안적 접근을 찾고 있었다.

고프먼이 대안을 제시했음은 분명하다. 그가 다룬 주제는 독특했다. 그가 다룬 주제는 거대하고 중요한 문제(그래서 중요한 업적을 생산할 수 있는)와 씨름하려는 성향을 지닌 학자들과는 뚜렷한 대조를 보였다. 고프먼은 작은 규모의 가장 평범하고 일상적인 사회적 접촉, 즉 '일상의 삶'에 초점을 맞춘 최소주의자(minimalist)*였다. 그의 연구 방법 또한 주제 못지않게 특이했다. 고프먼은 민속지 연구—초기의 스코틀랜드 연안 섬 연구와 후기의 정신병원 연구—도 했지만 체계화된 기술에는 놀라울 정도로 관심이 없었다. 그는 모든 사회적 삶의 밑바탕에 깔려 있는 기본과정을 밝히는 데 연구 목표를 두었다. 또 자신이 수행한 현장연구의 사례들은 물론이고 훨씬 다양한 문헌들을—사회학자와 인류학자를 비롯한 사회과학자들의 연구 결과뿐만 아니라 전기와 소설, 신문기사들도— 광범하게 활용했다.

그래서 고프먼의 연구 작업들은 분류하기가 쉽지 않다. 자아의 면모에 중점을 둔 그의 초기 연구도 사회심리학의 잘 알려진 범주에 속한다고 보기 어렵다. 그의 연구는 태도에 관한 서베이 연구도 아니고 소집단을 대상으로 한 실험연구도 아니며 상징적 상호작용론 학파의 추상적 이론화와도 달랐다. 고프먼은 자아를 특정한 상황에 뿌리박힌 것으로 보았다는 편이 더 정확하다. 고프먼에게 자아는 일차적으로 자타가 모두 존중할 만한 사람이 되고자 하는 욕구동기에서 형성되는 것이다. 그리고 모든 상호작용

---

* 고프먼은 사회학이 기술하고 설명할 수 있는 사회현상의 최소 단위를 개인 간의 대면 상호작용이라는 가장 미시적인 수준이라고 보고, 최소한의 상호작용 모델과 구성요소를 찾아내고 분석하려 했다는 점을 지적한 것이다. 최소주의(minimalism)는 사물의 본질을 가장 단순하고 작은 규모로 표현하려는 예술적·사상적 흐름이다. 제2차 세계대전 이후 서유럽의 예술에서 불필요한 기교와 형태를 최대한 제거하고 최소한의 본질을 표현하려는 흐름으로 시작되어 1960년대와 1970년대에는 미국의 시각예술에서 가장 강력한 힘을 발휘했다. 최소주의는 미술과 건축, 음악과 문학 분야에 광범하게 확산되었고, 간결하고 소박한 삶의 양식을 선호하는 흐름으로 이어지기도 했다.

은 그러한 자아 특징을 끌어낼 수 있는 기회를 제공한다.

고프먼의 연구는 바로 그 과정을 각기 다른 개념을 중심으로 한 일련의 대안적 노선 또는 관점을 제안하는 작업으로 볼 수 있다. 물론 가장 유명한 것은 『자아연출의 사회학』에서 제시한 연극적 관점(dramaturgical perspective)으로, 상호작용은 관객 앞에서 펼치는 연기로 볼 수 있다는 관점이다. 그러나 상호작용의 또 다른 면모에 집중한 연구도 있다.

고프먼은 『만남(Encounters)』(1961)에 실린 에세이 가운데 첫 번째 글에서는 게임이라는 개념으로, 두 번째 글에서는 역할이라는 개념으로 상호작용을 기술한다. 『공공장소에서 이루어지는 행동(Behavior in Public Places)』(1963)에서는 관여(involvement)의 중요성을 두드러지게 강조했다. 『전략적 상호작용(Strategic Interaction)』(1969)에서는 전략 개념에, 『프레임 분석(Frame Analysis)』(1974)에서는 프레임 개념에 초점을 맞추었다. 『공중 앞 관계(Relations in Public)』(1971), 『담화의 형태(Forms of Talk)』(1981)에 실린 글들과 같은 후기 작업은 대화의 전개 순서(conversational sequence)를 강조했다.

이러한 대안적 관점의 탐색에는 일종의 장난기가 들어 있다. 고프먼의 주장은 상호작용이 드라마라거나 게임이라거나 또는 프레임이라는 것이 아니라 그런 개념들이 사회적 삶을 바라보는 —그리고 이해하게 해주는— 유용한 관점이나 시각을 제공할 수 있다는 것이다. 고프먼의 특이한 이론적 시각에 사회학자들이 보인 반응은 다양하다. 연극학, 낙인, 프레임과 같은 개념은 많은 지지자들에게 여전히 매혹적이다. 역할 거리(role distance) 개념은 초기에는 애용되었으나 이후 잊혔다. 관여, 전략적 상호작용 같은 다른 개념들은 주의를 끌지 못했다.

이와 같은 맥락에서 『상호작용 의례』를 이해해야 한다. 책은 두 부분으로 나뉜다. 앞부분은 사회적 상호작용을 다룬 「체면 지키기」, 「존대와 처신의 성격」, 「당혹감과 사회조직」, 「상호작용에서의 소외」로 학술지에 발표된 초기의 글들을 모아놓았다(*British Journal of Sociology*, 1951에 실린 「계급 신분의 상징Symbols of Class Status」, 그리고 *Psychiatry*, 1952에 실린 「사기 피해자 달래기On Cooling the mark out」가 빠진 것은 아쉽다. 이 두 논문은 사회적 상호작용에 초점을 맞추고 있지는 않지만, 아주 빼어난 걸작으로 독특한 관점을 발견하고 발전시키는 고프먼의 능력을 보여준다).

뒷부분은 『상호작용 의례』에서 처음 발표된 긴 에세이 「행동이 있는 곳」이다. 이 책이 처음 출간되었을 때 가장 중요한 공헌으로 보인 글이다. 『상호작용 의례』는 고프먼의 초기 연구들을 모아놓았다는 점에서도 중요하지만 상호작용에 대한 고프먼의 또 다른 시각을 보여준다는 점에서도 의미가 있다. 이 에세이는 네바다 주의 카지노를 관찰한 고프먼의 후기 민속지 연구에서 나온 것이지만 현장이 그다지 체계적으로 기술되어 있지는 않다. 우리는 그저 놀이터 또는 일터로서의 카지노에 대한 단편적 지식을 얻을 뿐이다. 대신에 고프먼은 도박을 자신이 '행동'이라고 부르는 운명적 마주침의 다양한 유형 가운데 하나로 다룬다.

행동은 —고프먼의 다른 많은 개념들과 마찬가지로— 행위자가 상호작용에 투자한 정서적 특성의 표현방식을 다룬 개념이다. 고프먼은 사회학의 주요 학술지들이 정서의 사회학을 다룬 논문들을 싣기 시작한 시점보다 훨씬 이전에 이미 상호작용을 지배하는 정서적 울림을 탐구했다. 고프먼이 보기에 자아는 정서적으로 취약하다. 쉽게 상처 받고, 배신당하고, 망신당하고, 당황한다. 고프먼은 이러한 자아의 취약성은 비극적이기도 하지만 희극적이기도 하다는 점을 인식했다. 거부당하는 고통을 겪을 때, 존중 받고자 하는 마음이 타인에게 퇴짜를 맞거나 자기 자신마저 의심스러워질 때에는 비극이다. 그러나 고프먼이 보기에 자아에는 희극성도 잠재해 있다. 당황스러울 수도 있지만, 불쑥 허세가 튀어나오고 가식이 드러나면 웃음을 자아낼 수도 있다.

고프먼은 자아에는 취약성과 더불어 활력성도 있다고 본다. 만일 모든 상호작용이 실패, 노출, 거부당할 위험이 있는 것이라면, 그런 위험한 상황을 장악할 수만 있으면 그에 따르는 보상도 약속되어 있다는 뜻이다. 고프먼이 보는 최소주의적 세계에서는 비극이나 승리 모두 규모가 작다. 사소한 실수로 인해 한 사람의 자아가 문제시되는가 하면 내기에서 이기는 사소한 기쁨으로 자아의 가치가 재확인되기도 하는 것이다.

『상호작용 의례』는 자아의 양면성에 모두 걸쳐 있다. 어떻게 보면 책 앞부분은 초기의 중요한 저작들과 마찬가지로 자아의 취약성과 위험에 더 무게를 두었다. 반면에 「행동이 있는 곳」은 자아의 도취와 충일 지향성을 강조한다. 이 두 가지가 우리 삶의 전모라는 사실, 존중의 의례가 사람들 사이의 가장 평범한 접촉까지도 규정한다는 사실을 인식하고 우리로 하여금 그 사실을 깨닫게 해주었다는 데 고프먼의 천재성이 있다.

조엘 베스트(Joel Best)
델라웨어대학교

차례

조엘 베스트의 서문 | 005

머리말 | 013

1. 체면 지키기 | 017
2. 존대와 처신의 성격 | 057
3. 당혹감과 사회조직 | 105
4. 상호작용 내 소외 | 123
5. 정신이상 증상과 공공질서 | 147
6. 행동이 있는 곳 | 161

옮긴이 해제 | 287
찾아보기 | 307

머리말

자연 발생적 상황에서 이루어지는 대면 상호작용(face-to-face interaction) 연구에는 아직 적절한 명칭이 없다. 연구 분야의 경계 또한 분명치 않다. 다만, 짧은 시간에, 제한된 공간에서, 일단 시작되면 끝을 볼 때까지 진행되는 사건에 국한된 연구를 가리킬 뿐이다. 사람들의 의례적 속성 및 영역권의 자기중심적 형태와 맞물려 있는 분야다.

그렇지만 연구의 내용은 밝힐 수 있다. 사람들이 함께 있는 동안, 함께 있기에 일어나는 사건들을 다룬다. 의도했든 의도하지 않았든 사람들이 상황에서 보여주는 눈짓, 몸짓, 위치 선정, 말들이 궁극적인 행동 자료들이다. 이런 행동은 사람들이 상황을 어떻게 생각하고 그 상황에 어떻게 참여하는지가 겉으로 드러난 기호로서, 보통 소속 사회조직과 관련해서 검토하지 않는 몸과 마음의 상태를 보여주는 자료다.

'사소한 행동들'에 대한 엄밀하고 체계적인 연구는 동물학과 언어학 분야에서 최근에 이루어진 인상적인 연구의 자극을 받고 '소집단' 상호작용 연구와 정신치료 분야의 자원이 뒷받침되면서 이루어졌다.

이 행동 자료들을 다루는 첫째 목표는 사소한 행동으로 형성되는 자연

발생적 상호작용 단위를 기술하는 데 있다. 그 범위는 가령, 벌어지는 사건에 대한 개인의 입장을 보여주는 순간적인 표정과 같은 가장 작은 단위부터 한 주간 남짓 계속되는 큰 회의처럼 사회적 행사라 불릴 상호작용 단위까지 확대할 수 있다. 둘째 목표는 한 상호작용에서 또는 상호작용 단위들 사이에서 작용하는 규범적 질서를 밝히는 데 있다. 공공장소이든 사사로운 자리이든, 조직된 사회적 행사이든 그저 관례적 사교 모임에 한정된 것이든, 사람들이 모인 장소에서 볼 수 있는 행동의 질서를 밝혀보려는 것이다.[1] 두 목표 모두 정밀한 민속지 연구를 통해 진척시킬 수 있다. 우리는 사람들이 서로 직접 대면한 자리에서라면 언제나 나타나는 행동유형과 자연스럽게 일어나는 연쇄반응을 알아보아야 한다. 또 대면 행동은 사회관계, 소집단, 의사소통 체계, 전략적 상호작용과 같은 인접 연구 분야와는 분석적으로 구별하여 고유한 연구 주제로 다룰 필요가 있다.

요컨대 상황(occasion)의 사회학이 필요하다. 핵심 주제는 사회조직이지만 사회조직이란 사람들이 함께 어울리고 상호작용을 하는 상황에서 형성되는 것이다. 안정된 규범적 구조를 갖춘 '사회적 모임(social gathering)'이 되는가가 관건이다. 그러나 사회적 모임은 사람들이 참여해야 생기고 떠나면 소멸할 수밖에 없는 덧없고 변하기 쉬운 실체이기도 하다.

이 책의 앞에 실린 다섯 개 논문은 편집상 약간의 수정을 했을 뿐 발표한 순서대로 실었다. 책의 거의 절반을 차지하는 여섯 번째 글은 이 책에서 처음 발표한다. 그리 편치 않은 글들일까 염려스럽지만, 여전히 민속지학자들의 관심사로 남아 있고 반드시 고려해야 할 보편적 쟁점에 초점을

---

[1] 나는 『공공장소에서 이루어지는 행동(*Behavior in Public Places*)』(New York, The Free Press of Glencoe, 1966)에서 이런 방향의 연구를 시도한 바 있다.

맞춘 글들이다.

나는 적절한 상호작용 연구란 개인과 개인의 심리학보다는 사람들이 서로를 보는 자리에서 하는 행동들의 결합관계를 탐구하는 것이라고 생각한다. 그렇지만 결정적 연구 자료는 행위자들이 하는 행동인 만큼 행위자들의 보편적 속성이 무엇인지는 반드시 찾아내야 한다. 무리를 이루고 있는 사람들 가운데서 한 행위자를 포착하여 동료들과 질서 정연 하게 주고받는 행동을 이해하는 데 필요한 최소 행위자 모델은 어떤 것일까? 상호작용에서 개인행위자가 택한 행동노선의 성패를 예측하는 데 필요한 최소 모델은 어떤 것일까? 이 책에 실린 글들은 이런 질문을 다룬다. 심리학이 포함될 수밖에 없지만, 심리학 역시 대화, 육상 경기, 만찬, 재판, 거리 산책과 같은 구체적 상황에 대한 사회학적 연구에 들어맞도록 해체하고 재조립할 것이다.

요컨대, 사람들과 사람들이 마주하는 순간이 아니라 순간과 그 순간에 함께 있게 된 사람들이 문제의 초점이다.*

---

* 분석의 초점을 개인에게 두지 않고 '지금-여기'의 구체적 상황에 둔다는 말이다. 사회학에서는 사회현상을 분석 수준에 따라 미시와 거시, 분석 대상에 따라 구조와 행위로 구분하고, 보통 구조는 거시 수준에서, 행위는 미시 수준에서 다룬다. 이론사회학자들은 거시-구조와 미시-행위 가운데 어느 쪽에 이론적 우선순위가 있는지를 놓고 오랫동안 논쟁을 벌여왔다. 앤서니 기든스(Anthony Giddens)의 구조화이론처럼 그런 이분법을 극복하려는 시도도 물론 있었다. 고프먼은 연구 생애 내내 분석의 초점으로 미시 수준을 고수했다. 그러나 고프먼은 개인행위자를 분석 단위로 삼는 다른 이론가들과 달리 상황의 구조적 요건(상황의 질서와 규칙)을 분석 단위로 삼았다. 개인의 행위와 행위자들의 관계는 구체적 상호작용 상황에서 형성·유지·변화하는 것이며 따라서 상황의 구조와 요건이 우선한다고 보았기 때문이다. 고프먼은 미시 수준에서 작용하는 구조를 다루었다는 점에서 구조는 거시 수준에서 다루고 행위는 미시 수준에서 다루는 전통에서 벗어나 있다(R. Collins, *Interaction Ritual Chains*, 2004: pp. 3~6, 16~24 참조).

제1장
체면 지키기
사회적 상호작용에 내재된 의례적 요소의 분석[1]

사람은 누구나 다른 사람들과 직간접 접촉을 하는 사회적 만남(social encounters)*의 세계에서 살고 있다. 그리고 이른바 노선(line)—자신이 상황을 어떻게 보는지, 참여자들을 어떻게 평가하는지, 특히 자기 자신을 어떻게 평가하는지를 나타내는 언어적·비언어적 행동유형—을 실행에 옮긴다. 그는 어떤 노선을 택하고자 작정하지 않더라도 결국 자신이 노선을 택

---

[1] 이 논문은 미국공중보건재단(U. S. Public Health Grant)의 연구비 지원을 받아, 시카고대학교 심리학과 윌리엄 소스킨 박사(Dr. William Soskin)의 주도로 이루어진 사회적 상호작용의 특성에 관한 연구의 일환으로 쓴 것이다.

---

* 사회적 만남은 관심의 초점을 공유하는 상호작용의 최소 단위를 가리킨다. 고프먼은 사회적 상호작용을 초점이 맞추어진 상호작용(focused interaction)과 초점이 맞추어지지 않은 상호작용(unfocused interaction)으로 구분한다. 초점이 맞추어진 상호작용은 상호작용하는 이들이 서로에게 관심을 표명하는 신호(인사)로 시작하고 단일한 관심의 초점을 공유하는 동안 지속되며, 종료 신호(작별인사 따위)를 주고받으며 끝난다. 초점이 맞추어지지 않은 상호작용은 공개된 장소(거리나 극장, 버스정류장, 행사 등)에서 우연히 함께 있게 된 사람들 사이의 비언어적·암묵적 상호작용으로, 사람들은 직접 말을 나누지는 않아도 서로의 존재를 의식하면서 자신의 신체적 외양이나 동작, 자세, 얼굴 표정, 몸짓으로 자신의 인상을 관리한다(Goffman, 1966, *Behavior in Public Places*).

하게 된다는 사실을 알게 된다. 다른 참여자들은 그 사람이 어느 정도는 자의로 자기 입장을 정하는 것이라 짐작하기에, 남들의 반응에 대처하려면 자기가 남들에게 어떤 인상을 주는지 염두에 두어야 한다.

체면(face)이라는 말은 한 사람이 다른 사람들과 접촉하는 동안 그들이 짐작하는 노선대로 자기를 표현하여 얻게 되는 긍정적인 사회적 가치라 정의할 수 있다. 체면은 개인이 남들의 인정을 받을 만한 사회적 자질을 지닌 존재로 스스로를 표현하는 자아 이미지인 셈이다. 물론 그 이미지는 자기를 위한 성취가 소속 직종이나 종교의 성과로 이어질 때처럼 남들이 공유하는 것일 수도 있다.[2]

사람은 다른 사람들과의 접촉에서 자기에게 주어지는 체면에 즉각 정서적으로 반응하는 경향이 있다. 체면을 소중히 여긴다. 체면에 '감정'도 실린다. 만남에서 오랫동안 당연히 여기던 자아 이미지가 유지되면 별다른 감정이 생기지 않는다. 예상보다 좋게 체면을 세울 만한 사건이 생기면 '기분이 좋아'진다. 기대에 미치지 못하면 '기분이 나쁘고' '마음이 상한다.' 대체로 특정한 체면을 고수하는 사람은 거기에 어긋나는 정보를 스스로 내놓을 수도 있고 남들이 그러한 정보를 내놓기도 쉬운 까닭에 다른 사람들과의 만남은 어떤 것이든 구속임을 알게 된다. 그뿐만 아니라 다른 참여자들의 체면에 대한 감정도 있다. 자기 체면에 대해 느끼는 감정과 정도와

---

2) 중국에서 사용되는 체면의 개념에 관한 논의는 다음의 문헌을 볼 것. Hsein Chin Hu,, "The Chinese Concept of 'Face'," *American Anthropologist*, 1944, n.s. 46: pp. 45~64. Martin C. Yang, *A Chinese Village*(New York: Columbia University Press, 1945), pp. 167~172. J. Macgowan, *Men and Manners of Modern China*(London: Unwin, 1912), pp. 301~312. Arthur H. Smith, *Chinese Characteristics*(New York: Felming H. Revell Co., 1984), pp. 16~18. 아메리칸인디언들의 체면 개념에 관한 논평은 Marcel Mauss, *The Gift*, Ian Cunnison tr.(London: Cohen & West, 1954), p. 38을 볼 것.

방향은 다르지만 사람은 남들의 체면에도 저절로 신경이 쓰인다. 자기의 체면과 타인의 체면은 모두 동일한 질서의 구성요소다. 즉, 자기 체면에 대한 감정, 그리고 관련된 사람들의 체면에 관해 감정을 얼마나 느끼고 어떻게 배분해야 하는지를 규정하는 집단의 규칙이자 상황 정의인 것이다.

한 사람이 택한 노선이 내적으로 일관되고, 다른 참여자들의 판단과 증거로 뒷받침되며, 주어진 상황에서 인간 외적 작용을 통해 전달되는 증거로 확인될 경우, 그 사람은 체면이 있다 또는 체면을 유지한다고 말할 수 있다. 그럴 때 체면은 그 사람의 겉과 속이 아니라 만남에서 벌어지는 사건들의 흐름에 두루 퍼져 있어서 사건들을 읽고, 평가하고, 해석할 때에야 비로소 드러나는 것임에 틀림없다.

다른 이들과 접촉하는 동안 한 사람이 유지하는 노선은 대개 관례로 정착된 것이다. 사람됨이 눈에 보이거나 잘 알려진 상호작용 행위자는 특정한 형태의 만남에서는 특정한 체면이 지켜지리라 생각하고 또 그래야 도덕적으로 적절하리라 여긴다. 그에게 주어진 특성이 있고 만남의 관례화된 성격이 있어서 그가 택할 수 있는 노선과 체면은 한정되어 있다. 게다가 그에게는 알려진 몇 가지 자기 특성에다 보태야 할 다른 특성도 많다. 자질을 의심할 만큼 그가 튀는 행동을 하기 전에는 동료 참여자들은 그의 특성을 거의 의식하지 못한다. 그가 튀는 행동을 하면 그때서야 그의 특성을 의식하고, 그가 의도적으로 그릇된 인상을 자신들에게 주었다고 짐작한다.

따라서 체면을 지키려는 사람은 현재의 활동에 관심을 집중하지만 그 자리를 벗어난 세상에서의 자기 처지도 염두에 두어야 한다. 현재 상황에서 체면을 유지할 수 있는 사람은 나중에 감당하기 어려울 예전의 활동을 그만둔 사람일 것이다. 또한 지금 체면을 잃으면 남들이 앞으로는 자신의 감정을 배려하지 않아도 된다고 여길까봐 두려워한다. 그렇지만 현재 상황과 더 넓은 사회의 상호의존성은 제한적이다. 다시는 상대하지 않을 사람들과 만날 때는 과감한 노선을 택할 수도 있다. 나중에 다시 만나 불신을 당하거나 체면 때문에 쩔쩔매는 굴욕을 겪을 일도 없을 테니까.

자신의 사회적 가치가 드러나 아무리 애를 써도 자기가 지켜오던 노선에 통합되지 못하는 사람을 일러 **체면이 망가진**(be in wrong face) 사람이라 한다. 상황에 적절한 노선을 갖추지 못한 채 사람들과 만나는 자리에 나타나는 사람을 가리켜 **체면 없는**(be out of face) 사람이라 한다. 다른 참여자들이 장난조로 당사자에게 눈치를 주기도 한다. 물론 당사자가 스스로 상황 파악을 못했음을 알아차리는 심각한 상황도 있다.

체면이 선다고 느끼는 사람은 보통 자신감을 가지고 침착하게 반응한다. 자신이 택한 노선을 고수하면서 머리를 들고 당당하게 자기를 연출할 수 있다. 그는 안전하며 편안하다고 느낀다. 남들이 그의 체면이 망가졌다고 느끼면서도 그런 느낌을 잘 감추면 정작 당사자는 편안하고 안전하게 느낄 수도 있다.

체면이 없거나 망가진 사람은 상황에 어울리지 않는 표현을 해서 만남을 교란시키는 사건에 처한다. 체면이 없거나 망가졌음을 감지한 사람은 수치심과 열등감을 느끼기 십상이다. 자기 잘못으로 사건이 벌어졌고, 그 사건이 참여자로서 자기의 평판에 영향을 미치기 때문이다. 더욱이 그가 정서적으로 애착을 느끼고 만남에서 지지받으리라 기대한 자아 이미지가 위태롭게 되었으니 마음이 상한다. 만남에서 도덕적 지지를 받지 못하면 그는 동요하고 혼란에 빠져 순간적으로 상호작용을 할 수 없는 상태에 빠진다. 태도나 거동은 비틀거리고 위축되며 무너진다. 당황스럽고 억울하다는 느낌이 든다. 창피해서 얼굴이 붉어진다. 합당한 근거가 있든 없든 남들 앞에서 허둥댄다는 느낌, 어떻게 해볼 도리가 없다는 사실이 감정의 상처를 덧들인다. 체면을 잃은 데다 창피해하는 모습까지 보이면 그는 상황의 정서적 분위기를 한층 더 교란시키는 셈이다. 다른 사람들과 만나는 동안 창피해하는 모습을 억누르고 감추는 능력을 나는 통상적인 용법에 따라 **침착성**(poise)이라 부르기로 한다.

다른 사회도 그렇겠지만, 미국 사회에서 '체면을 잃다'라는 말은 망가진 체면, 체면 없음, 창피함을 뜻한다. '체면 지키기'라는 말은 남들 앞에서 체면을 잃지 않았다는 인상을 유지하는 과정을 가리킨다. 상대가 별수 없어 택할지도 모르는 노선보다 더 나은 노선을 주선해준다는 뜻의 중국식 어법에 따라, 상대의 '체면 살려주기'라고 말할 수도 있다.[3] 그러면 상대는 체면을 살릴 수 있는 한 방편으로 자신에게 주어진 체면을 얻는다.

어떤 사교 모임이든 그 모임에서 작용하는 사교 코드의 한 단면으로 개인이 지켜야 할 체면의 범위를 이해할 수 있다. 일단 자아 이미지를 체면으로 드러내고 나면, 그 사람은 걸맞은 처신을 해야 한다. 사회마다 방식은 다르지만, 그는 자아 이미지 이상이나 이하로 보일 행동은 포기하고 큰 대가가 따를지라도 자신이 해야 할 행동은 함으로써 자존심을 보이라는 요구를 받는다. 만남에서 지켜야 할 체면이 있는 사람은 자기 눈앞에서 전개되는 상황의 흐름을 예의 주시해야 한다. 그는 그 자리 특유의 표현적 질서(expressive order)*가 확실히 유지되도록 해야 한다. 표현적 질서는 크든 작든 사건의 흐름을 통제하는 질서라서 사건을 일으킬 법한 표현은 무엇

3) 가령, Smith, 각주 21; p. 17을 볼 것.

---

* 해당 상호작용에서 해야 할 표현과 삼가야 할 표현에 대한 암묵적·상징적 품행규칙으로 구성된 질서를 말한다. 존대와 처신, 연출의례와 회피의례를 다룬 다음 장에 상세한 논의가 나온다.

이나 체면과 결부된다. 스스로에 대한 최우선적 임무라는 생각으로 조신한 모습을 보이는 사람을 가리켜 긍지를 지닌 사람이라고 한다. 더 큰 사회단위를 위한 의무라는 생각에서 조신한 모습을 보이고 그 사회단위의 지지를 받는 사람을 일러 명예를 중시하는 사람이라고 한다. 자기의 몸과 감정을 다루는 몸가짐이나 물건을 다루는 태도로 조신함을 드러내는 사람을 품위 있는 사람이라고 말하는데, 이는 언제나 칭송은 하면서도 연구의 대상으로 삼지는 않는 표현 통제의 한 양상이다. 어느 경우에 해당하든, 사회적 체면은 가장 개인적인 소유품이자 안정감과 기쁨을 주는 핵심 요소지만 사회가 빌려준 것이기도 하다. 빌린 사람이 지키지 못하면 사회가 거두어간다. 특성을 인정받고 그 특성으로 얻은 체면이 모든 사람을 자기 자신의 교도관으로 만드는 셈이다. 그 감옥은 설령 저마다 좋아한다고 해도 결국 근본적으로는 사회적 제약이다.

사람은 소속 집단의 성원으로서 자존심을 지켜야 하는 만큼이나 타인에 대한 배려의 표준도 지켜야 한다. 함께 있는 다른 사람들의 체면이나 감정을 알기 때문에 얼마 동안은 그들의 감정이나 체면을 기꺼이 지켜주려고 한다.[4] 다른 사람들이 체면을 잃는 모습을 목격하고 싶어 하지 않는다.[5] 우리 사회에서는 뻔뻔하게 제 체면을 손상하는 사람을 '몰염치하다'

∴

[4] 물론 권력과 지위가 높은 사람들에게는 그들의 감정을 배려한다는 표시를 더 많이 보여줄 것이다. 데일(H. E. Dale)은 *The Higher Civil Service of Great Britain*(Oxford: Oxford Univ. Press, 1941)의 126쪽 주에서 이렇게 지적한다. "오래전에 냉소적인 습성을 지닌 아주 지체 높은 공직자가 내게 '감정'의 원칙을 설명해주었다. 감정의 중요성은 감정을 느끼는 사람이 얼마나 중요한 위치에 있는지와 밀접한 관련이 있다. 하급 서기관을 해임시켜야 하는 경우라면 그 사람의 감정은 고려하지 않는다. 차관급이라면 해임의 근거가 분명해야 하고 그가 느낄 감정도 신중하게 생각해야 한다. 장관이라면 그 사람의 감정이 가장 중요한 고려 사항일 것이고 공적 관심사가 그런 감정의 문제를 압도할 만큼 커야 한다."

고 하고 남의 굴욕감을 보고도 무심하게 냉정함을 유지할 수 있는 사람을 '냉혹하다'고 말한다.

자존심 규칙과 배려 규칙이 함께 작용한 결과, 만남이 지속되는 동안 사람은 자기 체면과 다른 참여자들의 체면이 모두 유지되도록 처신하는 경향이 있다. 이는 각자가 택한 노선이 널리 허용되고 또 각자가 스스로 택한 역할을 밀고 나갈 수 있다는 뜻이다. 모두가 다른 사람들의 노선을 일시적으로 용인하는 상태가 성립된다.[6] 이러한 상호승인이 상호작용, 특히 얼굴을 마주보며 나누는 대화 상호작용의 구조적 토대다. 이는 마음에서 우러난 솔직한 동의에 바탕을 둔 것이 아니라 실제로는 동의하지 않으면서 그저 일시적으로 비위를 맞춰주는 것이기 때문에 '진정한' 승인이 아닌 '작업성' 승인이다.

서로의 노선에 대한 상호승인은 만남을 보수화시키는 중요한 결과를 초래한다. 일단 한 사람이 처음에 어떤 노선을 연출하면, 그 다음부터는 자타 공히 그 노선에 맞추어 반응한다. 어찌 보면 노선에 발목이 잡히는 셈이다. 만일 한 사람이 자기의 노선을 근본적으로 바꾸거나 의구심을 불러

---

5) 장사꾼, 특히 '호객꾼'은 머뭇거리는 손님이 물건을 사줄 때까지 애처롭게 굴면 동정심의 함정에 빠진 손님이 자신의 체면을 살려주고 구경거리가 일어나지 않게 하기 위해 물건을 산다는 사실을 안다.
6) 사회적 가치 평가에 대한 피상적 동의가 반드시 대등함을 뜻하지 않음은 물론이다. 동의는 하더라도 내심의 평가는 서로 아주 다를 수도 있다. 또한 피상적 동의와 이견 표명이 양립할 수도 있다. 논쟁 중인 두 사람이 견해차가 있더라도 기꺼이 상대를 인정한다는 '존중'의 뜻을 보이면서 이견을 제시할 수도 있다. 그 극단적인 사례를 전쟁, 결투, 술집에서의 싸움 같은 데서 볼 수 있다. 이러한 대결이 그 주역들이 서로 게임의 규칙을 지키리라는 암묵적 합의 아래 벌이는 신사적인 대결이라면, 각자의 행동은 상대에게 정정당당한 맞수로서 공개리에 대결하는 행동으로 해석할 수 있기 때문이다. 실제로 어떤 게임이든 공정한 선수의 이미지가 게임의 규칙과 예법을 유지하는 수단이듯이, 게임의 규칙과 예법 역시 공정한 선수의 이미지를 표현하는 수단이다.

일으키면 혼선이 생긴다. 그러면 다른 참여자들은 노선에 어긋나는 그의 행동에 대처할 태세를 갖추고 행동에 나선다.

체면 유지는 대개 상호작용의 목표가 아니라 조건이다. 체면을 얻는다든지, 내심 믿는 바를 자유롭게 표현한다든지, 다른 사람을 깎아내리는 정보를 공개한다든지 또는 문제를 해결하고 일을 처리한다든지 하는 일상적인 목표 추구는 체면과 일치하는 방식으로 이루어진다. 체면 지키기를 배운다는 것은 사회적 상호작용의 교통규칙을 배운다는 뜻이다. 사람은 다른 이들의 의도와 행로에 맞추어 자기가 고수할 태도의 코드를 배우지만, 자기가 어디로 가는지, 왜 가는지는 모른다. 심지어 자기가 왜 그 코드를 따르려고 하는지도 모른다. 자아의 이미지에 대한 정서적 애착, 체면에 걸려 있는 자부심이나 명예, 다른 이들에게 행사할 만한 신분의 힘 같은 다양한 동기가 동시에 작용하기 때문이다. 그는 남들의 체면도 지켜주고 싶어 한다. 그들의 이미지에 대한 자신의 정서적 애착, 그들도 보호받을 도덕적 권리가 있는 동료라는 느낌, 그들이 체면을 잃으면 자기에게 적개심을 드러낼지도 모르니 그런 사태를 피하고 싶은 마음이 있어서다. 그는 자기가 동정심과 연민을 보여줄 줄 아는 사람으로 알려져 있다는 생각에서 자기 체면을 지키려면 다른 참여자들의 노선을 배려해야 한다는 의무감을 느낄 수도 있다.

나는 **체면 지키기**라는 용어를 사람이 무슨 일을 하든지 자기 체면과 일치시키려고 취하는 행동이라는 뜻으로 쓴다. 체면 지키기는 체면에 위협이 될 상징적 의미를 내포한 '우발적 사건', 즉 사고에 대한 반작용이다. 따라서 침착성이 체면 지키기의 중요한 유형 가운데 하나다. 침착성을 유지함으로써 사람은 자기가 느끼는 당혹감을 통제함은 물론, 자기의 당황한 모습 때문에 남들이 느끼게 될 당혹감도 통제한다. 체면 지키기는 행위자가 그 결과를 충분히 알고 하든 모르고 하든 습관적이고 상투적인 관행이다. 전통적인 게임의 수법이나 춤의 스텝과 같다. 누구든지, 어떤 사회나 어떤 하위문화든지, 체면 지키기와 관련된 특징적 관행의 레퍼토리가 있다. 사람들이 어떤 인물의 사람됨이나 어떤 문화의 '진짜' 특성이 무엇이냐고 물을 때는 바로 그 레퍼토리가 무엇인지 묻는 것이다. 그렇지만 특정한 부류의 사람들과 특정 집단이 강조하는 일련의 관행은 논리적으로 일관된 하나의 준거틀에서 나오는 것 같다. 마치 체면은 그 속성상 특정한 방식으로만 지킬 수 있는 것처럼, 그리고 사교 모임은 반드시 그 틀에서만 선택할 수 있는 것처럼 보인다.

모든 사교 모임의 성원들은 체면 지키기가 무엇인지 알고 또 얼마쯤 활용해본 경험이 있을 것이다. 미국 사회에서는 그런 능력을 재치, 기지, 외교적 수완 또는 사교술이라고 부른다. 사교술의 차이는 체면 지키기의 빈도보다는 효능에 더 좌우된다. 다른 사람들과 관련된 거의 모든 언행은 체면을 염두에 둔 권장사항 또는 금지규정으로 조절되기 때문이다.

체면 지키기의 레퍼토리를 사용하려는 사람은 먼저 자기의 언행을 남들이 어떻게 해석할지, 그리고 자기가 남들의 언행을 어떻게 해석해야 할지 확실히 알아야 한다. 다시 말해 감수성을 발휘해야 한다.[7] 그러나 상징적 의미를 띤 판단을 적절히 알아차리고 사교적 수완이 있는 사람이라도

---

7) 성원들이 수시로 혈통이나 민족 같은 더 큰 사회단위의 대표자로 행동하는 집단에서는 사교술과 감수성이 더 발전할 것이다. 상호작용 행위자는 많은 사람들의 감정이 걸린 체면을 놓고 도박을 하는 셈이기 때문이다. 마찬가지로, 사교술은 고위직 명사 그리고 명사들과 관계를 맺고 있는 사람들 사이에서 잘 발달할 것이다. 상호작용 행위자의 체면이 높을수록 체면과 상충하는 사건이 더 많이 벌어질 수 있기 때문에 그런 비일관성을 중화하거나 반전시킬 사교적 수완이 더 많이 필요하다.

수완을 발휘하려는 마음이 없으면 안 된다. 요컨대 자부심과 배려심이 있어야 한다는 말이다. 물론 미국 사회에서는 정중함이나 재치라는 말을 대체로 감수성이나 사교적 수완과 그런 능력을 발휘하려는 마음을 구별하지 않고 쓰는 경향이 있다.

사람에게는 자기 체면을 지키려는 방어지향성과 남들의 체면을 지켜주려는 보호지향성이 있다고 이미 지적했다. 보편적 관행은 두 지향성을 동시에 지니도록 권장하지만, 방어를 우선하는 관행이 있고 보호를 우선하는 관행이 있다. 남의 체면일 경우에는 자신의 체면은 잃지 않을 선에서 지켜주어야 하고. 자기 체면을 지키려 할 경우에는 남의 체면도 염두에 두어야 한다.

대다수 사회에서는, 체면에 위협이 될 행동을 한 사람의 책임 소재를 세 수준으로 구별하는 경향이 있다. 첫째, 순진하게 행동한 것처럼 보이는 경우다. 그의 언행을 보는 사람들은 그에게 악의나 고의가 없어 보이고, 무례를 저지르는 결과가 될 줄 알았으면 그가 그런 언행을 삼갔을 것이라고 여길 수 있다. 미국 사회에서는 이와 같은 언행을 일러 실수, 결례, 주책, 멍청한 짓이라고 한다. 둘째, 공개적으로 모욕을 가할 셈으로 일부러 고약하고 심술궂게 구는 것처럼 보이는 경우다. 셋째, 우발적인 무례가 있다. 행위자가 고의는 아니지만 가끔 부작용이 예상되는 행동—악의는 없지만 무례를 초래하는 결과가 따르는데도 저지르는 행동—을 할 경우다. 어느 한 사람의 관점에서 보면, 이 세 유형은 각각 그가 자기 체면을, 그가 남의 체면을, 남들이 그의 체면을 위협하는 것이다. 따라서 그는 자신이 체면에 위협이 될 수많은 관계 속에 놓여 있음을 알게 된다. 그 어떤 경우라도 자신과 다른 이들을 잘 다루려면, 그는 모든 관계에서 체면을 유지할 레퍼토리를 가지고 있어야 할 것이다.

체면 지키기의 기본 유형

회피절차(avoidance process). 체면에 위협이 될 상황을 막는 가장 확실한 방법은 위협이 될 법한 접촉을 피하는 것이다. 어느 사회에서나 서로를 피하는 관계,[8] 중재자가 중간에서 세심하게 역할을 해야 하는 관계가 있음을 목격할 수 있다.[9] 마찬가지로, 사회 성원들도 체면 유지에 위협이 될 만한 사건이 일어나기 전에 우아하게 한발 물러서는 게 좋다는 사실을 안다.[10]

일단 껄끄러운 상대와 마주친 사람은 또 다른 회피 관행을 이용한다. 그는 방어기제를 동원해, 자신이 지키고 있는 노선과 모순되는 정보가 드러날 언행이나 소재는 꺼내지 않는다. 적절한 순간을 포착해 대화의 주제나 활동의 방향을 바꾼다. 다른 사람들이 자기를 지지해줄 노선이 어떤 것인지 알기 전에는 우선 감정 표현을 삼가며 조신하고 침착한 모습을 보인다. 자기주장을 할 때도 강한 단서를 붙이거나 별일 아니라고 덧붙이며 겸손하게 말한다. 그는 그렇게 울타리를 치면서 개인적인 실패나 노출, 다른

⋮

8) 일례로, 미국 사회에서 중간 계급, 중상위 계급의 흑인들은 옷차림이나 몸가짐으로 연출한 자기의 인상을 유지하려고 백인들과 대면 접촉을 피하는 모습을 볼 수 있다. 가령, Charles Johnson, *Patterns of Negro Segregation*(New York: Harper, 1943)의 제13장을 볼 것. 소규모 문맹사회에서 회피가 친족체계 유지 기능을 하는 것도 동일한 주제의 특수한 실례로 들 수 있을 것이다.
9) K. S. Latourette의 *The Chinese: Their History and Culture*(New York: Macmillan, 1942)에서 그 한 예를 볼 수 있다. "다툼을 벌인 앙숙들을 화해시키려고 이웃이 좋은 자리를 마련해서 당사자가 직접 상대에게 먼저 다가가 체면을 잃는 일이 없도록 해준다. 현명한 중재자가 양편 모두의 체면을 살려줌으로써 화해를 성사시킨다."(vol. 2: p. 211).
10) 해럴드 가핑클(Harold Garfinkel)은 미출간 논문에서, 대화를 나누다가 체면을 잃었다는 사실을 알아차리면 꺼져버리고 싶다거나 "쥐구멍이라도 찾고 싶다"라고 느낀다는 것, 그리고 그것은 단순히 체면 손상을 감추려는 마음뿐만 아니라 마법을 써서라도 만남을 피하고 체면을 살릴 수 있을 시점에 다시 등장하고 싶은 마음이기도 하다고 지적한다.

사람들의 예기치 못한 행동으로 인해 망신을 당할 일이 없도록 준비하는 것이다. 자아를 잘 포장하지 못할 것 같으면, 적어도 자아에 현실적이 되려고 애쓴다. 자신이 웃음거리가 되거나 체면을 잃을 수도 있다는 사실을 알기 때문이다.

보호 책략도 자기방어 책략 못지않게 흔하다. 다른 사람들에게 자기를 어떻게 예우해야 하는지를 확실히 보여주려는 사람은 자기 쪽에서 먼저 정중하고 예의 바르게 그들을 대한다. 다른 사람들이 내보이는 그들의 긍정적인 면모와, 알게 모르게 어긋나고 당황스러울 사실은 입 밖에 내지 않는 분별력을 발휘한다.[11] 완곡어법을 모호하게 구사해 상대의 마음 상태까지는 아니라도 체면만은 살려준다.[12] 그는 상대에 대한 요구나 평가를 약간 조절하는 친절을 베풀어 상대가 자존심을 위협받는 상태는 아니라고 상황을 정의할 수 있게 해준다. 상대를 낮춰보았거나 무례하게 굴었다면 농담조로 돌려 상대가 잘 대응할 수 있도록, 평소 상대가 지니고 있는 자부심

∴

11) 그는 상대를 잘 알 때는, 꺼내지 말아야 할 문제와 상대를 궁지에 빠뜨릴 상황을 알기 때문에 온갖 다른 화제를 재량껏 내놓을 것이다. 상대가 낯선 사람일 때는 그 공식을 정반대로 적용해 자기가 알고 있는 안전한 영역에 화제를 국한시킬 것이다. 이럴 경우에는 짐멜이 지적하는 대로 "…… 상대가 이런저런 점을 감추려는 확실한 의지가 있는 까닭에 배려의 범위는 상대의 비밀에 국한되지 않는다. 상대가 일부러 드러내지 않는 것은 무엇이든 알아도 말하지 않는다." *The Sociology of Georg Simmel*(Kurt H. Wolff, tr. and ed.) (Glencoe, Ill., Free Press, 1950), pp. 320~321.
12) 중국을 여행하는 서양인들은, 중국인은 서양인들이 듣고 싶어 한다고 짐작하는 말을 하지 자기네 진짜 생각은 말하지 않으니 믿을 수가 없다고 불평하곤 한다. 중국인은 서양인이 퉁명하고, 상스럽고, 예의가 없다고 말하곤 한다. 중국인의 기준으로 보면, 서양인은 눈치 없는 행동을 해서 스스로 체면을 손상해놓고는 자기네 체면을 살려줄 말을 듣고 싶어서 아시아인에게 솔직하게 대답하라고 다그쳐서 위급을 자초하는 셈이다. (주 2에서 참조한 Smith의 책 제8장, "The Talent for Indirection"을 볼 것.) 이는 의례의 표준이 다른 집단에 속한 사람들이 상호작용을 할 때 생기는 중요한 집단적 오해에 속하는 사례다.

과 명예의 기준을 느슨하게 풀어준다. 그리고 모욕이 될 언행을 하기 전에 상대에게 그런 언행을 왜 모욕으로 받아들이면 안 되는지 설명을 덧붙이기도 한다. 만남에서 먼저 자리를 떠야 할 사람은 상대가 체면을 지킬 여유를 갖도록 자신은 먼저 가봐야 할 일이 있다고 미리 말해둔다. 무례가 될 법한 언행을 중화시키는 데 꼭 말이 필요한 것은 아니다. 적절한 순간이나 자연스럽게 휴식이 이루어지는 때―예를 들면 대화에서 아무도 모욕감을 느끼지 않는 순간적인 침묵이 생길 때―를 기다렸다가 떠남으로써 맥락을 수단으로 사용할 수도 있다.

난처한 사건을 미처 막지 못한 사람이 여전히 태연한 모습을 유지할 수도 있다. 가장 적나라한 예는 그런 사람이 마치 체면에 위협이 될 만한 사건이 전혀 일어나지 않은 것처럼 행동하는 경우다. 의도적인 외면은 자기 언행에 적용―속이 뒤틀리는 데도 겉으로는 전혀 내색을 하지 않을 때처럼―할 수도 있고, 남의 언행에 적용―상대의 실수를 '보지' 않은 체할 때처럼―할 수도 있다.[13] 정신병원에서의 사교도 대동소이하게 이루어진다. 환자는 병든 자기 상태를 외면하고, 문병객은 별도리가 없으니 애써 환자의 상태를 외면한다. 보통 이런 식의 요령은 아는 체하면 체면을 위협하는 것으로 인식되고 해석될 수 있는 경우에만 적용된다.

사건이 벌어졌음을 공개적으로 인정은 하지만 위협이 되지는 않으리라 느끼는 사람은 사건을 눈치껏 못 본 체한다. 중요성은 더 크지만 극적인 성격이 약한 경우다. 못 본 체하는 사람이 사건을 일으킨 당사자가 아니라면 관용을 베푸는 것이고, 당사자라면 문제를 처리할 방도를 찾으려는 의

---

[13] 가두행진 중 넘어진 사람이 있으면 마치 그 사람이 없는 것처럼 처신해야 한다는 불문율이 좋은 예다.

지의 표현으로서, 위험을 무릅쓰고 다른 사람들의 협조와 관용에 기대는 것이다.

만남이 진행되는 동안 자기표현을 자제하지 못했을 때 사람들이 택하는 또 다른 회피방식도 있다. 사건을 일으킨 당사자가 사건 자체를 외면하려 하기보다는 자기 때문에 다른 이들이 난처해질까봐 어떻게든 자기의 거동을 감추려 하는 방식이다. 상호작용에 끼어들 수 없어서 또는 감정이 격해져 표정 관리를 못한 나머지 체면을 잃은 사람이 있으면, 다른 이들은 잠시 그 사람과 그의 언행에서 시선을 돌림으로써 그에게 다시 자신을 추스를 시간을 준다.

수습절차(corrective process). 업무나 만남에서 참여자들이 지키고 있는 사교적 가치와 도저히 어울릴 수 없는 사건의 발생을 막지 못하거나 그냥 넘어가기 어려운 사건이 벌어지면, 참여자들은 이를 정식으로 관심을 기울여야 할 위협적 사건으로 인정하고 수습하려 노력한다. 참여자들은 의례 균형이 깨져 자신들이 망신당할 처지에 빠졌으며 다시 만족스러운 상태를 회복시킬 시도가 필요한 상황임을 알게 된다. 행위자가 자신이 얼마나 존중받을 가치가 있는 존재인지, 그리고 자기가 얼마나 다른 사람들을 존중하는지를 표현하는 상징적 의미가 담긴 행위자의 언행을 다루기 때문에 나는 의례*라는 용어를 사용한다. 사건을 수습하려고 애쓰는 시간이나 노력의 강도는 위협이 지속되는 시간과 강도에 따라 조절되기 때문에 균형 이미지로 표현하는 것이 적절하다.[14] 한 사람의 체면은 성스러운 대상이고, 표현적 질서는 체면을 지키는 데 필요한 의례질서인 것이다.

체면 손상의 위험을 감지하여 취하는 일련의 언행과 의례 균형의 복원 과정을 나는 **주고받기**(interchange)라고 부르기로 한다.[15] 행위자가 행동 수

순으로서 상대에게 전하는 모든 것을 메시지 또는 조치라고 정의하면 주고받기는 두 사람 이상, 두 가지 이상의 조치로 이루어진다. "실례합니다(Excuse me)"라는 말에 "그러세요(Certainly)"라 대답하기, 선물이나 방문 주고받기가 아마도 미국 사회에서 볼 수 있는 가장 명백한 보기일 것이다. 주고받기는 모든 상호작용을 자연 발생적 상황에서 경험적으로 연구할 수 있게 해주는 사회활동의 기본 단위다. 주고받기의 단계에 따라 체면 지키

∴

14) 사회인류학자들이 말하는 균형과 같은 뜻이다. 가령, 마거릿 미드(Margaret Mead)가 "Kinship in the Admiralty Islands," (*Anthropological Papers of the American Museum of Natural History*, 34: pp. 183~358)에서 지적한 다음과 같은 진술에 담긴 의미에 주목하라. "남편이 아내를 때리면 그녀는 남편을 떠나 친오빠나 오빠 노릇을 하는 이에게 가서 실추된 자기의 존엄성이 치유될 때까지 머무른다."(p. 274)

15) 주고받기라는 용어는 Eliot D. Capple, "Measuring Human Relations," *Genetic Psychology Monograps*(1940) 22: pp. 3~147, 특히 pp. 26~30, 그리고 A. B. Horsfall and C. A. Arensberg, "Teamwork and Productivity in a Shoe Factory," *Human Organization*(1949) 8: pp. 13~25, 특히 p. 19에서 도출했다. 하나의 단위로서 주고받기에 대한 연구는 E. 고프먼(E. Goffman)의 미출간 박사학위 논문, "Communication Conduct in an Island Community,"(시카고대학 사회학과, 1953), 특히 제12장과 13장(pp. 165~195)을 볼 것.

* 의례는 사용되는 맥락이나 연구 분야에 따라 매우 다양한 의미로 쓰이지만, 고프먼은 에밀 뒤르켐의 용법을 따르되 미시 수준에서 이루어지는 일상의 상호작용에 적용한다. 뒤르켐은 의례를 '성스러운 대상 앞에서 개인이 어떻게 처신해야 하는지를 규정하는 행위규칙'(E. Durkheim, 1912/1965, *Elementary Forms of Religious Life*: 65)으로 정의하고 이런 행위규칙이 개인들에게 도덕적 압력으로 작용하여 집합적 유대와 집합의식을 창출한다고 보았다. 고프먼은 의례가 종교나 전통적 공동체, 거시적 집합체뿐만 아니라 현대사회의 일상적인 상호작용에서도 이루어진다고 본다. 또한 상호작용에 참여하는 개인의 자아, 동료 참여자들의 자아, 그리고 관심의 초점을 공유하는 만남 자체가 수호해야 할 성스러운 대상이며 이 성스러운 대상을 향한 행동규칙으로 구성된 의례가 구체적 상황에서 마주친 참여자들을 하나로 묶어주는 상징적 기제로 작용한다고 주장한다. 상호작용의 핵심 의례로 고프먼은 존대와 처신의례를 다루고, 또 의례가 실패하면 어떤 사태가 벌어지는지(당황, 정신병동 수용, 사태 수습과 의례질서의 회복)를 섬세하고 정밀하게 묘사한다.

기 관행을 분류할 수 있다. 수습을 위한 주고받기가 필요한 상황을 일으킨 애초의 사건 외에 네 가지 고전적 형태의 주고받기가 있다.

첫째는 도전(challenge)이다. 도전은 그릇된 행실에 주의를 일깨우려 참여자들이 책임을 떠맡는 조치다. 위기에 빠진 상호작용의 요건을 지키고 사태를 제자리로 돌려놓아야 한다는 뜻을 넌지시 전하는 수단이다.

둘째는 제안(offering)이다. 물의를 일으킨 당사자에게 무례를 만회하고 표현적 질서를 복원할 기회를 주는 것이다. 몇 가지 고전적 방법이 있다. 한편으로는 위협이라 인정할 수밖에 없는 언행을 별로 대수롭지 않은 일, 고의가 아닌 것, 진지하게 받아들일 가치가 없는 농담, 또는 정황상 불가피해서 '이해할 만한' 것으로 생각한다는 뜻을 그 당사자에게 전한다. 다른 한편으로는 사건의 의미를 인정하고 사건을 일으킨 사람에게 집중한다. 그 사람의 문제가 아니라 무언가 다른 일에 영향을 받은 탓이라든가, 고의가 아니라 다른 누군가의 압력 때문이라든가 하는 정보를 내놓기도 한다. 당사자는 장난에 불과했음을 보여주려고 장난을 계속하면서, 거짓말하는 것처럼 비친 것을 농으로 돌리기도 한다. 자신이 보여주는 대로 남들이 자기를 생각하게 만드는 능력―가령, 철자법, 잡일 처리, 적절한 어휘 구사 등―을 발휘하지 못했음이 확실해지면 그는 재빨리 진담 반 농담 반으로 자기는 원래 그런 사람이라고 덧붙인다. 그러면 위협적 사건이라는 의미는 살아 있지만 그래도 그는 상황의 표현적 질서에는 무리 없이 통합될 수 있다.

무례를 저지른 사람이 자신과 자신의 행동을 재규정하는 전략을 보완 또는 대체하는 방법으로 두 가지 다른 절차를 거칠 수 있다. 자기 체면이 손상되지 않은 경우에는 상처를 받은 사람에게 심리적 보상을 해주거나, 상황을 자기의 탓으로 돌리며 후회하고 사죄를 하는 것이다. 이는 의례적 주고받기에서 중요한 조치이자 단계이다. 무례를 저지른 사람이 그런 수단을 통해 자신의 결백을 증명하지 못한다 하더라도, 그는 이제 자신이 면목을 일신한 사람임을, 심판의 무대에서 표현적 질서를 거스른 죄의 대가를 치렀고 그래서 다시 한 번 믿어도 좋은 사람임을 드러낼 수 있다. 더 나아가, 자신은 다른 사람들의 감정을 가볍게 대하고 있지 않음을, 그리고 본의는 아니었으나 자기 때문에 누가 마음이 상했다면 자기 행동에 책임을 질 용의가 있음을 보여주는 것이다. 그래서 상대가 자기의 해명을 받아들여도 자부심이나 약점을 드러내는 것은 아니라고 상대를 안심시킨다. 또한 그는 자기를 자책하고 낮춤으로써, 만일 사건이 그렇게 보였다면 그것은 범죄나 마찬가지이며 그런 짓을 저지른 사람은 벌 받아 마땅함을 알고 있다는 뜻을 내비친다. 그래서 그는 자기 행동에 대한 다른 사람들의 입장을 충분히 이해할 수 있음을, 또 자신은 여전히 의례과정에서 분별력 있는 참여자임을, 그리고 자기가 깨뜨린 품행규칙은 여전히 실재하며 성스럽고 약화되지 않았음을 보여준다. 무례한 행동은 의례 코드에 대한 불안감을 유발할 수 있다. 무례한 짓을 저지른 사람은 의례 코드와 코드 지지자인 자신이 모두 순조로운 질서 속에 있음을 보여줌으로써 좌중의 불안감을 누그러뜨린다.

도전과 제안이 이루어진 다음에는 세 번째 조치가 따른다. 제안을 받은 이들이 표현적 질서와 그 질서로 지탱되는 체면을 살리는 만족스러운 수단으로 제안을 수용하는 것이다. 그래야 비로소 의례적 제안과정에서 무례를 저지른 사람이 감당해야 할 주요 역할이 끝난다.

주고받기는 용서받은 자가 자기를 너그럽게 용서해준 사람들에게 감사의 마음을 표시하는 신호를 보냄으로써 끝이 난다.

도전, 제안, 수용, 감사라는 사건 수습절차의 네 단계는 대인관계에서

해야 할 의례적 행동의 모델을 제공한다. 그러나 이 절차가 매우 다른 순서로 전개될 수도 있다. 가령, 무례를 당한 쪽에서 도전을 해 사건으로 비화하기 전에 무례를 저지른 쪽에 먼저 제안할 기회를 주는 것이다. 이는 제안 기회를 얻은 수혜자가 스스로 자기도전을 감수하리라는 가정에 바탕을 둔 보편적 예의에 속한다. 무례를 저지른 사람은 당한 사람들이 수습책을 마지못해 받아들이는 것이 아닌지 미심쩍을 수도 있다. 그래서 문제가 남지 않도록 상대가 받아들일 때까지 두 번 세 번 반복해서 사과를 하기도 한다. 또는 무례를 당한 쪽에서 세련되게 가해자 역할을 자진해서 떠맡고 결국은 자신이 부득이 받아들일 수밖에 없는 사과를 자청하기도 한다.

　표준적인 수습과정에서 심각한 이탈이 일어나는 경우는 도전을 받은 사람이 잘못을 고치는 대신 공공연하게 경고를 무시하고 계속 무례하게 굴 때다. 그러면 도전자들에게 공이 넘어간다. 도전을 받은 사람이 도전자들의 요구에 대한 거부를 묵인하면, 도전은 허세이고 허세는 수포로 돌아가는 결과가 된다. 도전자들은 자기네 체면을 세우기는커녕 엄포만 놓은 꼴이 되니 참기 어렵다. 이런 결말을 피하는 고전적 수단이 몇 있다. 예를 들면, 도전자가 난폭하게 앙갚음을 해서 스스로 망가지든지 아니면 경고를 무시한 자를 망가뜨리는 것이다. 또는 당연히 화낼 만하고 모욕을 느끼지만 분노를 표출하지 않고 결국에는 누가 옳은지 입증되리라는 확신을 지닌 채 그 자리를 떠나는 방법을 택한다. 둘 다, 무례를 저지른 사람은 상대할 만한 사람이 아님을 드러내고 사건이 벌어진 현실을 거부하는 방법이다. 그러나 체면을 살리는 대신 관련자 모두가 큰 대가를 치러야 한다. 무례를 저지른 사람이 재빨리 사과할 가능성을 미리 차단하기 때문이다. 또 무례를 저지른 쪽에서도 당한 쪽이 무모한 수단에 호소할 수밖에 없는 상태에 빠지기를 원하지는 않는다.

다른 이의 체면을 손상한 데 대해 가책을 느끼거나 자기 체면이 망가져서 화가 날 때는 감정의 순환작용이 중요한 역할을 하는 게 분명하다. 나는 감정이 조치를 취하게 만든다는 점, 그리고 감정작용은 의례 게임의 논리와 너무도 잘 들어맞기 때문에 감정작용을 고려하지 않고서는 수습조치를 이해하기 어렵다는 점을 강조하고 싶다.[16) 사실, 의식적으로 만들어낸 감정 표현보다는 자연스러운 감정 표현이 공식적인 의례 주고받기에는 더 잘 어울린다.

점수 따기—체면 지키기의 공격적 활용

위협을 중화시켜주는 체면 지키기 관행은 원하는 바를 안전하게 얻어내기 위해 일부러 위협적 언행을 이용할 길을 열어준다. 겸손이 칭찬으로 돌아온다는 것을 알면 사람은 칭찬을 유도하려고 겸손하게 굴 수 있다. 자신의 자아평가가 시험대에 오를 듯하면, 그는 자기에게 유리한 방향의 우발적 사건이 벌어지도록 할 수도 있다. 무례를 저질러도 남들이 못 본 체 넘어가거나 자기의 사과를 받아들이는 듯하면, 그 사실을 안전판으로 삼는 것이다. 갑자기 자리를 떠남으로써 다른 이들이 당황해서 의례 주고받기를 못하도록 방치하여 미진한 상태에 빠뜨릴 수도 있다. 끝으로, 얼마쯤 대가를 치르더라도 자기의 감정에 다른 이들이 상처를 입히도록 유도해서

---

16) 심지어 어린아이도 자기 요구가 거절당했을 때 울거나 골을 내는데, 이는 좌절을 비합리적으로 표현하는 것이라기보다는 자기도 체면을 지니고 있으며 그것을 하찮게 받아들이면 안 된다는 뜻을 전하는 의례적 수법이기 쉽다. 이해심 많은 부모는 이런 조잡한 전략에서 아이의 사회적 자아가 시작된다고 생각하기 때문에 그런 과시적 행동을 허용하는지도 모른다.

그들로 하여금 가책을 느끼게 하고 후회하게 만드는 식으로 의례적 불균형 상태를 지속시킬 수도 있다.[17]

체면 지키기를 자기가 해야 할 몫이 아니라 남들이 행하고 수용해야 할 몫이라 생각하면 만남은 상호 배려의 장이 되기보다는 승부를 겨루는 무대가 되기 쉽다. 게임의 목적은 피할 수 없는 대결에서 모두의 노선을 지켜 주는 한편, 각자 자기는 되도록 점수를 많이 따고 상대는 점수를 잃게 만드는 데 있다. 대결에는 관객도 꼭 필요하다. 보통 자기에게 유리하고 상대에게는 불리한 사실을 꺼내는 방법을 쓴다. 그래서 상대가 생각할 수 있는 유일한 대응이란 화내기, 구차한 변명 늘어놓기, 농담으로 돌리기 또는 "아, 그래?", "그건 네 생각일 뿐이지" 식의 진부한 응수밖에 없도록 만든다. 그럴 때 패자는 내심 패배를 인정하고는 다음에 만회하리라 벼르며 손실을 줄이려 한다. 사회적 계급 지위를 넌지시 드러내 점수를 따는 사람들은 속물이라 불리고 도덕적 우월감을 드러내려는 사람들은 샌님이라는 소리를 듣는다. 양쪽 다 이른바 '비열한' 수단을 이용하는 사람들이다.

공격 주고받기에서 승자는 자기에게 유리하고 상대에게 불리한 사실을 끄집어낼 뿐만 아니라 자기가 상대보다 스스로를 더 잘 다스릴 능력이 있음도 과시한다. 그런 능력의 입증이 다른 어떤 정보보다 중요하다. 그래서 상대가 하는 말의 '결함'을 콕 집어내 상대에게 상처를 주면서 자기가 상대보다 더 능란함을 넌지시 내비친다. 그렇지만 상대가 그런 식의 공격을 잘 받아내고 응수에 성공하면, 게임을 선동한 사람은 응수를 한 상대에게 얕

---

17) 상대가 끼친 피해를 바로잡을 수 없는 상태로 상대를 몰아넣는 전략은 아주 흔하게 사용되지만, 자살 행위와도 같은 이런 앙갚음식 의례 모델에 집착하는 사람은 설 자리를 잃는다. 그 예는 M. D. W. Jeffreys, "Samsonic Suicide, or Suicide of Revenge Among Africans," *African Studies*(1952) 11: pp. 118~122를 볼 것.

보일 뿐만 아니라 자기 솜씨가 한 수 위라는 생각이 틀렸음을 인정할 수밖에 없다. 그러면 그는 바보처럼 보이고 체면을 잃는다. 그래서 언제나 '한 말씀(make a remark)'의 도박이 벌어진다. 도박판이 돌고 돌아 공격자가 따는 점수보다 잃는 점수가 더 많을 수도 있다. 미국 사회에서 성공적인 응수나 대꾸를 하는 사람은 상대를 압도하는 인물 또는 고수라 불린다. 이론상으로는 상대를 공격한 사람이 거꾸로 제압을 당할 수도 있고, 고수가 눌리기도 하며 공격이 반격을 불러오기도 하지만, 일부러 고안된 주고받기가 아니라면 대결이 그렇게 제3의 수준으로 발전하는 경우란 드물다.[18]

적절한 체면 지키기 유형의 선택

우발적인 사건이 벌어져 체면을 잃을 처지에 놓인 사람이 의례질서를 회복하기 위해 선택할 수 있는 전략은 다른 참여자들이 바라거나 기대하는 전략과 다를 수 있다. 순간적으로 한 사람의 체면이 망가지거나 체면 없음이 드러나는 가벼운 사고가 생기면, 당사자보다는 다른 사람들이 이를 더 못 본 체하려 하고 못 본 체할 수 있다. 사건을 일으킨 당사자라면 그는 체면이 손상된 사실을 그냥 넘길 수 없다고 느끼며 미안하고 창피해서 얼굴을 붉히지만, 흔히 다른 이들은 그가 침착성을 유지하기를 바란

---

18) 당구와 카드 게임에서 고수들은 상대가 노릴 가능한 모든 수를 철저히 살핀다. 그 뿐만 아니라 자기의 수를 상대가 알아챌 가능성도 염두에 둔다. 대화 게임은 그에 비해 놀라울 정도로 즉흥적이다. 사람들은 상대가 성공적으로 응수할 수 없도록 말을 신중하게 고르지 않고 즉각 다른 사람을 평한다. 마찬가지로, 이론적으로는 거짓 시늉이나 연습을 해볼 수도 있지만 그것들이 실제 현장에서 활용되는 경우는 드물다.

다.[19] 반면에 남들 탓에 체면을 잃게 된 사람이라면, 그는 파괴적인 자기주장을 하게 된다.[20] 그런가 하면, 남들은 사건을 일으킨 사람이 당황하고 사과를 해야 할 만큼 체면을 잃었다고 느끼는 데 반해 정작 당사자는 침착성을 유지할 수도 있다. 그런 사람은 뻔뻔함으로 남들의 협조적 태도를 이용하는 셈이다. 때로는 사건을 일으킨 사람이 아무 조치도 취하지 않고 남들이 쩔쩔매도록 내버려둘 수도 있다. 그래서 한 사람이 사소한 실수를 하면 당사자는 물론 다른 이들도 당황하게 된다. 그런 곤경을 처리할 줄 몰라서가 아니라 그 순간 당사자가 그 사건에 대해 모른 체할지, 농담으로 치부할지, 아니면 체면을 유지할 다른 방도를 택할지 아무도 모르기 때문이다.

19) 관습상 침착성 유지는 상위 계급의 몫이라고 여기는 경우가 훨씬 많다. 그런 믿음이 사실이라면, 그것은 상위 계급 사람이 다른 참여자보다 침착함을 유지할 방편이 훨씬 많기 때문이다. 지위가 높은 사람은 남들의 평판에서 얼마간 자유롭고, 만남이 지위를 지탱해주지 않아도 거만하게 체면을 고수하는 편이 도움이 됨을 안다. 반면에 동료 참여자보다 권력이 적은 사람들은 자기에 대한 상대의 평가나 증언에 훨씬 더 예민하다. 그래서 당황하거나 미안해하지 않고서는 다소간 구겨진 체면을 되살리기가 어려움을 안다. 사소한 사건이 지닌 상징성에 둔한 사람이 실제로는 난감한 상황에서도 내심과는 달리 침착성을 보여주기도 한다는 사실을 덧붙일 수 있겠다.
20) 따라서 미국 사회에서는 다른 이들이 자기에게 깔끔함, 차분함, 공정함, 친절함, 너그러움, 넉넉함 같은 공인된 표준을 지키기를 바란다고 느끼거나 또는 스스로 표준을 지켜야 한다고 생각하는 사람은 자기 잘못에 대해 길게 사과해야 하는 만남이 부담스러울 것이다. 반면에 다른 참여자들은 그 표준을 별로 개의치 않거나 그가 그런 자질이 없는 사람이라고 믿지 않을 수도 있으며, 확실히 그런 자질이 없는 사람이니 그가 하는 사과를 그저 자기를 내세우려는 헛된 노력으로 여길 수도 있다.

체면 지키기 협동작업

체면이 위협받으면 체면을 살리는 작업이 필요하지만, 그 작업을 일차적으로 시작하고 감당하는 사람이 위협받은 당사자인지, 위협을 가한 사람인지 아니면 그저 관객일 뿐인지[21] 여부는 그리 중요하지 않다. 이 작업을 누가 하지 않으면 다른 이들이 대신 나선다. 이를 누군가가 감당해주면 모두의 숙제를 풀어주는 셈이다. 무례를 저지른 사람과 당한 사람이 동시에 사과를 하려드는 사소한 경우가 자주 있다.[22] 수완이나 재치 같은 용어로는 자기 체면을 살리려는 것인지 다른 사람의 체면을 살려주려는 것인지 구별할 수 없다. 마찬가지로 실수나 과실 같은 용어로도 행위자의 체면을 위협하는지 다른 사람의 체면에 위협이 되는지를 구별하기가 어렵다. 자기 체면을 살릴 힘이 없는 사람이 있으면 자연스레 다른 이들이 그 사람을 보호하러 나선다. 가령, 상류사회에서는 길게 하면 안 되는 악수인데도 거절할 수 없는 경우가 있다. 특별 대우를 받지 않아도 충분한 장애인이 흔히 자기에게 베푸는 특별 대우를 수용하듯이, 신분이 높은 사람이 자기

---

21) 실제 결투에서 입회인은 상징적인 기능이 있어서 결투를 하는 당사자들로서는 체면상 그만둘 입장이 아닐 때 결투를 멈출 수 있도록 명분을 제공해주기도 한다.

22) 예로 Jackson Toby, "Some Variables in Role Conflict Analysis," *Social Forces*(1952) 30: pp. 323~337"을 볼 것. 성인들은 사소한 문제로 갈등을 일으키는 경우가 적다. 낯선 두 사람이 번화한 거리에서 우연히 부딪치면 둘이 반사적으로 사과를 하는데, 이런 것이 예절이 지닌 통합 기능이다. 실상 두 사람은 각기 그 부딪침에 대해 '이게 누구 잘못인지는 모르겠으나, 내 잘못이라면 당신은 내게 화를 낼 권리가 있지만 그러지 않기를 바란다'고 말하는 셈이다. 사회가 둘 다 자기를 낮추어야 할 상황으로 규정함으로써 각자가 자존심을 지킬 수 있게 해준다. 각자 마음속으로는 '도대체 저 바보 같은 자식은 어느 쪽으로 가겠다는 거야?'라고 생각할지도 모른다. 그러나 배역을 잘못 맡았든 아니든 간에 겉으로는 각자가 잘못한 사람의 배역을 연기하는 것이다. (p. 325)

보다 신분이 낮은 사람들을 당황하게 하지 말아야 한다는 규범도[23] 노블리스 오블리제로 설명할 수 있다.

공동의 활동에 참여한 사람들은 각기 이유는 다를망정 자기 체면은 물론이고 남들의 체면을 지켜주는 데도 관심이 있어서 자연스럽게 암묵적 협동이 이루어진다. 그래야 서로 동기는 다르지만 공유하는 목표를 달성할 수 있다.

체면 지키기에서 이루어지는 암묵적 협동의 한 가지 보편적 유형은 체면 지키기 자체에 대해 발휘하는 요령이다. 요령은 자기 체면을 방어하고 남들의 체면을 보호할 뿐만 아니라 체면 지키기를 수월하게 해주는 솜씨를 뜻한다. 예컨대 사회적 예절은 새해 맞이 데이트 신청을 너무 일찍 해서 상대가 부드럽게 거절할 핑계를 댈 수 없게 만들지 말라고 조언한다. 이런 우

---

[23] 어떤 의미에서는 상대적인 사회적 지위와 상관없이 그는 다른 참여자들을 지배할 권력을 지니고 있으며 그들은 그의 배려에 기대야 한다는 뜻이다. 다른 이들이 그에게 하는 행동은 그와의 사회적 관계를 염두에 둔 것이다. 상호작용을 통해 표현되는 것 가운데 하나가 그들의 관계이기 때문이다. 그래서 다른 이들은 그가 자기들을 대하는 태도를 대수롭지 않게 여길 만큼 그를 높은 위치에 올려놓는 식으로 태도를 절충한다. 그렇기 때문에 모든 사람들은 지체가 높든 낮든 각자에게 주어진 사회관계의 성격에 맞추어 노블리스 오블리제를 실천하리라 믿고 상대가 절충한 위치를 이용하는 짓은 삼간다.

사회관계란 어느 정도 자발적 상호협조로 이루어지는 것인 만큼 협조 요청을 거절하는 것은 요청한 사람의 체면을 망가뜨릴 수 있는 미묘한 문제다. 체스터 홀콤(Chester Holcombe)은 *The Real Chinaman*(New York, Dodd, Mead, 1895)에서 중국의 예를 보여준다. "흔히 지적되는 중국인의 오류는 실상 예를 갖추어야 한다는 요청의 결과다. 직선적이고 솔직한 '거절'은 무례하기 짝이 없는 태도다. 어떤 거절이나 부인도 무능해서 미안하다는 표현으로 순화하고 어조를 낮추어야 한다. 호의를 베풀 의사가 없음을 결코 내색해서는 안 된다. 대신에 피할 수 없는, 그러나 극히 허구적인 상황조건 때문에 호의를 베풀 수 없다고 애석해하는 감정을 드러낸다. 수세기 동안 관례화된 이 같은 형태의 둘러대기가 중국인들이 핑계를 발명하고 발전시키는 데 비옥한 토양을 제공했다. 사실상 반갑지 않은 진실을 화려하게 장식하는 이런 식의 작은 허구가 실패하는 경우는 드물다."(pp. 274~275)

회법은 널리 퍼져 있는 부정적 특성에 대한 예절에서도 볼 수 있다. 겉으로 드러나 보이지 않는 부정적 특성을 지닌 사람은 특히 자기를 잘 모르는 사람과 만날 때는 흔히 자신의 약점을 넌지시 알려주고 만남을 시작해야 좋다는 사실을 안다. 자기 같은 사람에 대해 험담을 꺼내지 말라고 미리 주의를 줌으로써 상대가 평소 적대감을 느끼는 사람을 무심결에 친절하게 대하는 궁지에 빠지지 않도록 해준다. 이런 전략은 자기에 대한 상대의 무심한 가정(假定) 때문에 자신이 난감한 처지에 빠질 위험을 미리 방지하고, 참을 수밖에 없거나 당황스러운 충고를 듣게 될지도 모를 상황에서 스스로를 구하는 방편이기도 하다.

체면 지키기에 동원되는 요령은 대개 다른 이들의 암묵적 동의에 의존한다. 풍자나 여러 가지로 해석할 수 있는 말, 정곡을 찌르는 말, 촌철살인의 농담 따위의 암시적 언어를 쓰는 것이다.[24] 이런 비공식 의사소통에서 지켜야 할 규칙은, 말을 건네는 사람은 암시적 메시지를 정식으로 전하는 것이 아닌 양 그리고 듣는 사람은 그 암시에 들어 있는 메시지를 정식으로 전달받지 않은 양 처신해야 한다는 점이다. 암시가 들어 있는 의사소통은 부인할 수 있으며 정색하고 대응할 필요가 없기 때문이다. 이런 규칙은 주어진 상황과 한 사람이 선택한 노선이 그의 체면 손상으로 이어질 수 있음을 경고하는 수단이다. 이런 경고가 없다면 곧 사건이 벌어진다.

여러 사회에서 자주 사용되는 또 다른 암묵적 협동의 형태는 자기부정을 주고받는 방법이다. 그 자리에서 올바른 또는 허용되는 배역이 무엇인지

---

24) 비공식 의사소통의 구조적 역할에 관한 유익한 논평은 비꼬기와 놀리기에 관한 다음의 논문에서 볼 수 있다. Tom Burns, "Frinends, Enemies, and the Polite Fiction," *American Sociological Review*(1953), 18: pp. 654~662.

잘 모르는 사람은 흔히 다른 이들의 말에 맞장구를 치든지 대꾸를 삼가든지 하는 안전한 방법을 쓴다. 자기에 대한 우호적 평가는 다른 사람들 덕으로, 비우호적 평가는 자기 탓으로 돌린다. 물론 이런 '당신 먼저' 식 수법은 자기를 낮춤으로써 남들도 확실히 자기 말에 맞장구를 치거나 대꾸를 삼갈 수 있도록 조절하는 방법이라 효력이 있다. 결국 혜택이 누구에게 돌아가든, 처음에는 모든 참여자들이 제각기 자신의 기대와 소망에만 사로잡혀 있지는 않음을, 적절히 겸손할 줄 아는 태도를 지니고 있음을, 그리고 그 자리의 의례 코드를 지킬 믿음직한 사람임을 보여줄 기회가 주어진다. 또 다른 보기는 유리한 조건을 상대편에게 돌리는 소극적 협상이다. 아마 경제학자들이 다루는 교환의 종류보다는 더 널리 퍼져 있는 교환 형태일 것이다.

다른 사람들이 체면을 지킬 수 있도록 돕겠다고 암묵적 동의를 함으로써 확대된 한 사람의 체면 지키기 작업은 사회적 상호작용의 기본원칙을 준수하겠다는 의지의 표현이다. 사회화된 상호작용자로서의 특징이 바로 이 점에 있다. 사람들이 그렇게 사회화되지 않으면, 대부분의 사회나 상황에서 상호작용은 체면이나 감정에는 훨씬 큰 모험일 것이다. 상호작용자로서 사회화되지 않은 사람에게 사회적 가치 평가의 상징적 표현에 신경을 쓰거나 감정을 갖는 것—즉 섬세한 의례의 대상이 되는 것—은 실속 없는 일이다. 앞으로 논의하겠지만, 섬세한 의례의 대상이 되지 못하는 사람이 있으면 대화 자리는 통상적인 방식으로 조직되지 못한다. 체면 지키기 게임을 할 수 없는 사람으로 인해 문제가 생길 게 뻔하다.

자아의 의례적 역할

지금까지 암묵적으로 자아를 이중의 의미로 사용했다. 하나는 벌어지는 사건의 전체 흐름에 함축된 표현적 의미들로부터 종합한 이미지로서의 자아이고, 다른 하나는 상황에 대처하는 방식이 훌륭한지 어설픈지 외교적인지 아닌지 판단하는 의례 게임의 선수와도 같은 자아다. 자아에게는 이중의 임무가 있다. 사람은 성스러운 존재이기도 하지만 멸시와 모욕의 대상이 되기도 쉽다. 그러니 의례 게임의 선수로서 결투에 뛰어들 수밖에 없지만 상대의 공격이 크게 빗나가 상대를 포용할 수 있기를 바란다. 손에 쥔 카드의 가치와 게임을 하는 선수의 능력을 구분한다는 뜻이다. 비록 한 사람이 일단 고수 또는 하수라는 평판을 얻으면 그 평판이 나중에는 지켜내야 할 체면의 일부가 되는 한이 있더라도 자아의 역할 구분만은 명심해야 한다.

일단 자아의 두 역할을 분리하면, 체면 지키기에 함축된 의례 코드를 찾아내서 그 두 역할이 어떻게 관련되는지 알 수 있다. 상대의 체면을 위협한 사람이라면 적당히 자기를 비하함으로써 곤경에서 벗어날 권한이 있다. 자진해서 자기비하를 하면 자아 이미지는 훼손되지 않는다. 그는 마치 자아를 분리할 권한이라도 있는 것처럼, 행위자로서의 자아는 비하하면서 궁극적 가치를 지닌 존재로서의 자아에 상처를 입히지 않을 수 있는 것이다. 그는 또 자신이 지닌 긍정적인 특성도 자기비하의 경우와 같은 방식으로 분리시켜 겸손하게 평가절하할 수 있다. 남들이 자신의 말을 타당한 성스러운 자아의 표현으로 받아들이지 않으리라 믿는 탓이다. 반면에, 자신의 의지에 반해서 자기비하를 강요당하는 경우에는 그의 체면, 긍지, 명예에 심각한 위협이 될 수 있다. 그러므로 의례 코드 면에서 보면 자기를 비하할 특권은 남들에게는 없고 자기 자신만이 누릴 수 있는 권리다. 남들에게 그런 특권을 주면 악용할지도 모르지만 자신은 지나칠 만큼 남용하는 경우는 드물기 때문에 자아비하는 안전장치인 셈이다.

더욱이 사람에게는 어느 정도 자기의 성스러운 이미지에 모욕을 가한 다른 사람을 용서할 권한도 있다. 자기 체면을 깎는 사소한 비방은 너그러이 눈감아줄 수도 있고 성스러운 자아에 좀 더 심각한 상처를 입히는 경우 사과를 받아낼 수 있는 유일한 입장이기도 하다. 그런 권한은 다른 사람들에게 그리고 공동 작업을 위해 행사되는 권리라서 비교적 안전하다. 실수를 저지른 사람에게는 자신의 실수를 용서할 자격이 없다는 점도 매우 흥미롭다. 용서를 베풀 특권은 다른 사람들에게만 있다. 이 권리는 실수를 저지른 사람을 위해 그리고 그 자리를 위해서만 행사되는 권한이어서 다른 이들에게 안전한 특권이다. 따라서 각 참여자에게 잘못 처리할 동기가 가장 적은 문제에 대해서만 권한이 주어지는 견제와 균형의 체계가 있음을 알 수 있다. 요컨대, 상호작용을 하는 한 사람의 권리와 의무는 성스러운 대상으로서의 자기 역할을 남용할 수 없도록 설계되어 있는 것이다.

구두 상호작용

지금까지 서술한 내용은 대부분 직간접 만남에 적용되는 것이다. 간접 상호작용은 글로 쓴 진술과 기록 자료에서 각 참여자의 노선을 수집하는 만큼 모호할 수 있다. 그러나 직접적 대면 접촉에서는 그 자리에서만 통하는 독특한 정보가 있는 터라 체면의 중요성이 분명히 드러난다. 인간에게는 기호와 상징을 사용하려는 성향이 있어서 아주 사소한 움직임에도 사회적 가치와 상호평가의 의미가 담기고 눈에 보인다. 방심한 상태의 눈짓,

순간적 어조 변화, 생태적 위치의 선택 여부에 심판의 의미가 스며 있다. 대화 참여자가 의도했든 의도하지 않았든 그릇된 인상을 불러일으키지 않는 대화 상황이 있을 수 없는 것처럼, 참여자가 자신이 취하는 태도와 다른 참여자들을 대하는 방식을 진지하게 고민하지 않아도 좋을 사소한 대화 상황이란 없다. 간접 접촉에 들어 있는 의례적 요소들은 직접 접촉에서는 훨씬 극단적인 형태로 존재한다.

어떤 사회에서나, 구두 상호작용이 이루어질 물리적 가능성이 있을 때는 언제나, 메시지의 흐름을 이끌고 조직하는 수단으로서 관행과 절차의 규칙 체계가 작용한다. 언제, 어디서, 어떤 사람들과, 어떤 화제로, 대화를 시작할지에 대한 무언의 합의가 존재한다. 의사소통의 물꼬를 트고, 상대를 적절한 참여자로 인정한다는 뜻을 전하는 일련의 몸짓이 있다.[25] 서로를 대화 상대로 인정하는 절차가 이루어지면 이른바 **대화 상태**에 들어간 것이다. 즉 정식으로 마음을 열고 의사소통을 하겠다고, 함께 대화 흐름을 유지하겠다고, 약속하는 셈이다. 새로운 참여자가 정식으로 동참할 때, 참여자가 떠날 때, 그리고 대화 상태를 끝낼 때, 그 뜻을 전하는 일련의 특별한 몸짓이 있다.

단일한 생각과 시각적 관심의 초점, 그리고 단일한 대화 흐름이 만남의

---

[25] 구두 상호작용에서 인정받지 못하고 부당하게 참여한 경우를 보면 이러한 신분의 의미를 알 수 있다. 다른 사람들의 말을 본인들 모르게 어깨너머로 들을 수도 있고, 그들이 알고서도 모르는 척하거나 엿듣는 줄 안다는 신호를 간접적으로 보내는 경우도 있다. 외부인은 그 자리의 정식 참여자가 될 수 없다. 물론 참여자로 인정받은 사람을 대우하는 의례 코드는 참여자로 인정받지 못한 사람을 대우할 때와는 아주 다르다. 그래서 인정받은 참여자로부터 받는 모욕이라면 그냥 묵인하고 넘어가는 데는 한계가 있다. 체면을 잃지 않을 정도라면 무시할 수 있지만 그 한계를 넘어서면 항의하고 바로잡기를 요구한다. 그렇지만 참여자로 인정받지 못한 사람들이 던지는 막말은 무시해도 체면을 잃지 않는다.

공식 표현으로서 유지되고 정당화된다. 참여자들의 시각적 관심의 초점은 공식·비공식 정리 신호를 통해 순조롭게 이동한다.* 말을 하던 사람이 주도권을 내려놓을 듯한 신호를 주면 다음 사람이 이어받겠다는 신호를 보낸다. 각자에게 주어지는 발언 시간과 빈도에 대한 합의도 있다. 듣는 사람들은 적절한 몸짓으로 말하는 사람에게 주의를 기울이고 있음을 드러내야 한다. 그 자리의 대화 주제를 벗어난 일에 관심을 돌리거나 어느 한 화제에만 몰두하지 않도록 조심해야 한다. 그래야 화제가 어디로 흐르든 따라갈 수 있다. 말을 가로막거나 입을 다물어 대화의 흐름을 방해하는 일이 없도록 조심한다. 공인된 대화의 흐름에 속하지 않는 화제는 원래의 대화를 훼손하지 않도록 조절한다. 참여자가 아닌데 가까이에 있게 된 사람들은 따로 나누는 이야기가 있어도 조절을 해서 어떤 식으로든 그 자리를 망치지 않도록 삼가는 모습을 보인다. 그 자리 특유의 정신과 정서적 분위기가 유지되도록 해주는 것이다. 예절을 지키고, 실제로 이견이 있는 참여자들이라도 사실과 원칙의 문제에 대해서만은 잠정적으로 합의한다는 말치레를 한다. 화제를 바꿀 때도 자연스럽게 보이도록 하는 규칙을 따른다.[26]

이러한 대화의 규칙은 진행 중인 특정 상호작용에 국한된 것이 아니라 자연스럽게 구성된 하나의 단위로서 상호작용 에피소드나 대화 상황에 두루 해당된다. 이 자연적 단위는 정해진 참여자들이 서로를 대화 상대로 인정하고 단일한 관심의 초점을 유지하는 동안에 이루어지는 활동 전체로

---

26) 구두 상호작용의 구조에 대한 더 발전된 논의는 주 15의 참고문헌을 참조.

---

* 대화 의례에 대한 고프먼의 통찰력은 1970년대 이후 자료 수집 및 분석 도구와 기법의 발달에 힘입어 대화 분석가들에게서 정밀한 연구로 발전한다(R. Collins, *Interaction Ritual Chains*, 2004: pp. 66~78 참조).

구성된다.[27)]

　대화 상황의 구조와 관련된 관습적 규칙은 구두 메시지 흐름을 효과적으로 구성하기 위한 해결책이다. 이 관습적 규칙들이 어떻게 행동 지침으로 작용하며 유지되는지를 보면 자아의 구조와 구두 상호작용의 구조 사이에 기능적 관계가 있음을 알 수 있다.

　사회화된 상호작용 행위자는 다른 형태의 상호작용과 마찬가지로 구두 상호작용 역시 의례적 조심성을 지니고 행해야 할 일로 다룬다. 체면을 세우려면 어떻게 말해야 할지 무의식적으로 감지한다. "내가 이런 식으로 말하거나 말하지 않으면 나나 상대방이 체면을 잃지 않을까?"를 거듭 묻고, 매 순간 어떻게 처신할지 의식적으로나 무의식적으로 판단한다. 예를 들면, 구두 상호작용 상황에 들어간다는 것은 친밀성 또는 합당한 목적이 있다는 상징적 의미일 수 있다. 그래서 대화에 들어가려는 사람은 다른 사람들이 자기의 입장을 정당하게 인정해주지 않을 것 같으면 체면을 지키기 위해 대화 참여를 포기해야 한다. 일단 대화 상황에 들어가면 다른 이들의 체면을 지켜주기 위해 그들의 이야기에 동의해야 한다. 대화에 동참한 후에는 사교에 적절할 만큼은 자신에 대한 관심 표명도 요구해야 한다. 과도한 침묵은 공유할 내용도 할 말도 없는 부족한 사람이라는 신호가 될 수 있으므로 피해야 한다. 마찬가지로 방해를 하거나 조심성 없는 태도도 삼가야 한다. 서로 용인할 만한 관계에 있지 않으면 그러한 태도는 경멸로 여겨질 수 있기 때문이다. 피상적인 동의를 할 때도 상호동의의 가정이 깨

---

27) 절차의 규칙이 분명하게 규정되고 공식적으로 지켜져야 하며 오직 특정한 사람들만 발언권을 갖는 공식 대화와 더불어, 규칙이 명시적이지도 않고 참여자들이 발언자의 역할을 주고받는 잡담이나 사교적 대화를 모두 포함한다는 뜻이다.

지지 않도록 분별력을 발휘하고 선의의 거짓말도 해야 한다. 대화에서 물러날 때도 오해받지 않도록 조심해야 한다.[28] 자신이 감정을 극복하지 못하는 자제력과 품위 없는 사람으로 비치지 않게 감정반응을 절제해야 한다.

자아와 구두 상호작용의 관계는 의례 주고받기를 살펴보면 더 잘 드러난다. 대화 만남에서 상호작용은 정보와 관심사가 다소 폐쇄적인 의례 단위로서 한 번에 한 차례씩 의례를 주고받으며 이루어진다.[29] 의례를 두 차례 주고받을 때 그 사이의 침묵은 한 차례 의례 주고받기에서 말하는 순서가 바뀔 때 생기는 침묵보다 길다. 또 두 차례 이어진 의례 주고받기에서 각각 나눈 말들의 의미 관련성은 한 차례 의례 주고받기에서 이어진 두 가지 이야기의 관련성보다 작다.

이러한 대화의 구조적 측면은, 한 사람이 일단 자진해서 말을 하고 나면 그 내용이 아무리 사소하고 진부해도 자기 자신은 물론 듣는 사람들도 구속하며 어떤 면에서는 그 자리에 있는 모든 사람을 위험에 빠뜨릴 수 있다는 데서 비롯한다. 사람이 무엇인가 말을 한다는 것은 상대가 자기 말을 듣지 않는다든지 자기를 나서기 좋아하는 바보로 보거나 반감을 드러낸다든지 할 가능성에 자기를 내맡기는 일이다. 그런 반응에 부딪친 사람은 체면을 세워야 할 처지에 몰린다. 게다가 말하는 사람이 자기 말을 잘 들어

---

28) 서로 상호작용을 한 경험이 있는 사람들 사이에서는 물러날 때가 되었다는 모습을 모두가 동시에 보임으로써 만남을 마치곤 한다. 해산은 보편적인 일이고 아무도 그런 행복한 행위의 동시성을 만들어내기 위한 암시를 의식적으로 주고받지는 않는다. 자신과 시간을 보낼 준비가 덜 된 사람에게 더 오래 시간을 보낼 의향이 있음을 전하는 타협적 입장을 취함으로써 각자의 체면이 유지된다.

29) 경험적으로 분절할 수 있는 주고받기의 단위는 한 차례의 대화를 마치는 순간의 발언자가 그 다음 대화의 첫 발언자가 될 경우에는 드러나지 않는 때가 더러 있다. 그렇지만 하나의 주고받기 단위로서 분석적 효용성은 있다.

줌 직한 상대에게 독선적이고 건방지고 무례하게 들릴 말을 해서 상처를 주거나 그에 대한 상대의 생각을 훼손할 수도 있다. 그러면 듣는 사람들은 의례 코드를 지키기 위해 무언가 조치를 취해야 한다고 느끼게 된다. 말하는 사람에게서 칭찬을 들으면 듣는 이들은 또 자기네가 그렇게까지 대단한 인물은 아니며 상호작용자로서 신뢰와 유연성을 잃을 만큼 방자하지는 않다는 뜻으로 적당히 칭찬을 부인해야 한다.

따라서 의례 균형을 위협할 성싶은 메시지를 내놓는 사람이 있으면 그 자리에 있는 누군가는 부득이, 그 말을 알아들었다는 사실과 그 말이 참여자 모두가 받아들일 만한 말인지 반론을 제기할 수 있는 말인지 알려주어야 한다. 물론 이런 반응은 말하는 사람의 견해를 수긍하지 못하겠다는 뜻과 수정하라는 요구를 전하는 요령일 수도 있다. 그런 경우에는 애초의 메시지가 수정될 때까지 몇 차례 더 메시지를 주고받아야 한다. 말하는 사람이 만족할 만큼 대우를 받고 있음을 그 자리에 있는 모든 사람들이 그에게 보여주어야 메시지 주고받기가 끝난다.[30] 사람들이 성가시다는 기색을 보이며 메시지를 주고받으려 하지 않으면 잠시 침묵이 생긴다.

그러니까 대개 사람은 대화를 나누는 동안 자기의 언행이 자기가 고수하는 자아 이미지에 맞는지 그 상징적 의미를 검증하면서 어떻게 행동할지를 정한다. 그러나 그의 행동은 메시지 흐름을 원활하게 해주는 그 자리의 표현적 질서의 지배를 받는다. 목표는 체면을 세우는 데 있지만 상황을 안전하게 지켜주는 결과를 낳는다. 따라서 체면을 지키는 데는 구두 상호작

---

30) 이런 주고받기 단위가 이루어짐은 경험으로 알 수 있는 사실이다. 의례 이외의 다른 요소들도 지적할 수 있다. 가령, 어떤 말을 한 사람이 곧장 반응을 얻으면 자기 말이 제대로 받아들여졌다는 사실을 알게 된다. 그런 '메타 의사소통(metacommunication)'은 의례상으로는 불필요한 경우에도 의사소통의 기능을 위해서는 필요할 것이다.

용에 잘 조직된 관행이 있어야 좋고 구두 메시지의 원활한 흐름을 지키는 데는 자아가 의례적 구조를 지니고 있어야 좋은 셈이다.

  그렇지만 메시지 흐름의 조직이 다르고 관련된 사람들의 부류가 다르다고 해서 구두 상호작용을 잘하지 못할 것이라는 뜻은 아니다. 현행 체계에 약점이나 결함이 없다는 주장은 더욱 아니다. 사회생활에서는 한 가지 문제를 해결하는 기제나 기능적 관계에 잠복한 또 다른 문제가 불거져 자리를 망치는 사태란 언제나 생길 수 있는 법이다. 가령 한 사람이 언쟁을 하거나 화를 내고 자리를 떠난다면, 그는 자기 체면은 지키겠지만 대신 상호작용을 망가뜨린다. 이는 개인적 접촉에서 흔히 벌어지는 전형적인 문제이다. 더구나 체면에 집착하는 사람은 다른 이들에게 자기를 공격할 빌미를 줄 수도 있다. 다른 이들이 그에게 사사로이 상처를 입히는 정도에서 끝나지 않고 정식으로 그의 체면을 망가뜨리려 할 수도 있다. 체면을 잃을까 두려워하는 사람은 중요한 정보가 오가고 소중한 관계를 맺을 수 있는 만남을 피한다. 위험한 사교보다는 안전한 고독을 찾는 셈이다. 설령 남들은 그가 의례 코드에 따르는 게 나을 텐데 '그릇된 자존심' 때문에 만남을 피한다고 여기더라도, 당사자는 이를 감수하는 길을 택하는 것이다. 또한 '당신 먼저' 콤플렉스가 있으면 주고받기를 끝내기가 어렵다. 그 자리에 있었던 사람들 모두가 자신이 그 사람 때문에 치러야 했던 대가보다 그 사람이 조금쯤은 더 큰 대가를 치러야 한다고 느끼는 경우에도 교만의 악순환이 일어난다. 공개적 언쟁으로 비화할 수 있는 적개심의 악순환과 아주 흡사하다. 그래서 각자 지키고 싶은 것은 내주고 원치 않는 것을 얻는 결과가 된다. 공식적인 자리에 있을 때 사람들은 부적절한 표현이 나오지 않도록 온 에너지를 다 쏟는다. 반면에 서로 예의를 지킬 필요가 없다고 생각하는 친숙한 사람들 사이에서는 부주의한 언동과 말을 가로막는 일이 빈

번히 벌어지고 대화는 행복한 웅성거림으로 무질서해지기 십상이다.

의례 코드에는 섬세한 균형이 필요하다. 또한 집단의 기준과 기대를 지나치게 고수하려 하거나 하찮게 여기는 사람으로 인해 교란되기도 쉽다. 너무 감수성이 둔하고, 눈치도 없고, 긍지가 부족하고, 배려할 줄 모르는 사람은 상호작용에서 신뢰할 만한 사람이 못된다. 자기 체면도 지키지 못하고 당황해 하는 다른 이들의 체면 또한 지켜주지 못하는 사람은 실제로 사회에 위협이 된다. 그런 사람은 방자하게 굴 테고 다른 사람들도 이에 속수무책일 것이다. 지나치게 예민하거나 너무 긍지가 강한 사람도 다른 이들에게는 어린아이 어르듯 조심조심 다루어야 할 대상이다. 재치가 넘치거나 배려가 지나친 사람은 너무 사교적이라서 실제로 사람됨이 어떤지, 장기적으로 어떻게 대해야 할 사람인지 모르겠다는 느낌을 준다.

대화의 조직에는 이러한 '병리적 성격'도 있지만 대체로 사회화가 잘된 사람과 구두 상호작용은 실용적·기능적 적합성이 있다. 의례질서는 체면 지향성, 특히 자신의 체면을 지키려는 성향에 효력을 발휘한다. 그뿐만 아니라 대화의 구조 안에는 체면에 의례적 주의를 기울이겠다는 약속도 뿌리박고 있다.

체면과 사회관계

직간접 만남에 참여한 사람은 이미 다른 사람들과의 사회관계에 발을 내디딘 셈이다. 그리고 만남이 끝난 다음에도 그 관계가 지속되리라 생각한다. 이는 사교적 접촉이 더 넓은 사회로 향하는 한 가지 방식이다. 만남이 진행되는 동안의 행동은 대부분, 그 자리에서 각자 맡은 역할을 행하려

하고, 의도하거나 예상하지 못한 사건이 벌어져 그 자리와 참여자들을 난처한 지경에 빠뜨릴 성싶으면 서로의 관계를 해치지 않으면서 사건을 무마하려는 노력으로 이해할 수 있다. 참여자들의 관계가 변하는 중이라면, 예상된 수순을 바꾸지 않으면서도 만남을 만족스럽게 끝내는 것이 목표가 될 것이다. 이런 관점은 예컨대 사람들이 대화를 시작할 때 안부를 묻고 대화를 마치려 할 때 작별인사를 하는 따위의 소소한 의례들을 산뜻하게 설명해준다. 안부인사는 이전 만남에서 헤어질 때의 상황이 여전히 유효함을, 대화를 위해서는 서로가 잠시 경계를 늦추고 적개심도 충분히 누를 수 있는 관계임을 보여주는 전형적인 방식이다. 작별인사는 만남이 관계에 미친 영향을 압축해서 묘사하고, 다음에 다시 만날 때 서로에게서 무엇을 기대할 수 있는지를 보여준다. 반갑게 안부를 묻는 인사는 지난번 만남 이후 서로 보지 못해 약화된 관계를, 아쉬움을 표현하는 작별인사는 만나지 못하는 동안 생길 관계의 손상을 각각 보상해주는 방법이다.[31]

사회관계의 전형적인 의무는 주어진 상황에서 서로 상대의 체면이 유지되도록 보장해주는 일이다. 관계를 망치지 않으려면 상대의 체면을 손상하지 말아야 한다. 동시에 다른 이들과의 사회관계 때문에 참여하는 만남도 많고, 남들 덕분에 자기 체면을 유지하기도 한다. 게다가 사회관계를 맺고 있는 성원들은 흔히 체면을 공유한다. 그러다 보니 제3자가 있는 자

---

[31] 물론 안부인사는 참여자가 대화를 하는 상황에서 취하는 역할을 명확하게 하고 참여자들을 그 역할에 구속시키는 방식이다. 또 작별인사는 만남의 종료를 확실히 하는 방식이다. 안부인사와 작별인사는 불가피한 상황임을 설명하고 양해를 구하는 뜻으로 쓰이기도 한다. 안부인사는 지금까지 상호작용을 할 수 없었던 상황이었음을, 작별인사는 앞으로 유대를 계속하지 못할 상황임을 표현하는 것이다. 이런 사과 표현은 참여자들의 관계가 실제보다 더 우호적이라는 인상을 주고 실제 마음보다 더 과장되게 다시 만나려는 의향이 있음을 강조함으로써, 잠재적 의사소통의 경로가 사회에 널리 열려 있도록 보장한다.

리에서 한 성원이 부적절한 언행을 하면 다른 성원들은 심한 당혹감에 빠진다. 그렇기 때문에, 사회관계는 사람에게 평소보다 더 자아의 이미지를 믿고 다른 성원들의 적절한 품행과 요령을 믿도록 강제하는 셈이다.

의례질서의 성격

의례질서는 노선 협조를 기초로 조직된다. 그래서 다른 종류의 사회질서의 이미지와는 그리 잘 맞지 않는다. 다른 유형의 사회질서에는 일종의 학생 모델이 적용된다. 한 사람이 특정한 자신의 이미지를 지키고 싶고, 그런 자기 마음을 믿는다면 높은 평판을 얻기 위해 열심히 노력해야 한다. 부적절한 수단으로 속이거나 훔쳐서 평판을 얻으려 하면 실격자로 판명 나 처벌을 받거나 처음부터 평판 얻기를 다시 시작해야 한다. 이는 어렵고 지루한 게임의 이미지다. 실제로 사회와 개인은 더 쉽지만 위험부담이 있는 게임에 동참한다.

사람은 사회적 지위와 상관없이 맹목, 절반의 진실, 환상, 합리화로 스스로를 포장한다. 친지들이 눈치껏 지지해주는 덕분에 되고 싶은 사람이 되었으며 다른 이들이 차지한 몫을 노리지는 않는다고 스스로를 납득시키며 '적응'한다. 사회의 입장에서는, 그 사람이 공식적 사회통제에 따르기만 한다면, 즉 어떤 처지인지를 알려주는 암시와 단서를 그가 알아차리고 지키기만 한다면, 성원들이 안락함, 우아함, 고결함으로 스스로를 재량껏 치장하는 데 아무런 이의가 없다. 그는 안전한 보금자리를 지키기 위해 애를 쓰거나 집단에 가입할 필요가 없고 어느 누구와 경쟁할 필요도 없다. 그저 목격자에게 자신이 포장해 내보인 모습에 대해서만 조심하면 된다. 특정한 상황이나 행동, 사람들은 피해야 할 것이다. 덜 위협적인 상황이나 행동, 사람들을 너무 멀리하지 말아야 한다. 개인은 원치 않는 때, 장소, 화제, 비난받을 자리는 알아서 멀리하기 때문에 사회생활이 순조롭게 돌아간다. 모험을 무릅쓰지 않아도 얻는 바가 많으니 서로의 체면 유지에 협조하는 것이다.

사실이란 학생의 세계에나 있는 것이다. 부지런한 노력으로 바꿀 수는 있지만 피할 수는 없다. 사람이 보호하고 방어하고 감정을 쏟는 것은 자신에 대한 관념이다. 자신에 대한 관념은 사실이나 사물이 아니라서 의사소통에 취약하다. 그러나 의사소통은 약한 징벌체계에 속한다. 의사소통은 무시할 수도 있고, 그만둘 수도 있으며, 믿지 않을 수도 있고, 편리한 오해를 할 수도 있으며, 요령을 발휘할 수도 있기 때문이다. 나쁜 짓을 하고 사회와 맺은 협정을 깨뜨린 사람이더라도 반드시 처벌 받는 것은 아니다. 크게 체면을 잃지 않는 범위에서 그냥 넘어갈 수 있을 정도의 무례라면, 당한 사람들은 다음 기회에 다른 방식으로 그자에게 갚아주리라 다짐하며 너그럽게 행동하기 쉽다. 그런 기회가 결코 오지 않고 또 기회가 왔을 때 이용하지 못할지라도 눈감아준다. 지나친 무례를 당한 사람이 그 자리를 떠나거나 이후 그와 비슷한 만남을 멀리하게 되면, 의례 코드를 위반하는 사람을 향한 그의 두려움은 그 때문에 더 커진다. 아니면 그는 위반자를 물러나게 만들어 더는 그 사람과 의사소통을 하지 않을 수도 있다. 그러나 그럴 경우 위반자의 체면을 살려주는 셈이 될 수도 있어서 물러나게 함은 흔히 상대에 대한 처벌이라기보다는 단지 의사소통을 종료하는 수단에 불과하다. 의례질서의 주된 원리는 정의가 아니라 체면이다. 의례질서의 위반자가 받는 것은 벌이 아니라 그 순간 스스로가 택하고 상호작용에서 지켰던 노선이다.

겉으로 드러난 문화는 달라도 그 밑바탕을 보면 어디서나 사람들은 다 같다는 뜻이 이 글 전체에 함축되어 있다. 사람들에게 보편적인 인간 본성이 있다면, 그리고 그 본성을 설명하려면, 사람만 보면 안 된다. 어디에나 사회(societies)*가 있다는 사실, 사회가 존재하려면 성원들이 사회적 만남에서 자기조절 능력이 있는 참여자가 되어야 한다는 사실을 알아야 한다. 개인을 그런 존재로 만드는 한 가지 방법이 의례다. 개인은 의례를 통해 감수성, 자아감정, 체면으로 표현할 자아가 있어야 함을 배우고 긍지, 명예, 위엄, 배려, 요령과 침착성을 지녀야 함을 배운다. 이런 것들이 유용한 상호작용 행위자가 되려면 갖추어야 할 행동 요소이며 보편적인 인간 본성이라고 말할 때 거론되는 요소다.

보편적 인간 본성이란 그다지 인간적인 것이 아니다. 인간은 보편적 인간 본성을 획득하는 과정에서 내면의 심성이 아니라 밖으로부터 부과된 도덕적 규칙들로 만들어진 일종의 구성물이 된다. 그대로 따른다면 도덕적 규칙은 자기 자신과 동료 참여자에 대한 평가, 감정의 할애, 의례 균형의 유지에 필요한 구체적인 의무의 실행 방법을 규정한다. 도덕적 규칙을 준수하는 보편적 자질은 개인의 몫일지도 모른다. 그러나 그 개인을 인간

---

* 고프먼은 사회를 거시 수준의 추상적인 실체로 규정하지 않는다. 그보다는 사람들이 사회적 상호작용을 하는 구체적 현장의 집합적 실체로 지칭한다. 그래서 복수형(societies)을 사용한다. 거시 수준의 사회를 지칭할 경우에는 언제나 더 넓은 사회, 상위 수준의 사회라는 형용구를 사용한다. 이러한 '사회' 개념은 고프먼이 초점을 맞추고 있는 분석 단위의 성격을 밝혀준다. '사회'는 멀리 떨어져 있는 추상적 실체가 아니라 '지금-여기'라는 미시 수준의 상황(occasion)에서 참여자들이 협력하여 구성되는 규칙과 질서(꼭 지켜야 하고 위반하면 제재가 가해지는), 곧 사회성의 요건이 실현되는 현장의 산물이라는 것이다. 고프먼은 극히 제한된 시공간에서 일시적으로 마주쳐 상호작용이 이루어지는 상황을 분석의 초점으로 삼는다. 고프먼에게 구체적 상황을 벗어난 사회라는 특권적 실체는 없다. 언제나 상황에서 형성되고, 유지되고, 해체되는 사회들이 있을 뿐이다.

으로 변모시키는 일련의 규칙은 사회적 만남에서 형성된 의례의 요건에서 나온 것이다. 어떤 사람이나 어떤 집단, 어떤 사회에 고유한 특성이 있는 것처럼 보인다면, 그것은 인간 본성의 표준 요소들이 독특한 방식으로 정리·조합되었기 때문이다. 긍지를 가진 사람이 많지 않은 사회도 있다. 규칙을 따르는 대신 안전하게 규칙을 위반하려고 애를 쓰는 사람들도 있다. 그러나 만남이나 활동이 의례 원리에 따라 구성된 상호작용 체계로서 생명을 유지하려면, 그런 변형들도 일정한 범위에 국한되어야 하며 다른 규칙들과 규칙에 대한 이해로 상쇄되어 균형이 잡혀야 한다. 마찬가지로, 특정 부류에 속하는 사람들이 지닌 인간적 본성이란 그들이 참여하는 활동의 특성으로 인해 독특하게 형성된 것일 수 있다. 그러나 그 경우에도 의례적으로 조직된 사회활동 체계라면 어디서나 요구되는 유능한 참여자로서 균형 잡힌 특성을 각자가 내면에 지니고 있어야 한다.

제2장
존대와 처신의 성격

　뒤르켐과 래드클리프브라운의 영향을 받은 현대사회의 일부 연구자들은 사회적 관행의 상징적 의미와 그 관행이 집단의 통합과 유대에 기여하는 바를 탐구해왔다.* 그러나 연구 관심을 개인에서 집단으로 옮기면서 그들은 뒤르켐이 영혼을 다룬 장에서 제시했던 주제[1]를 간과한 듯하다. 뒤르켐은 그 글에서 개인의 인성은 집합적 마나(mana)**의 한 부분으로 볼

---

1) Émile Durkheim, *The Elementary Forms of the Religeious Life*, tr. J. W. Swain(Free Press, Glencoe, Ill., 1954), pp. 240~272.

---

　*　뒤르켐의 영향을 받은 영국의 인류학자 래드클리프브라운(1881~1955)은 오스트레일리아, 아프리카, 미국의 인디언 원주민들에 대한 현장연구를 통해 사회의 개별 제도와 관습은 상호 관련된 문화체계로서 사회통합의 기능을 수행한다는 기능주의 이론을 제시했다. 예를 들면, 장례식은 죽은 사람이 아니라 산 사람을 위한 의례이며 죽은 이의 영혼을 안식으로 이끌려는 장례식은 집단을 재통합하는 기능을 한다는 것이다(A. R. Radcliff-Brown, *The Andaman Islanders*, Cambridge University Press, 1922 참조). 뒤르켐도 원시종교의 의례 분석(위 저자 주 1의 문헌 참조)에서 집단이 의무로 부과하는 의례가 집합적 정서를 불러일으키며 이 집합적 정서가 사회통합의 기능을 한다고 말한다.
**　원시 부족민들이 믿었던 초자연적 힘을 가리키는 인류학적 개념. 뒤르켐은 이를 개인에게 도덕적 압력으로 작용하는 집합의식으로 보았다.

수 있다는 것, 그리고 사회적 집합체를 표상하는 의식(rite)이 때로는 개인 자신을 향해 이루어지기도 한다는 사실을 지적한다.

나는 이 글에서 도시 세속세계에 사는 개인에게도 상징적 행동으로 드러나고 확인되는 일종의 성스러움이 부여된다는 사실과 그 의미를 살펴보려고 한다. 통상의 인류학적 용어를 확대하고 수정해 개념적 뼈대를 구축하고 존대(deference)와 처신(demeanor)이라는 핵심 개념을 뒷받침하는 데 사용할 것이다. 이런 개념적 재구성을 통해 뒤르켐의 사회심리학이 현대판으로도 효과적임을 보여줄 작정이다.

이 글의 자료는 주로 연구중심 의료기관에 입원한 정신질환자를 대상으로 한 간단한 관찰연구에서 나온 것이다.[2] 나는 사적인 예절을 탐구하기에 적합한 장소는 예법 준수에 장렬하게 실패한 나머지 격리 수용된 사람들이 있는 곳이라는 가정을 바탕으로 자료를 활용한다. 병동이라는 제한된

---

[2] 약리학 연구병동으로 공식 지정된 A병동에는 19세의 독실한 메노파 기독교신자인 양심적 병역 거부자 둘과 50대의 여성 고혈압환자 둘, 정신분열증 진단을 받았지만 증상이 완화된 30대의 여성 환자 둘이 수용되어 있었다. 2개월 동안 필자는 공식 통제집단의 일원으로 병동생활에 참여해 낮 시간에는 환자들과 사귀고 밤에도 가끔 병실에서 환자와 함께 지냈다. B병동에서는 정신분열증 증상이 있는 소녀 둘과 그 어머니들에 대한 연구가 이루어졌다. 17세의 베티와 그녀의 어머니 바움 여사, 15세의 그레이스와 30세인 그녀의 어머니 메리가 그들이다. 어머니들은 대개 주중에 문병을 와서 병동에서 시간을 보냈다. 필자는 병원의 사회학자 직원으로 주중 일정 시간을 B병동에서 보냈다. 한계가 있기는 하지만 A병동은 정상인 병동으로, B병동은 정신질환자 병동으로 간주할 수 있을 것이다. 자료의 한 측면만 고려한다는 점, 여기서 거론된 사건에 대해서는 부가적인 해석, 가령 정신분석학적 해석도 가능함을 분명히 해둔다.

위 병동들의 행정책임자 시모어 펄린 박사(Dr. Seymour Perlin)와 머레이 보엔 박사(Dr. Murray Bowen), 그리고 병동 직원들의 협조와 도움에 감사드린다. 비판적 제안을 해준 국립정신건강재단의 존 A. 클로센 박사(Dr. John A. Clausen)와 샬럿 그린 슈워츠(Charlotte Green Schwartz)께도 감사드린다.

장소에서 벌어지는 예법 위반을 다루지만, 병동 밖의 영미사회로 확대하여 연구할 수 있을 만큼 예법의 위반은 매우 보편적인 현상이다.

서론

품행규칙(rule of couduct)*은 유쾌하고 손쉽고 효과적이라서가 아니라 합당하거나 옳기 때문에 권장되는 행위의 지침으로 정의할 수 있다. 규칙 위반은 특성상 불쾌감을 주고 부정적 사회제재를 불러온다. 품행규칙은 활동 영역 전반에 스며 있고, 온갖 것에 이름과 명예를 부여하며 수호된다. 사람들은 조직적 사회생활이 아니더라도 언제나 집단을 이루는 경향이 있어서 품행규칙을 수호하려는 사람들의 집단과정이 사회학의 보편적 주제가 된다. 규칙을 준수하면 행위는 영속성을 띠고 유형화된다. 규칙이 인간사를 질서 정연 하게 만드는 유일한 원천은 아니지만 중요한 원천임에는 틀림없다. 물론 공인된 품행규칙을 은밀하게 회피하거나 위반하고 부당한 이유로 준수하는 때도 있지만, 이런 행태는 적어도 규칙이 표면적인 품행을 제약하는 경우에 덧붙는 대안들일 뿐이다.

품행규칙은 통상 두 가지 방식으로 개인에게 영향을 미친다. 직접적으로는 개인의 도덕적 처신을 규정하는 의무(obligation)로 작용하고, 간접적으로는 남들이 자기를 올바르게 대하기를 바라는 기대(expectation)로 작

---

* 대면 상호작용에서 개인이 지켜야 할 적절한 몸가짐, 옷차림, 몸짓, 언행에 관한 규칙을 말한다. 고프먼은 품행규칙에는 언행의 내용을 문제 삼는 내용규칙과 언행의 형식과 상징적 의미와 관련된 의례규칙이 있으며, 의례규칙의 주요 성분으로서 상대를 향한 존대와 자신의 사회적 자아를 구성하는 처신을 다룬다.

용한다. 예컨대 간호사는 환자를 대할 때 의학적 지시에 따를 의무가 있는 한편, 자신이 처치를 할 때에는 환자들이 고분고분 협조하기를 기대한다. 그 기대에 고분고분 응하는 것이 환자의 의무다. 이렇듯 많은 규칙들이 행위자와 수용자가 맺는 대인관계의 성격을 드러낸다. 한쪽의 의무는 대개 상대의 기대와 짝을 이룬다.

 의무는 특정한 방식으로 행위를 하라는 제약일 경우가 많아서 우리는 의무를 짐스럽고 귀찮아도 꾹 참고 이행해야 하는 것으로 생각하지만, 실상 품행규칙을 따르는 행동은 대부분 무심결에 이루어진다. 왜냐고 물으면 "별 이유 없이"라거나 "그래야 할 것 같아서"라 대답한다. 늘 해오던 방식이 통하지 않으면 그때야 비로소 자기가 무심히 하던 소소한 행위가 실은 집단의 예절을 따른 것이고, 예절에 어긋나게 행동하는 것은 수치심과 굴욕감을 느낄 문제임을 깨닫는다. 마찬가지로 남들에게 거는 기대도 당연한 것으로 여기다가 어긋나면 그때서야 화를 낼 근거가 있음을 알아차린다.

 한 사람이 무심하게 치르는 의무가 있다면, 꼭 해야 할 일로 여기는 임무가 당사자에게는 바람직하게 느껴질 때도 있고 아주 성가시게 느껴질 때도 있다. 즐거운 임무와 하기 싫은 임무가 있는 것이다. 사실 같은 임무라도 바람직해 보일 때가 있고 달갑지 않게 여겨질 때도 있다. 약물 투약은 간호사가 ('충분한 기량'이 없어 보이는) 간병인과 사회적 거리를 두려 할 때는 기꺼이 행하는 임무겠지만, 알아보기 힘든 처방전에 따라 약물 투여량을 결정해야 하는 경우에는 부담스러운 임무일 것이다. 기대도 마찬가지다. 당사자가 자신이 마땅히 승진하리라 생각할 때처럼 원하는 일일 수도 있고, 해고를 당하리라 예감할 때처럼 원치 않는 일일 수도 있다. 예절과는 상관없이 행위자나 수용자의 개인적 소망에 부합하는 규칙을 일상 용법에서는 더러 권리 또는 특권이라 부른다. 이런 용어에는 개인이 떠올릴 수는 있지만 반드시 지킬 필요는 없는 특별한 규칙이라는 또 다른 의미가 들어 있다. 퇴근해 돌아온 남편이 아내에게 하는 키스처럼 행위자에게 즐거운 의무가 수용자에게는 즐거운 기대일 수 있다. 이처럼 의무와 기대는 다양한 방식으로 조합될 수 있다는 점도 주목해야 한다.

개인이 규칙의 유지에 열중하게 되면 그는 자아의 특정한 이미지 유지에 전념하게 된다. 그럴 때 개인의 의무는 자신이 자타가 인정할 만큼 규칙을 잘 지키는 사람, 잘 지키리라 기대해도 좋을 사람이 되는 것이다. 개인의 기대는 남들도 자기에게 그들 나름의 의무를 적절히 이행하리라는 가정을 바탕으로 형성된다. 남들이 자기를 어떻게 생각하는지가 그들의 태도에서 드러나기 때문이다. 남들을 특정한 방식으로 대하고 자신도 남들로부터 특정한 방식으로 대우받아야 할 사람이라는 입장을 정하면, 그 사람은 그에 걸맞은 언행과 사람됨을 확실히 보여줄 수 있어야 한다. 어떤 정신과 의사들에게는 의사로서 **자기의 환자들을** 치료해야 할 의무가 자신의 이미지를 지키기 위한 의무로 바뀌는 때가 있다. 의사 초년기에 연구나 병동 관리 또는 혼자 내버려두기를 바라는 환자 진료를 맡게 된 일부 의사들이 자기 이미지를 지키려고 쩔쩔매는 모습에서 그 실례를 볼 수 있다.

품행규칙이 깨지면, 규칙에 따라 자신을 다스려야 하는 의무를 지닌 쪽이나 규칙에 따라 대우를 받으리라고 기대하는 쪽 모두 불명예를 감수해야 한다. 행위자와 수용자 모두 위험에 빠지는 것이다.

그렇다면 품행규칙의 지배를 받는 언행은 의무를 지닌 자아와 기대를 지닌 자아를 확인하는 의사소통인 셈이다. 품행규칙의 영향을 받으면서도 규칙을 따르지는 않는 행동 역시 의사소통이다. 어쩌면 더 강력한 의사소통일 수도 있다. 규칙 위반은 뉴스거리가 되고 참여자들의 자아를 부인하는 셈이기 때문이다. 따라서 행동을 하는지 안 하는지가 일종의 의사표현이 되고, 규칙의 준수 여부가 중요한 의사소통거리가 되곤 한다. 예컨대 연구 대상 병원의 정신과 의사는 저마다 자기 환자들이 진료 시간에 규칙적으로 나타나리라 기대하고 있었다. 환자가 그 의무를 이행하면 의사는 환자가 치료의 필요성을 인정하고 자신을 '좋은' 의사로 여긴다는 뜻으로 받아들였다. 환자가 진료 시간에 나타나지 않으면 병동 사람들은 환자가 '너무 아파' 무엇이 자기에게 좋은 줄 모른다거나 어쩌면 담당 의사가 환자와 좋은 관계를 맺지 못하는 사람인 모양이라고 여겼다. 환자가 진료 시간에 나타나는지 아닌지가 병동 직원들과 환자들에게는 중요한 화제가 되곤 했다.

사회적 행위에 참여하는 개인을 연구할 때 우리는 개인이 인격적 총체로서가 아니라 어떤 한 가지 자격이나 신분을 가진 특수한 자아로서 참여한다는 점을 알아야 한다. 예를 들면, 환자가 여성이고 의사가 남성일 경우 환자는 의사 앞에서 부끄럼을 타지 말아야 한다. 둘의 관계는 성적 관계가 아니라 공적 의료 관계로 규정되기 때문이다. 우리가 연구를 진행한 정신병원에는 흑인 환자와 흑인 직원이 있었지만 공식적인 자리에서(대체로 비공식적인 자리에서도) 그들의 소수자 신분이 거론된 적은 없다. 물론 복수(複數)의 자격으로 대면 접촉이 이루어지는 경우도 있다. 또한 공식적으로는 아무 상관없는 자격에 얼마쯤 비공식적인 무게가 실리기도 하고 한 가지 자격에서 얻은 평판이 그 범위를 넘어서 다른 자격에 대한 평판에 영향을 미치기도 한다. 이런 현상들은 좀 더 치밀하게 분석해야 할 문제다.

품행규칙은 대칭적 규칙과 비대칭적 규칙으로 나누어 다루는 편이 좋다.[3]

---

3) R. H. Thouless, *General and Social Psychology*(London: University Tutorial Press, 1951), pp. 272~273.

대칭적 규칙은 상호작용을 하는 양쪽이 서로에게 동일한 의무와 기대를 갖도록 유도하는 규칙이다. 이를테면, 다른 곳도 마찬가지지만 우리가 연구한 두 병동에서도 신분이 어떻든 다른 사람의 소유물은 훔치지 말아야 하고 또 도둑맞기를 바라는 사람은 아무도 없다는 점을 모두 알고 있었다. 우리가 흔히 예절과 공중질서라 부르는 규칙은 남의 아내를 탐내지 말라는 성경의 경고처럼 대칭적 규칙이다. 비대칭적 규칙은 상대를 대하는 방식이 양쪽에 달리 적용되는 규칙이다. 예컨대, 의사는 간호사에게 의학적 지시를 내리지만 간호사가 의사에게 그럴 수는 없다. 또 어떤 미국 병원에서는 의사가 들어오면 간호사는 일어서서 그를 맞아야 하지만 간호사가 들어올 때 의사가 일어서서 맞으라는 법은 없다.

사회연구자들은 여러 방식으로 규칙의 유형을 구분한다. 예를 들면, 공식 규칙과 비공식 규칙으로 나눈다. 그러나 이 글에서는 내용규칙과 의례규칙의 구분이 중요하다고 본다.[4] 내용규칙은 그 자체로 중요한 문제와 관련된 품행의 지침으로서, 규칙의 준수나 위반이 당사자의 자아를 표현하는 것으로 간주되는 규칙과는 다른 것이다. 다른 사람들의 물건을 훔치지 않는 사람은 일차적으로 소유자들의 권리를 보호하는 내용규칙을 지키는 것이고, 여기서 소유권을 지닌 상대의 이미지 보호는 부차적인 것일 뿐이다. 내용규칙의 표현적 함의는 공식적으로는 부차적인 것으로 간주된다. 설령 참여자들의 우선 관심사가 표현적 함의에 있음을 누구나 감지하

---

[4] Durkheim("Determination of Moral Facts," *Sociology and Philosophy*, tr. D. F, Pocock, Free Press, Glencoe, Ill. 1953, 특히 pp. 42~43). 또한 A. R. Radcliffe-Brown, "Taboo," *The Structure and Function in Primitive Society*(Free Press, Glencoe, Ill., 1952, pp. 143~144), and Talcott Parsons, *The Structure of Social Action*(McGraw-Hill, New York, 1937, pp. 430~433)을 볼 것. '내재적' 또는 '도구적' 규칙과 '표현' 또는 '의례' 규칙으로 구분한다.

는 특수한 상황일지라도, 사람들은 겉으로는 이 표현적 함의를 부차적이라고 여기는 모습을 유지해야 한다.

의례규칙은 내용 자체는 부차적이고 중요하지 않은 문제에 관한 품행 지침이다. 개인이 주어진 상황에서 자신의 성격을 표현하거나 다른 참여자들에 대한 자신의 평가를 전하는 관례화된 의사소통 수단으로서의 의미가 가장 중요하다.[5] 물론 이런 용법은 일상 용법과는 거리가 있다. 일상에서 의례란 종교적 감성을 자극하는 엄숙한 상황에서 근엄한 행위자가 거행하는 고도로 구체화되고 확장된 상징적 행위를 뜻한다. 인류학자들은 터무니없다고 할지도 모르지만, 나는 모자를 벗고 예를 갖추는 식의 관습에도 일상 용법의 의례와 공통점이 있음을 강조하기 위해 부득이 차이점은 무시한다.

어떤 사회에서나 품행규칙은 모두가 적절하게 행동하고 자기 몫을 보장하는 코드로 구성되는 경향이 있다. 미국 사회에서 내용규칙을 지배하는

---

[5] 의례적 행동에 담긴 내용상의 가치는 부차적이라고 간주되면서도 상당한 주목거리가 되는 경우도 있다. 미국 사회의 결혼선물이 좋은 예다. 어떤 경우에는 의례적 감정 표현에 그에 준하는 내용가치도 담겨 있다는 신호수단이 필요하다. 예컨대, 미국의 중하위 계급에서는 남자가 약혼반지에 돈을 덜 쓰면 자기 약혼자를 대수롭지 않게 여긴다는 뜻으로 이해한다. 아무도 여성과 반지의 가치가 상응한다고 믿지 않는데도 그렇다. 의례적 행동의 내용가치는 참여자만이 관심을 두는 일임이 너무나 분명한 경우, 이를테면 여성이나 공직자가 별로 관계를 맺고 싶지 않은 누군가로부터 실제 값비싼 선물을 받을 때, 공동체는 그들의 상징체계가 훼손되었다는 느낌으로 반응할 것이다.
행동이 지닌 의례적 성격의 흥미로운 사례는 '정정당당함'을 보여주는 현상에서 발견할 수 있다. 가령, 남성이 낯선 여성을 구조선에 먼저 태우려고 조용히 옆으로 물러서거나, 결투에 임한 남성이 상대가 떨어뜨린 무기를 정중하게 집어주는 경우이다. 보통 내용상으로는 별로 중요하지 않은 의례적 몸짓에 불과한 행동이 뜻밖의 조건에서는 엄청난 내용가치를 지닌다. 그럴 경우 의례의 형태는 주어진 임무를 넘어서까지 유지되는 셈이다.
그렇다면 대체로 모든 의례적 몸짓은 그 안에 담긴 내용가치에 따라 달라지며 행동의 의사소통 가치로서 체계적으로 활용될 수 있는 것이라고 말할 수도 있다. 그러나 의례질서는 여전히 내용가치와는 다르고 또 다르게 이해된다.

코드는 법, 도덕성, 윤리로 구성된다. 반면에 의례규칙을 지배하는 코드는 예의범절로 구체화된다. 모든 관행에는 두 종류의 코드가 다 들어 있지만 이 글에서는 의례 코드에 관심을 국한시킨다.

의례적 의미를 전하는 신호수단 또는 상징적 표지로 작용하는 행동이나 사건은 매우 다양하다. 개인의 자기자랑이나 자기비하, 상대에 대한 찬사나 비난처럼 언어일 수도 있다. 그럴 때 개인은 특별한 언어와 독특한 억양을 사용한다.[6] 이는 자만심이나 아부를 뜻하는 몸짓 신호일 수도 있고, 개인이 문에서 상대를 앞질러 가거나 상대의 왼쪽이 아니라 오른쪽에 앉는다거나 하는 공간 사용일 수도 있다. 과제를 기꺼이 받아들고 사람들이 보는 앞에서 침착하고 날렵하게 해내야 할 때의 일 처리 솜씨일 수도 있다. 남들보다 말을 더 많이 하고 남들보다 주목을 더 받는 경우처럼 의사소통구조의 일부일 수도 있다. 의례적 활동이란 구체적 내용이 아니라 활동의 성분이나 기능을 가리키는 분석적 요소라는 점이 중요하다. 어떤 행동에는 의례적 성분만 있을 뿐 뚜렷한 내용은 없다. 그러나 내용이 가장 중요한 행동도 다른 사람들에게는 특정한 방식으로 인식된다는 점에서 얼마쯤은 의례적 의미를 함축한다. 행동을 하는 방식이나 소소한 예절을 주고받도록 잠시 멈추는 것도 도구지향적인 상황에 의례적 의미를 불어넣는 것이다.

한 집단이 의례상 사용하는 상징적 표지는 모두 의례적 표현양식이라 할 수 있다. 우리는 보통 주어진 기간에 치러야 할 의례절차가 얼마나 많은 상호작용인지에 따라 또는 의례가 얼마나 구체적이고 범위가 넓은지에 따라 사회를 구분하곤 한다. 어쩌면 꼭 필요한 의례가 달갑지 않은 임무로

---

6) P. L. Garvin and S. H. Riesenberg, "Respect Behavior on Pronape: An Ethnolinguistic Study," *American Anthropologist* 54(1952), pp. 201~220.

이루어지는지 아니면 무심결에 또는 유쾌하게 이루어지는지에 따라 사회를 구별하는 편이 더 나을 수도 있다.

의례적 행동에는 몇 가지 기초 성분이 들어 있다. 이 글의 주요 목표는 의례의 두 가지 기초 성분으로 존대와 처신을 기술하고 그 차이점을 밝히는 데 있다.

존대

존대는 상대를 존중한다는 뜻 또는 상대를 하나의 상징·연장선·대리인으로 본다는 뜻을 상대에게 상징적으로 전하는 행동의 구성요소를 말한다.[7] 행위자가 상대와의 관계를 기리고 확인하는 봉헌의 표현이다. 존대를 행하는 쪽과 받는 쪽이 사람이 아닌 경우도 있다. 가령, 서로 스치고 지나가는 두 배는 몇 차례 짧은 경적을 울려 인사를 나눈다. 선원이 배에 오르면서 갑판을 향해 경례를 하거나 가톨릭신자가 제단에서 무릎을 꿇을 때 의례를 행하는 쪽은 사람이지만 받는 쪽은 사물이거나 우상이다. 그렇지만 나는 대리인 자격이든 아니든 사람들끼리 주고받는 존대에만 관심을 둘 것이다. 그런 의례적 행동은 아마도 가벼운 인사치레, 칭찬, 사교를 끝낼 때 양해를 구하는 데서 가장 잘 드러난다. 이를 '신분의례(status rituals)'

---

[7] 존대 개념은 포드재단(Ford Foundation)의 연구비 지원을 받아 시카고대학 E. A. 실스(E. A. Shils) 교수의 책임 아래 진행된 사회계층 연구에서 도출했다. 존대 행동을 연구하도록 이끌어준 실스 교수에게 깊이 감사드린다. 혹 개념 오용이 있더라도 그것은 실스 교수와는 무관하다.

또는 '대인관계 의례(interpersonal rituals)'라 부를 수도 있다.[8] 나는, 아무리 사사롭고 세속적인 행동이라 해도 개인은 자기에게 특별히 소중한 대상 앞에서는 행동의 상징적 의미를 생각하고 행동방식을 조절하기 때문에 '의례(ritual)'라는 용어를 쓴다.[9]

존대의례는 두 방향에서 연구할 수 있다. 하나는 어떤 의례를 정하고 그 의례가 행해지는 모든 사회적 상황에 공통된 요소들을 찾아 분석함으로써, 의례가 지닌 '의미'를 포착하는 길이다. 다른 하나는 어떤 사람이 행하든 특정한 개인을 향해 이루어지는 의례를 모두 수집해 각 의례에 담긴 상징적 의미를 해석하는 길이다. 그 의미들을 종합하면 다른 이들이 지켜줄 의무가 있는 존대 수용자 개념을 얻을 수 있다.

개인은 존대를 원하고, 얻어내고, 받아 마땅할지도 모르지만 대개 존대는 스스로에게 바치는 것이 허용되지 않기에 남들에게서 구할 수밖에 없다. 그러나 개인으로서는 사람들과 사귀어야 할 이유가 느는 셈이고 그 결과로 사회는 성원들이 관계를 맺고 상호작용을 하도록 더 확실하게 보장받는 셈이다. 개인이 자기가 원하는 존대를 스스로에게 바칠 수 있다면 사회는 자기만의 성지에서 스스로를 숭배하는 외톨이 광신자들의 섬으로 분해되고 말 것이다.

존대 행동은 행위자가 상대를 존중한다는 마음을 상대에게 전하는 표현이며 흔히 상대에 대한 평가를 포함한다. 다른 사람들을 대할 때는 존중심

﹒﹒

8) 의례상 의무를 처리하는 기법은 「체면 지키기」에서 살펴보았다.
9) 래드클리프브라운의 정의(op. cit., p. 123)를 따랐다. 다만, 나는 그가 사용한 '존경(respect)'이라는 용어를 다른 종류의 인사법에도 확대 적용했다. 그에 따르면 "사회가 성원들로 하여금 어떤 대상을 향해 모종의 태도를 강요할 때면 언제나 의례 관계가 존재한다. 그 태도는 대상에게 전통적인 행동양식으로 드러내는 존경심을 측정하는 지표이다."

을 가져야 하지만 더러 존중심을 꾸미려 할 때도 있음을 사람들은 충분히 알고 있다. 그러면서도 그것이 구체적으로 어떤 마음인지는 밝히지 못한다.

물론 상대가 단지 어떤 범주를 대표하기 때문에 존대를 바친다고 느끼는 사람도 있다. 상대가 존대를 받을 만한 사람이라고 '개인적으로' 생각해서가 아니라 그런 생각이 없음에도 존대를 하는 경우다. 이런 식으로 규정된 존대를 명시적으로 강조하는 조직도 있다. 예컨대, 군대에서는 특정한 상대를 향해 개인감정을 섞지 않은 존대를 바쳐야 한다. 그러면 개인은 마음에도 없는 존중을 쉽게 표현함으로써 내면적 자율성을 지킨다고 느낄 수도 있다. 원칙을 지키는 행위를 통해 실제로는 의례질서에 저항하는 셈이다. 개인은 또 적절한 존대 형식을 세심히 관찰하고 억양이나 발음, 속도를 영악하게 조절해 상대를 무시할 수 있는 방법이 많다는 사실도 안다.

존대라고 하면 보통은 권위를 지닌 사람에게 순종해야 할 사람이 바치는 경례, 복종, 금지 의례를 떠올리기 쉽다. 그래서 존대란 아랫사람이 윗사람에게 바치는 것으로 생각한다. 이는 두 가지 점에서 극히 제한된 시각이다. 첫째, 사회적으로 대등한 사이에서 나누는 대칭적 존대 형태가 아주 많다는 점이다. 이를테면, 티베트 사회에서는 대등한 고위직에 있는 사람들이 서로 인사를 나눌 때면 존대의례를 길게 주고받는다. 인사에 들이는 시간과 강도가 의례관행이 약한 사회에서 신하가 왕에게 예를 갖추는 수준을 능가할 정도다. 또 윗사람이 아랫사람들에게 의무로써 행하는 존대도 있다. 세계 도처에서 고위 성직자들은 신자들에게 "그대들에게 은총을!" 식의 축복을 내릴 의무가 있다. 둘째, 존대를 바치는 상대에 대한 생각이 반드시 존경심일 필요는 없다는 점이다. 대인관계에서 주고받는 존중에는 다른 마음도 있다. 예컨대, 낯선 방문객에게 보여주는 신뢰감도 있고, 전문적 조언을 해주는 상대에게 경의를 표할 때처럼 능력에 대한 감탄도 있다. 존대의례에서 중요하게 작용하는 존중의 감정은 일종의 호감과 소속감이다. 그 극단적인 예를 미국 사회에서 막 결혼한 신랑이 틈날 때마다 신부에게 사랑의 표현으로 예사 행동을 전시성(展示性)으로 비틀어서 하는 경우에서 볼 수 있다. 더 흔한 보기는 작별인사다. 미국의 중간 계급 사회에서는 상대와 작별하는 것이 애석하고 유감스럽다는 어조로 작별인사를 함으로써 상대에 대한 존중심을 표현한다. '진보적인' 정신병원에서는 직원들이 환자를 대할 때 늘 지녀야 할 가장 중요한 태도란 동의, 염려, 정감의 표현으로 존대를 연출하는 것이라고 생각한다. B병동에서 실제로 젊은 환자 둘이 그런 대접을 불신하고 가끔 폭로성 반응을 하곤 했는데, 이는 직원들로 하여금 환자와 좀 더 진심 어린 상호작용을 하게 하려는 시도임이 분명해 보였다.

대체로 존대는 정중한 태도로 경의를 표하는 행동이기 때문에 존대를 하는 사람은 실제 마음보다 더 상대를 높이 평가하는 양 표현하는 경향이 있다. 상대가 유리하게 받아들일 여지를 주고 격식을 차려 자신이 상대를 낮춰보는 내심을 감추기도 한다. 따라서 존대를 주고받는 사람들 사이에서 존대는 실제 행동에 이따금씩 참고할 수 있는 지침으로 작용한다. 존대를 받는 사람이 그럴 상황이 아니라고 판단하여 마지막 수단으로 직접 이의를 제기하고 자기주장을 할 수도 있지만 경솔하게 굴다가는 이후 상대와의 관계가 변할 것이다. 사람들은 존대를 받으면 상대의 표현을 곧이곧대로 받아들이거나 자기 생각을 강요하지 말아야 하며, 상대가 실제 마음과 달리 존대하는 시늉만 하더라도 이를 그냥 감수하는 선에서 만족해야 함을 안다. 그렇다면 반사적으로 하는 존대 행동은 이제 더는 평가하지도 기대하지도 않는 구식 의례의 흔적일 뿐이지만, 여전히 구습으로 돌리고 태평하게 무시할 수도 없는 것이다.

존대 행동은 존중하는 마음과 더불어 일종의 약속을 포함한다. 곧 이어질 활동에서 상대를 특정한 방식으로 대하겠다는 고백이나 서약을 압축한 표현이다. 내용상으로나 의례상으로나 행위자가 상대의 기대와 의무를 받아들이고 지지하겠다는 서약이다. 따라서 존대를 하는 사람은 상대가 관련 규칙을 통해 쌓아올린 자아 관념을 지켜주겠다고 약속하는 셈이다. (아마도 그 전형적인 모습은 신하가 군주에게 공개리에 복종을 선언하는 충성 서약일 것이다.) 존대 서약은 대개 신분정체성을 가리키는 호칭으로 전달된다. 예를 들어, 수술실에서 의사로부터 질책을 받은 간호사는 그 질책을 이해했고, 아무리 언짢아도 반항을 하지는 않겠다는 어조로 "알겠습니다, 선생님"이라고 호칭을 붙여 대답한다. 존대를 받아야 할 사람이 기대와 어긋나게 존대를 받지 못하거나 상대가 마지못해 경칭을 붙인다거나 하면, 그는 자신이 당연하게 여기던 상황이 흔들린다고 느낄 테고, 또 이 상황을 업무나 관계, 권력을 재구성하려는 아랫사람의 항명으로 느낄 것이다. 억지로 정해진 존대를 이끌어낸다는 것은, 설사 불손하게 군 상대가 먼저 자신의 의무를 떠올리고 질책을 감수한다 할지라도, 은밀하게 반란이 일어날 가능성이 잠복해 있음을 뜻한다. 노골적인 존대 거부는 대개 공개적 반란이 시작되었음을 알려주는 방법이다.

  복잡한 문제를 하나 더 지적해야겠다. 직책상 함께 일하는 두 사람이 업무에서 상대에게 표현해야 할 특별한 존대 행동이 있다. 그러나 두 사람은 업무 이상의 관계를 형성하기도 쉬우며 그 관계에도 의례적 표현이 따른다. 따라서 동일한 존대 행동이 종류가 다른 존중심을 보여주는 기호가 될 수 있다. 예컨대, 간호사에게 아버지와 같은 몸짓을 보여주는 의사는 직책상 아랫사람에게 권위를 드러내는 동시에 나이 든 어른으로서 자신의 보살핌에 의지하는 젊은 여성에게 정감을 표현하는 것이다. 마찬가지로 병원 직원이 유쾌한 목소리로 '아무개 박사'라고 부를 때, 그 호칭은 의료직에 대한 존경심을 보여주는 것이기도 하지만 남성 동지로서 의사들과의 연대 의식을 보여주는 표현이기도 하다. 이 글에서 다루는 존대는 단일한 자격으로 맺는 한 가지 관계를 표현하는 단일한 기호가 아니라 존대를 주고받는 사람들이 맺는 복합적 관계에 답하는 목소리들이 섞여 있는 것임을 염두에 두어야 한다. 어떤 한 관계에만 해당되거나 지속적 힘으로 작용하는 의례적 존대 행동이란 거의 없다. 복합적 관계에 관한 흥미로운 실례를 19세기 예법 책에 나오는 주인-노예 관계에서 인용해본다.

"부드럽고 점잖게, 진중한 태도로 명령을 내릴 것. 침착한 목소리로 말하되 너무 친숙하거나 동정 어린 어조는 피할 것. 하인을 부를 때는 높은 음조를 사용하고 말끝이 처지지 않도록 하는 편이 좋다. 만나면 즐거워지는 최상의 품격을 갖춘 사람은 늘 부드럽지만 큰 소리로 하인을 불러 '이렇게 저렇게 해주면 고맙겠네'라든가 '자네가 좋다면 그렇게 해주게'라고 말한다. 명령 이행을 친절로 여긴다는 뜻은 어휘로써, 명령이 당연히 이행되어야 한다는 뜻은 어조로써 전하는 것이 완벽한 예절이다."[10]

존대에는 다양한 형태가 있지만 여기서는 크게 회피의례(avoidance rituals)와 연출의례(presentational rituals) 두 종류만 살펴본다.*

10) 익명의 저자, *The Laws of Etiquette*(Carey, Lee, and Blanchard, Philadelphia, 1836), p. 188.

* 회피의례는 상호작용에서 삼가야 할 언행, 연출의례는 표현해야 할 언행으로 구성된다. 이 두 의례는 고프먼이 상호작용을 연극이라는 은유로 파악하고(연극학적 접근), '무대 위(on stage,

회피의례는 말 그대로 행위자가 존대를 받는 이와 알맞은 거리를 지켜 짐멜(Simmel)이 '이상적인 영역'이라 부른 선을 넘지 않도록 조심하는 존대 형태다.

"관계하는 상대에 따라 방향과 크기는 달라지지만 사람에게는 결코 침범할 수 없는 고유 영역이 있다. 그 영역을 침범하면 그 사람의 인성 가치가 무너진다. 이러한 영역은 한 사람의 명예가 걸려 있는 영역이다. '너무 가까이 왔다'는 표현은 명예에 모욕이 되었음을 신랄하게 지적하는 말이다. 말하자면 다른 사람이 개인의 명예에 모독이 될 그 고유 영역의 반경을 침범했다는 뜻이다."[11]

어떤 사회든 거리존중 체계로서 연구할 수 있고, 그 증거를 보여주는 연구도 많다.[12] 인류학과 사회학에서 가장 흔히 드는 예가 다른 사람을 이름

---

11) Georg Simmel, *The Sociology of Georg Simmel*, tr., ed. by Kurt Wolff(Free Press, Glencoe, Ill. 1950), p. 321.
12) *E.g.*, F. W. Hodge, *Etiquette: Handbook of American Indians*(Washington, D.C.: Government Printing House, 1907), p. 442.

---

front region)/'무대 뒤(off stage, back region)'를 개념화한 것과 짝을 이룬다(*Strategic Interaction*, 1969). '무대 위'는 다른 사람들과 직접 마주하는 상호작용 상황을 가리킨다. '무대 뒤'는 욕실, 침실, 개인 사무실, 부엌 등 다른 사람들의 시선에서 자유로운 상황으로, 무대 위에서 보여줄 이상적 자아를 준비하거나 상호작용을 끝낸 후 휴식을 취하는 상황을 가리킨다. 따라서 회피의례는 남 보기에 흠이 될 '무대 뒤'를 상대에게 허용하고 존중하는 뜻에서 관찰·관심·개입을 삼가는 관행이고, 연출의례는 '무대 위'에서 동료 참여자를 상호작용 상대로 인정하고 평가하며 상대와의 관계를 소중히 생각한다는 의미를 상대에게 전하는 예절 관행을 뜻한다.

으로 부르지 않는 거리존중 의례다.

　미국 사회에서 계급별 차이점 가운데 하나가 거리존중이라는 점도 지적해야겠다. 계급별로 남의 사생활을 배려하는 표현 방식이 다를 뿐 아니라 상위 계급일수록 접촉 금기의 범위가 더 넓고 정교하다. 필자가 셰틀랜드 공동체 연구를 하면서 발견한 현상도 있다. 영국에서는 중간 계급이 사는 도심 지역에서 하위 계급이 사는 농촌 지역으로 갈수록 좌석 사이의 간격이 좁아진다. 변방의 섬 셰틀랜드에서는 식사자리에서나 그 비슷한 사교 모임에서 서로 몸이 닿더라도 침범으로 여기지 않으며 사과를 할 필요도 없다. 그럼에도, 참여자들의 서열과 상관없이 행위자는 상대가 당연히 불가침을 보장받으려는 기대를 하고 있음을 느낀다.

　행위자가 상대의 일상 영역에 예사롭게 드나들고 상대의 사생활을 침범할까봐 두려워할 필요가 없는 사이라면 친숙한 관계라고 말한다(자기 아이의 코를 꼬집을 자유가 있다고 느끼는 어머니의 경우가 극단적인 보기다). 행위자가 상대에게 조심스럽게 접근하는 모습을 보면 어색한 관계 또는 정중한 관계라고 말한다. 두 개인 사이의 품행을 규정하는 규칙은 친숙한 관계인지 정중한 관계인지에 따라 대칭적일 수도 있고 비대칭적일 수도 있다.

　의례적 거리와 다른 종류의 사회적 거리 사이에는 전형적 상관관계가 있다. 신분이 대등한 사람들 사이에서는 대칭적이고 친밀한 상호작용이 이루어지리라 예상할 수 있다. 윗사람과 아랫사람의 관계는 비대칭적이어서 윗사람은 아랫사람에게는 허용되지 않는 친밀감을 표현할 권리가 있다. 우리가 연구한 병원의 의사들은 간호사들을 이름으로 부르곤 하지만, 간호사들은 의사들에게 '정중한' '공식' 호칭을 사용한다. 비슷한 예로 미국의 기업 조직에서 상사는 엘리베이터 기사에게 친절한 태도로 자녀의 안부를 물어볼 수도 있지만 엘리베이터 기사는 상사의 배려에 감사하면서도 묻는 말에 대답을 하지 않음으로써 상대가 자기 사생활에 개입하는 것을 막는다. 아마도 가장 명백한 형태는 정신과 의사와 환자의 관계에서 볼 수 있을 것이다. 정신과 의사는 환자 자신조차 보려고 하지 않는 환자 삶의 한 부분을 건드릴 특권을 가지고 있다. 물론 환자 쪽에는 허용되지 않는 특권이다. ('환자와 정신과 의사의 역전이[counter-transference, 逆轉移] 현상을 분석'함이 바람직하다고 믿는 정신분석학자들이 있지만, 환자 쪽이 의사에게 친밀감을 표현하면 공식기구로부터 강력한 제재를 받는다.) 환자들, 특히 정신과 환자들은 자신들을 어떻게 생각하는지 의사에게 물어볼 권리조차 없다. 무엇보다도 그런 물음은 의사들이, 자신들을 특별한 존재로 차별화하는 데 투자한 전문지식에 문외한인 대중을 너무 가까이 접근하게 할 수 있기 때문이다.

의례적 거리와 다른 종류의 거리 사이에는 그러한 전형적인 상관관계가 있지만, 다른 성격의 관계를 발견할 수 있는 경우가 흔하다는 사실도 분명히 할 필요가 있다. 신분은 비슷해도 상대를 잘 알지 못하는 사이라면 친밀성이 아니라 정중함으로 서로를 대해야 하는 관계다. 또한 미국에는 체계의 균형을 심히 위협할 정도로 서열 격차가 커 보여서 서열 차이를 관습대로 표현하지 않고 오히려 세심한 의례적 행동으로 서열 차이를 상쇄시키는 조직도 많다. 우리가 연구한 정신병원에서는 정신과 의사, 심리학자, 사회학자들이 서로를 이름으로 부르는 한 의례집단을 이루고 있었다. 이런 대칭적 친밀성이 실제 서열상으로는 의사와 대등하지 않은 심리학자와 사회학자들 쪽에서 느낄 격차의식을 누그러뜨렸다. 같은 현상은 필자의 소기업 경영자 연구에서도 발견된다.[13] 주유소의 직원들은 상사의 등을 치고, 상사를 놀리고, 상사의 전화를 쓰는 식으로 상사를 허물없이 대하곤

---

13) Social Research, Inc.에 제출한 미발간 보고서, 1952.

했다. 이러한 의례적 허용이 경영자가 종업원들의 사기를 진작하고 종업원들이 정직하게 일하게 만드는 방식이었다. 구조적으로는 동일한 조직에서 아주 다른 성격의 존대유형을 볼 수 있다는 사실, 그리고 존대유형은 유행에 따라 변하는 것이라는 사실을 인식할 필요가 있다.

미국 사회에서 거리존중 규칙은 종류도 많고 또 강력하다. 거리존중 규칙은 주로 존대를 받는 사람의 '소유'로 규정된 물리적 공간과 재산, 성적 자질 따위에 초점을 맞추지만, 말조심도 중요한 존대용 회피 규칙에 속한다. 상대에게 아프고, 당혹스럽고, 굴욕이 될 법한 문제는 꺼내지 말아야 한다. 짐멜은 이렇게 지적한다.

"사람에게는 개인적인 문제와 성격이 담긴 고유 영역이 있다. 강조되는 가치는 달라도 성질은 물질적 재산과 같다. 개인사를 들먹여 그 영역에 개입하면 인성 모독으로 간주된다. 물질적 재산을 자아의 연장으로 여기고 재산 침해를 자아 훼손으로 간주하듯이, 지적 사유자산의 침해도 자아의 본질을 훼손하는 것이다. 재량권이란 당면한 삶의 내용이 담긴 영역에 관여할 권리가 있다는 느낌과 다를 바 없다. 물론 그 범위는 상대하는 인물에 따라 달라진다. 상대가 '가까운' 사이인지, 이방인인지, 무관심한 사람인지에 따라 관여할 수 있는 개인의 명예와 재산의 범위가 다른 것과 마찬가지다.[14]

말하기를 삼가는 회피 규칙이 아주 잘 정착되어 있는 예로 A병동 사례를 들 수 있다.[15] 여성 환자 둘이 국립정신병원에 입원했었다는 사실은 그

---

14) Simmel, *op. cit.*, p. 322.
15) 이런 회피유형에 주목할 수 있도록 중요성을 지적해준 시모어 펄린 박사에게 감사드린다.

들 스스로가 꺼내지 않으면 진지한 대화소재나 농담거리가 된 적이 없다. 나이(30대 중반이었는데)를 묻는 법도 없었다. 남성 환자 둘이 양심적 병역거부자라는 사실은, 다른 이들은 물론이지만 그들 스스로도 입에 올리지 않았다. 환자 가운데 한 사람은 맹인이었고 또 한 사람은 유색인종이었는데, 이런 사실이 그들이 있는 자리에서 화제가 된 적은 없었다. 가난한 환자 하나가 단체 야유회에 가자는 권유를 받고는 관심 없다고 거절하자, 사람들은 그녀가 가고는 싶어도 입고 갈 옷이 없는 게 창피해서 권유를 거절한다는 사실을 알면서도 그녀가 꾸민 거절 사유를 곧이곧대로 받아들이고 인정했다. 신약 임상실험을 받을 예정이거나 막 투약을 마친 환자들이 스스로 화제로 삼기 전에는 그들에게 느낌을 물어보는 일도 없었다. 간호사든 환자든 미혼여성에게는 대놓고 남자친구에 대한 질문을 하는 경우도 없었다. 당사자가 스스로 밝히지 않으면 믿고 있는 종교를 묻는 법도 없었다.

정신병원은 개인의 사생활 및 독립성과 관련된 규칙 위반 현상을 상세하게 연구할 수 있는 곳이다. 환자와 직원들이 규칙을 위반하는 일이 늘 벌어지기 때문이다. 중요한 문제거나 실무상 필요한 규칙 위반도 있다. 정신병원에 입원할 때는 보통 환자가 지닌 소지품 일체를 낱낱이 기록한다. 이는 환자가 굴욕으로 느낄 만큼 타인에게 몸을 맡기라는 요구에 속한다. '날카로운 물건'이나 독주, 마약류, 기타 밀반입 물품을 제거하기 위한 정기검사에서는 환자들의 몸수색도 한다. 간호사실 스피커와 연결된 마이크를 병실에 숨겨두기도 하고(새로 지은 병원일 경우지만), 환자들이 밖으로 보내는 우편물을 검열하기도 한다. 환자가 자기 병세를 병원 직원들이 알고 심지어 상세한 사례 보고서까지 받는다는 사실을 안다면, 정신치료 역시 사생활 침해에 속한다. 환자의 감정 상태와 행동을 날마다 '차트'에 기록하는 관행도 마찬가지다. 직원들이 환자와 '좋은 관계를 맺으려고' 치료를 위해 정해진 환자의 휴식시간을 방해하는 사례도 있다. '사람 취급 하지 않는' 고전적인 방식으로 말조심 규칙을 위반하는 경우도 있다. 환자를 앞에 두고도 마치 그 자리에 없는 사람인 양, 환자의 사적인 문제에 속하는 이야기를 나눈다. 화장실에 문이 없거나 환자가 문을 잠글 수 없게 만들기도 한다. 병실을 함께 쓰게 하는 것도 중간 계급 환자들에게는 사생활 침해에 해당된다. 대규모 공립병원에 수용된 '상태가 심한' 환자에게 행하는 처치는 더 심각하다. 환자에게 강제로 투약하거나 옷을 벗기고 차가운 팩을 붙이거나 환자를 벌거벗긴 채 다른 환자들과 직원들이 볼 수 있게 설계된 폐쇄병실에 가두기도 한다. 먹기 싫어하는 음식이라도 겁이 나서 말을 못하는 환자에게 꼭 먹여야 직성이 풀리는 간병인이 배치되기도 한다.

도구적·기술적 근거가 있는 사생활 침해에 견줄 만한, 순수하게 의례적 성격을 띠는 사생활 침해도 있다. '과잉행동장애' 환자나 '정신이상' 환자는 정중한 예절에서 벗어난 사람들이라 할 수 있다. 동료 환자와 직원들에게 엉뚱한 질문을 하고 주제넘게 칭찬을 하거나 포옹이나 키스 같은 부적절한 몸짓으로 호감을 표현하려 든다. B병동의 환자들은 "왜 그런 식으로 면도를 해요?", "왜 날마다 똑같은 바지를 입어요, 짜증 나게", "비듬이 엄청 많네요" 따위의 말로 남성 직원들을 괴롭히기 일쑤였다. 그래서 그런 환자 옆에 앉아야 할 때면 직원들은 안전할 만큼 환자와 거리를 두려고 의자 끝으로 물러나 앉곤 했다.

B병동의 환자들은 지키지 못하는데 A병동 환자들은 잘 지키는 거리존중 방식이 있어서 명백한 대조를 보였다. 환자들은 간호사실 안에 들어가지 말라는 규칙이 있었다. A병동 환자들은 들어오라고 할 때까지 밖에서 기다리거나 간호사실에 있는 사람들과 이야기를 나눌 때도 대개 문간에 선 채로 했다. 간호사실 문을 잠글 필요가 없었다. 반면에 B병동 환자 세

사람은 부탁한다는 말만으로는 그냥 밖에 놔둘 수 없을 지경이라 사생활을 지키려면 간호사실 문을 잠가야 했다. 그래도 그들이 계속 문을 두드리고 고함을 지르곤 해서 벽도 소용이 없었다. 간단히 말해, A병동에서는 간호사와 직원들이 물러나 쉴 수 있는 보호수단을 환자들이 존중해주었지만 B병동에서는 그러지 않았다.

두 번째 실례도 보자. A병동 환자들은 의사들에게 엇갈린 감정을 갖고 있었지만 각자 좋아하는 의사가 한둘은 있었다. 좋아하는 의사가 지나가면 인사를 하지만 의례적인 선에서 그쳤다. 의사를 뒤쫓거나 귀찮게 굴고 의사들의 독립성을 침해할 권리가 있다고 여기는 환자는 하나도 없었다. 반면에 B병동 환자들은 의사가 병실에 들어서면, 그 의사의 등장을, 달려가 호감의 표시로 손을 잡거나 팔을 두르고 복도를 따라 걸으면서 다정한 농담을 나누어도 좋다는 신호로 여기는 듯했다. 의사가 의국으로 물러나 쉴 때도 환자들은 문을 두드리고 유리창으로 들여다보며, 온갖 방법으로 의사가 기대하는 거리를 지켜주려 하지 않았다.

B병동 환자인 바움 부인은 다른 사람의 사생활 침해에 뛰어난 능력이 있어 보였다. 예를 들면, 장보기 실습 때 계산대 뒤로 가거나 남의 장바구니에 담긴 물건을 살펴보는 인물로 유명했다. 교차로에서 낯선 사람의 차에 달려가 태워달라고 하는 때도 있었다. 한마디로 바움 부인의 사례는 연구자에게 사생활 경계선의 표지가 될 수 있는 행동과 사물이 아주 많다는 사실을 일깨워준다. 그리고 일부 '정신이상' 증후군 환자에게는 적절한 거리존중 규칙의 위반이 우발적인 실수가 아니라 확연한 특징임을 보여준다.

회피의례는 존대 표현이 아니라 자기방어용인 경우도 있어서 분석하기가 쉽지 않다. 존대용 회피와 자기방어용 회피는 겉모습은 비슷하지만 분석해보면 내용이 아주 다르다. 상대에게 폐를 끼칠까봐 피하는 경우도 있지만 상대가 자기를 오염시킬까봐 피하는 경우도 있다. 예컨대, B병동의 바움 부인은 피해망상에 빠져 딸에게 흑인 간병인의 수발을 받지 못하게 막곤 했다. 평소에 편견이 있던 집단의 성원과 접촉하면 오염된다고 느끼는 듯했다. 또 생일 파티에서 의사와 간호사에게는 키스를 해도 직원에게는 아무리 애를 써도 키스가 안 되는 것 같았다. 사람들은 대개 상대가 자기보다 신분이 높으면 존대의 뜻으로, 신분이 낮으면 자기를 방어하려고 거리를 둔다. 아마도 신분이 대등한 사람들끼리 신중하게 지키는 거리 두기에는 존대의 의미와 자기방어의 의미가 모두 있을 것이다. 어쨌든 그 두 회피 형태의 유사성은 크지 않다. 혼자 있고 싶어 하는 환자를 배려해 거리를 둘 때 간호사가 짓는 표정과 몸짓은 난잡하고 냄새나는 환자와 거리를 둘 때의 표정과 몸짓과는 다르다. 또한 존대용 거리두기일 때는 행위자가 신분이 높으면 그 거리가 줄어들지만 자기방어용 거리두기일 때는 거리가 늘어난다.[16]

나는 앞에서 중요한 존대유형 가운데 하나가 회피의례라 지적했다. **연출의례**라고 이름 붙인 두 번째 유형은 존대를 하는 쪽에서 상대를 어떻게 생각하는지, 앞으로 닥칠 상호작용에서 상대를 어떻게 대우할지 상대에게 입증해 보이는 행동을 모두 포함한다. 연출의례에서는 의례관행과 관련된

---

16) 사람들은 상대가 충분히 우러러 보기 힘든 대상이라서 거리를 두기도 하지만 또 상대를 신성시해서 거리를 둘 수도 있다는 사실을 사회적 거리 연구가 간과하곤 한다는 사실은 놀랍다. 이런 오류가 지속된 이유는 지식사회학이 연구할 문제다. 래드클리프브라운 학파와 같이 우리는 너무 순수해서 접촉할 수 없는 대상을 가리키는 '선한 신성'과 너무 불순해서 접촉할 수 없는 대상을 가리키는 '악한 신성'을 구별하고, 중립적 의례와 비교해서 보아야 한다(M. M. Srinivas, *Religion and Society Among the Coorgs of South India*, Oxford University Press, 1952, pp. 106~107을 볼 것). 래드클리프브라운(*op. cit.*)은 어떤 사회에서는 미국 사회에 비해 선한 신성과 악한 신성을 훨씬 덜 구별한다는 단서를 달지 않는다.

규칙이 금지가 아니라 처방의 성격을 띤다. 회피의례는 하지 말아야 할 일들을 규정하는 반면 연출의례는 해야 할 바를 규정한다. A병동에서 환자, 직원, 간호사들로 구성된 집단이 지키는 연출의례 몇 가지를 들어보자. 이 의례들은 미국 사회의 대다수 조직에서 볼 수 있는 연출의례와 별반 다르지 않다.

병동 사람들은 서로 마주치면 보통 인사를 나누지만 그 인사의 길이는 지난번 인사 때와의 간격, 그리고 다음 인사 때까지의 시간 간격에 따라 다르다. 병동 사람들은 식탁에서 상대방과 눈이 마주칠 때 짧은 미소를 주고받으며 서로 알아봄을 알린다. 주말에 누가 외출하면 하던 일을 멈추고 잠시 작별의 말을 나눈다. 어떤 경우, 어떤 형태이든, 병동 사람들은 서로 눈짓을 교환할 만한 자리에 있으면 시선을 맞추어야 한다고 생각하고 또 그렇게 했다. 눈길을 주지 않으면 병동 사람들과의 관계를 존중하지 않는다는 표현으로 여겨졌다.

인사에 덧붙여 외모, 신분, 평판의 변화를 '주목해주는' 관행도 있었다. 마치 변화를 보인 사람 편에서 집단으로부터 인증을 받기로 약속이라도 한 것 같았다. 새 옷, 새로운 머리 모양, 몸단장을 하고 나타나는 사람이 있으면 실제로 느끼는 감정과는 상관없이 모두 한마디씩 찬사를 하곤 했다. 진료실 치장이나 일거리를 돕는 환자는 칭찬을 받았다. 병원의 아마추어 연극 공연에 참여한 직원들도 찬사를 받았다. 결혼을 앞둔 간호사가 약혼자 사진과 가족사진을 모두에게 보여주고 호평을 받은 일도 있었다. 이런 식으로 병동사람들은 자기를 우월한 사람으로 연출했다는 당혹감에서 벗어나는 한편, 칭찬을 사양하는 한결같은 사람이라는 반응을 얻어내곤 했다.

A병동에서 행하는 존대 연출의례에는 직원과 환자들이 야유회, 진료, 연주회, 식사 중의 대화, 기타 집단 활동이 있으면 반드시 환자 모두를 초

대하는 관행도 있었다. 거절해도 되지만 거절 여부를 질문받은 환자는 하나도 없었다.

A병동에서 흔한 연출의례는 자잘한 서비스와 도움 주고받기였다. 간호사들은 도심지에 가면서 환자들이 부탁한 물건을 사다주기도 하고 가족 방문 후 대중교통을 이용해 병원에 돌아와야 할 환자들을 자기 차에 태워주기도 했다. 남성 환자들이 고장 난 물건을 수리하는 따위의 남자들이 잘하는 일을 해주면 여성 환자들은 답례를 했다. 음식은 주방에서 개인 식판에 차려져 나오지만 식사 때마다 음식을 서로 나누고 자기가 좋아하지 않는 음식이 나오면 그것을 좋아하는 사람에게 주기도 했다. 병동 사람들은 서로 돌아가며 식판 운반을 맡고 토스트와 커피를 다른 이들에게 가져다주곤 했다. 이런 서비스는 공정성을 보장하기 위한 공식 일과로 주고받는 것이 아니라 계획에 없는 일을 해줌으로써 행위자가 서비스를 받는 사람의 사적인 필요란 그 자리에 있는 다른 이들이 배려하는 마음으로 동참하기에 충족된다는 사실을 보여줄 수 있는 것이었다.

존대를 표현하는 가장 흔한 연출의례로 인사, 초대, 찬사, 작은 서비스를 들었다. 이런 연출의례를 통해, 존대를 받는 사람은 자기 속에 갇힌 섬이 아니며 다른 이들이 자신과 자신의 사사로운 관심사에 마음을 쏜다는 사실을 알게 된다. 이 의례들은 모두 존대를 받는 사람의 자아가 얼마만큼 다른 사람들로부터 고립 또는 차단되어 있지 않은지를 계속 가늠할 수 있는 상징적 단서를 제공한다.

두 가지 주요 존대의례 유형으로서, 행위자가 상대의 진가를 인정하고 있음을 구체적으로 표현하는 연출의례와, 상대의 권리를 침해할 소지가 있는 행동을 삼가는 금지와 금기 형태의 회피의례를 살펴보았다. 우리는 뒤르켐이 적극적 의례와 소극적 의례로 분류한 바 있는 이런 식의 구분에

익숙하다.[17]

 상대에게 해야 할 말과 행동이 있고 하지 말아야 할 말과 행동이 있다면, 이 두 존대의례 사이에 대립과 갈등이 내포되어 있음이 분명하다. 상대에게 건강이나 일, 가족의 안부를 묻는 것은 상대에 대한 관심을 표명하는 기호지만 달리 보면 개인의 사생활 침해가 될 수도 있다. 예를 들어, 그럴 만한 신분이 아닌 사람에게 질문을 받거나 또는 대답하기 고통스러운 사건을 최근에 겪은 사람이라면, 자기에게 쏠린 관심이 분명 사생활 침해로 여겨질 것이다. 뒤르켐이 지적한 대로, "사람의 인성은 성스러운 것이다. 누구도 감히 범하거나 넘볼 수 없다. 그러나 동시에 가장 위대한 선은 다른 사람들과 교감을 나누는 공동체에 소속되는 것이다."[18] 이 두 가지 존대 형태의 상반된 속성을 보여주는 두 병동의 예를 들어보자.

 다른 병동과 마찬가지로 A병동에는 '신체접촉 체계'가 있었다.[19] 어떤 범주에 속하는 직원들은 자기의 정감과 친밀감을 다른 사람에게 몸으로 표현할 특권이 있었다. 상대의 허리에 팔을 두르고 등을 토닥이고 머리를 쓰다듬거나 손을 잡는다. 물론 이런 접촉은 공식적으로 성적 의미를 배제한다. 가장 흔한 경우는 간호사가 환자의 상태를 확인하는 접촉이다. 그렇지만 A병동의 직원, 환자, 간호사들은 접촉 권리를 공유하는 하나의 집단을 구성하고 있었으며 접촉 권리도 대칭적이었다. 집단 성원이라면 누구나 지위가 같든 다르든 접촉을 주고받을 수 있었다. (장난으로 하는 싸움이나 팔씨

---

17) Durkheim, *The Elementary Forms*, p. 299.
18) Durkheim, "The Determination of Moral Facts," p. 37.
19) 신체접촉 체계에 관해 내가 알고 있는 유일한 자료는 개인 비서직 여성의 업무 중 꼬집기를 다룬 에드워드 그로스(Edward Gross)의 아주 흥미로운 연구이다("Informal Relations and the Social Organization of Work," Unpublished Ph.D. Dissertation, Department of Sociology, University of Chicago, 1949).

름은 대칭적 접촉이다.) 물론 그런 체계를 좋아하지 않는 이들도 있었지만 다른 사람들이 자기네를 접촉할 권리를 막을 수는 없었다. 친밀한 몸짓은 상대를 이름으로 부르는 호칭에서도 드러났다. 물론 대다수 정신병원에서는 환자, 간호사, 직원들이 하나의 의례집단을 형성하지 않을뿐더러 직원이 호의의 표시로 하는 신체접촉에 환자가 호응할 의무도 없다.

대칭적 접촉과 더불어 비대칭적 접촉도 있었다. 의사는 신체접촉으로 직원에게 격려하고 위로한다는 뜻을 전하기도 했지만, 직원이 의사에게 먼저 그럴 수는 없음은 물론이고 의사의 접촉에 호응하는 것조차 주제넘은 짓으로 간주되었다.[20]

신체접촉 체계가 유지되고 병동 사람들이 이와 같은 의례의 지지와 보장을 받으려면, 의사 외에 직업상 병동에 출근하는 직원들이 다른 사람들이 친밀하게 대할 수 있게끔 자신의 몸을 내맡겨야 한다. 미국에서는 대다수 병원이 그렇다. 다른 조직에서는 방해받지 않고 따로 떨어져 있을 권리를 당연하게 여기고 지키지만 정신병원이라는 특수한 공간에서는 그럴 수 없다. 한마디로 정신병원에서의 신체접촉 체계는 다른 사람들과 물리적 거리를 둘 권리를 포기해야만 가능하다.

두 존대의례의 대립적 성격을 보여주는 두 번째 예는 사교 참여에서 볼 수 있다. A병동에서는 의사를 제외한 간호사, 직원, 환자들이 강력한 내집단(in-group) 유대 감정을 지니고 있었다. 이 유대감을 표현하는 방식은

---

20) 당시에 수간호사로 있던 남성이 병동 관리자인 의사를 포옹하려고 하다가 엇박자가 난 적이 있었고, 그런 행동이 주제넘은 짓으로 보였다. 그 간호사는 결국 병원을 그만두었다. 비행청소년들을 연구하던 한 병동에서는 환자와 의사를 비롯해 모든 직원들이 하나의 의례집단을 형성하고 있었다는 사실을 덧붙인다. 그들은 대칭적 규칙이 적용되는 친숙한 관계를 맺고 있었다. 여덟 살짜리 소년이 병동 관리자를 이름으로 부르고, 농담도 하고, 면전에서 욕을 하는 것도 허용되었다.

같이 먹고, 카드 게임을 하고, 서로의 방에 드나들고, TV를 함께 보고, 집단치료와 야유회에 동참하는 것이었다. 사람들은 그저 참여만 하는 정도가 아니라 즐겁고 신명 나게 몰입할 자세를 갖추고 있었다. 그들은 그런 자리에 자기를 던졌고 그래서 집단은 활기를 띠었다.

 이런 참여 형태가 지배적인 분위기이고 또 집단에 중요함에도 불구하고 참여를 싫어할 권리가 환자에게 있다는 사실 또한 모두들 인정하고 있었다. 아침 식사 시간에 늦게 나타나면 집단 유대를 거스른다는 느낌이 들어도 지각한 사람에게 그저 가벼운 질책을 하는 수준에서 그쳤다. 일단 식탁에 앉으면 환자는 다른 사람들이 자기에게 건네는 인사에 대답할 의무가 있었지만, 환자가 식사 후 혼자 있고 싶어 하는 낌새를 보이면 그 사람을 굳이 대화에 끌어들이려는 사람은 없었다. 환자가 음식을 들고 자기 방이나 TV가 있는 휴게실로 가버려도 누구 하나 뒤쫓지 않았다. 환자가 야유회에 가지 않겠다고 하면, 다른 이들은 그 사람에게 참여하라고 권유하는 대신에, 그가 중요한 걸 놓치는 셈이라고 가볍게 농담을 던질 뿐 그 문제는 덮어버렸다. 카드 게임에 한 사람이 더 필요하니 끼라고 했는데 상대가 거절하면 농담조 불평은 해도 더는 권하지 않았다. 환자가 침울하고 기분이 나빠 보이거나 심지어 불안정해 보이는 경우에도 가끔은 모른 체하거나 몸이 좋지 않으니 쉴 필요가 있겠거니 여기려는 모습이 엿보였다. 이런 섬세함과 절제는 환자에게 '치료'나 처방의 대상이라는 오점을 찍지 않고 환자의 사생활을 지켜주는 기능을 하는 듯했다. 그리고 어떤 문제는 환자 스스로 원하는 때와 장소, 방법을 선택할 권리가 있다는 뜻이기도 했다. 그렇지만 사생활로 물러날 권리는 유대를 행동으로 보여주기를 바라는 다른 이들의 기대를 저버리는 대가를 치러야만 누릴 수 있는 권리임이 분명하다. 개인을 참여시키고 싶다는 마음의 표현과 그 사람의 사생활을 존중한다는 마음의 표현은 상충할 수밖에 없다.

이러한 딜레마는 사교에서는 언제나 연출의례와 회피의례가 변증법적으로 작용한다는 의미를 함축하고 있다. 행위자는 상반된 두 품행 요건을 어떻게든 분리하면서도 두 요건을 모두 실현해야 하는 까닭에 미묘한 긴장 상태를 유지해야 한다. 또한 그의 몸짓 역시 도에 넘치는 일은 없으리라는 의사를 드러내야 한다.

처신*

행동에는 존대와 처신이라는 적어도 두 가지 기본적인 의례의 성분이 들어 있음을 지적했다. 회피의례나 연출의례를 통해 상대를 인정한다는 뜻을 상대에게 보여주는 행동으로 정의하는 존대를 다루었다. 이제 처신을 살펴볼 차례다.

처신은 남들이 보는 자리에서 개인이 품행, 옷차림, 태도를 통해 자신이 바람직한 자질을 지닌 사람인지 아닌지를 나타내주는 의례적 행동의 요소를 가리킨다. 미국 사회에서 '좋은' 또는 '올바른' 처신이란 결단력과 진정

---

* 존대가 다른 사람을 대하는 언행이라면, 처신은 개인의 사회적 자아를 구성하고 표현하는 언행이다. 고프먼은 개인에게 상황을 벗어난 본질적 자아가 있는 것이 아니라 사회적 자아, 상황적 자아만 있다고 본다. 이 상황적 자아는 다른 사람들과 존대와 체면을 주고받으며 형성된다. 처신은 남들 눈에 자기가 어떻게 비치는지를 감지하고서(대개는 무의식적으로), 남들에게 믿음직한 상호작용 상대로 인정받을 수 있도록 이상적 자아 이미지를 보여주는 것이다. 이것이 '인상관리(impression management)'다(*The Presentation of Self in Everyday Life*, chap. Ⅵ 참조). 개인은 자신을 남들이 존대로써 인정하고 긍정적으로 평가해주지 않으면 이상적 자아로서 처신하기 힘들다는 점에서, 존대와 처신은 동전의 양면처럼 상호작용의 서로 다른 면이다.

성, 겸손함, 스포츠맨 정신, 말과 행동의 단호함, 자기의 감정·입맛·욕망에 대한 자제력, 압박감에 시달리면서도 침착성을 유지할 수 있는 능력 따위를 가리킨다.

처신에 담긴 자질을 분석하려 할 때 몇 가지 주제가 선명해진다. 처신이 좋은 사람은 '성격 훈련'이나 '사회화'와 관련된 것으로 널리 알려진 특성들을 지니고 있다. 어떤 분야에서든 초보자를 길들일 때 주입하는 특성들이다. 사람들은 행위자가 동일한 자질을, 다른 때와 다른 행동에서도 보여주리라 판단한다. 그런 판단은 옳을 때도 있고 그를 때도 있다. 또한 적절하게 처신하는 사람은 남들이 자기를 달리 인식하거나 꿰뚫어볼 통로를 차단하므로 남들 때문에 오염될 리도 없다. 무엇보다도 적절한 처신이란, 행위자가 상호작용하는 사람으로서 분수를 지키고 침착하게 의사소통을 하리라 믿을 수 있는 사람이 되려면, 또한 상호작용의 상대가 된 다른 이들을 위험에 빠뜨리지 않을 사람이 되려면 꼭 갖추어야 할 자질이라는 점이 중요하다.

처신은 사교에서 개인이 스스로를 다스리는 방법에 대한 다른 이들의 해석이라는 점을 다시 한 번 지적해야겠다. 그런 특성은 개인이 스스로 공언한다고 해서 갖출 수 있는 것이 아니다. 물론 그런 특성을 갖추려고 성급하게 구는 사람도 있다. (용케도 그는 원하는 대로 남들이 그가 그런 특성을 지니고 있다고 해석할 수 있는 행동을 꾸며 성공할 수도 있다.) 그렇다면, 개인은 처신을 통해 자아 이미지를 창조하는 셈이다. 그러나 정확히 말하면 그 이미지는 제 눈에 비친 자기는 아니다. 물론 개인이 그런 이미지에 가치를 두기 때문에 바르게 처신하며, 잘못된 처신은 '자존심이 없다'는 오해를 받거나 제 눈에도 분명 너무 천박해 보일 것이다.

처신을 연구할 때도 존대의 경우와 마찬가지로 목표는, 한 개인이 여러 사람을 만난 자리에서 보여주는 의례상 적절한 행동을 모두 수집한 후 그 행동에 담긴 상징적 의미를 해석하고 종합하여 다른 사람들의 눈에 비친 그 사람의 이미지를 밝히는 데 있다.

처신 규칙 역시 존대 규칙의 경우처럼 대칭적일 수도 있고 비대칭적일 수도 있다. 사회적 지위가 대등한 사이에서는 대개 대칭적 규칙이 적용된다. 대등하지 않으면 다양한 양상으로 나타난다. 예를 들면, 병원 정신과 회의에서 의사는 욕설을 내뱉거나 화제를 바꾸거나 흐트러진 자세로 앉아도 괜찮다. 반면에 직원들은 회의에 참석해 (연구팀이 추구하는 환경요법과 관련된) 질문을 할 수는 있지만 의사보다 훨씬 조심스럽게 행동하기를 바라는 암묵적 기대가 있다(감수성이 예민한 한 작업치료사는 젊은 축에 속하는 한 여성 정신과 의사가 비공식적 처신 특권을 행사하는 것을 보고 그녀가 진짜 의학박사임을 상기했다고 토로했다). 하인들은 잡일이라도 조신하게 해야 하는 주종관계에서 그 극단적인 예를 볼 수 있다. 마찬가지로, 의사는 간호사실이나 조제실 라운지에 어슬렁거리며 드나들고 간호사들에게 농담을 건넬 권리가 있다. 직위가 다른 사람들 또한 의사와 허물없이 상호작용을 할 수는 있지만 의사가 먼저 시작해야 가능하다.

A병동은 처신의 표준을 잘 지키는 전형적인 미국 중간 계급 사회처럼 보였다. 식사자리에서 탐식을 하거나 억지로 참는 사람도 없고, 며칠을 굶은 것처럼 허겁지겁 먹거나 제 몫 이상을 탐하는 사람도 없었다. 카드 게임을 하던 사람이 구경하는 이에게 자기 자리에 들어오라고 권하고, 그러면 구경하던 사람은 또 정중하게 사양해서 자기들이 지나치게 놀이에 빠지는 성격은 아니라는 뜻을 표현하곤 했다. 더러 환자가 욕의 차림으로 식당이나 휴게실에 나타나기도 하지만(환자들에게는 허용된 관행이다) 보통은 단정한 차림을 하여 자기는 남들 앞에서 흐트러진 모습을 보이거나 분별

없는 사람이 아님을 보여주었다. 내놓고 속된 말이나 외설스러운 말을 쓰는 일도 없었다.

B병동에서는 그릇된 처신(중간 계급의 표준으로 보면)이 아주 흔했다. 어떤 환자는 식사자리에서 음식을 하나라도 더 집으려고 달려들거나 게걸스레 쳐다보곤 했다. 심지어 배식 양이 같은데도 차례를 기다리지 못하고 제 몫을 차지하려고 덤벼들어 한바탕 소동을 벌이기도 했다. 옷을 제대로 걸치지 않은 채 나타나는 환자도 있었다. 한 환자는 식사 중에 큰 소리로 트림을 하고 방귀를 뀌어대곤 했다. 음식을 지저분하게 처리하는 때도 있었다. 욕설과 악담을 하기 일쑤였다. 식탁에서 의자를 거칠게 밀치고 뛰어나갔다가 또 어수선하게 식탁으로 되돌아오기도 했다. 빈 음료수 병에 꽂힌 빨대를 큰 소리를 내며 빠는 환자도 있었다. 환자들은 이런 행동으로 스스로 바르게 처신하는 사람들이 아님을 서로에게 또 직원들에게 보여주곤 했다.

이런 품행불량은 우리가 당연하게 받아들이는 올바른 처신의 면모를 인식할 수 있게 해주기 때문에 연구할 가치가 있다. 당연시되는 면모를 더 잘 이해하려면 우리는 전형적인 정신병원의 '뒷마당'을 연구해야 한다. 환자들은 벌거벗은 상태로 오줌을 지리거나 보란 듯이 자위를 한다. 난폭하게 자해하기도 한다. 침을 흘리고 콧물이 흘러도 내버려둔다. 느닷없이 적개심을 드러내기도 하고 과대망상에 빠져 무례를 저지르기도 한다. 조울증에 걸린 듯 말과 동작이 너무 빠르거나 너무 느리다. 남성 환자가 여성처럼, 여성 환자가 남성처럼 또는 너무 나이 들어 성별이 없는 사람처럼 행동하기도 한다. 그런 병동은 그릇된 처신을 보여주는 고전적인 무대임이 틀림없다.

마지막으로 지적할 점은, 동기가 무엇이든 사람은 자신의 의지로써 남들 앞에서 바른 처신을 보여주거나 그럴 수 있도록 돕는 사람한테 순하게 협조한다고 믿는다는 사실이다. 미국 사회에서 남자는 자기 머리는 자기가 빗고 머리가 길면 이발소에 가서 머리를 깎는 동안 이발사의 지시에 따른다. 그런 개인적 서비스에서는 자발적 순종이라는 점이 중요하다. 개인의 불가침 영역과 너무 가깝고 경계를 넘어서기도 쉬운 서비스이기 때문이다. 한계를 넘지 않으려면 서비스를 주고받는 두 사람이 빈틈없이 협력해야 한다. 그러나 개인이 남에게 내보일 만한 모습을 갖추지도 못하고 그런 일을 해주는 사람에게 협조하려고도 하지 않는다면, 그 일을 맡은 사람은 그의 의지를 거슬러 억지로 해주어야 하니 그는 잠시나마 존엄과 품위를 해치는 대가를 치러야 한다. 상대에게 값비싼 대가를 치르게 하는 당사자도 복잡한 감정을 느낄 수밖에 없다. 이것이 바로 아이와 정신병 환자들을 씻기고 입히는 일에 고용된 사람들이 겪는 직업적 딜레마 가운데 하나다. 면회가 있는 날 환자들을 '잘 입히고' 남성 환자에게 면도를 해주라고 간병인들에게 시키기는 쉽다. 그러면 환자들은 틀림없이 좀 더 보기 좋은 모습이 되기도 할 것이다. 하지만 그러자면 환자들은 샤워실과 이발소에서 극도의 수모를 겪어야 한다.

존대와 처신

존대와 처신은 분석적 개념이다. 경험적으로 보면 겹치는 경우가 흔하다. 남에게 존대를 표현하거나 억제하는 언행은 행위자가 처신을 잘하는지 못하는지를 드러내는 수단이다. 존대와 처신이 겹치는 경우의 몇 가지 양상을 살펴보자. 첫째, 손님에게 의자를 권하는 것과 같은 존대를 연출하는 경우, 행위자는 자신이 자제력과 차분한 성격이 드러나도록 자연스럽고 침착하게 처신하는지 아니면 머뭇거리며 어색하게 표현해 우유부단한 성격을 드러내는지 알 수 있다. 그럴 때 존대와 처신의 관련성은 우발적이고 부수적이다. 의사-환자 관계에 대한 최근의 자료를 보면, 의사가 털어놓는 자기 환자들에 대한 불만 가운데 하나는 환자들이 목욕도 안 한 채 검사를 받으러 나오는 것이라는 대목[21]이 나온다. 목욕은 환자가 의사에 대한 존대를 표현하는 방식이기도 하지만 환자가 깔끔하고 처신이 바른 사람으로 자신을 연출하는 방식이기도 하다. 큰 소리로 말하거나 고함을 지르고 노래를 부르는 행동으로 조용하게 혼자 있을 타인의 권리를 뺏는 동시에 자기감정을 통제하지 못하는 그릇된 처신을 하는 사람의 경우가 또 다른 보기다.

이와 같은 존대와 처신의 관련성으로 인해 집단 간 상호작용과 연관된 의례의 문제가 발생하기도 한다. 한 사회에서 통용되는 존대의 표준이 다른 사회가 지키는 처신의 표준과 상충하는 경우가 그렇다. 예를 들면, 19세기 영국과 중국의 외교관계가 난관에 부딪혔던 것은 자국을 방문한 외교관들로 하여금 황제 앞에서 엎드려 절하도록 시키는 중국식 예법이 영국 대사들에게는 영국인들의 자존심을 거스르는 것으로 생각된 탓이었다.[22]

둘째, 기꺼이 다른 이들에게 합당한 존대를 하려는 마음은 개인이 다른 이들에게 행동으로 표현해야 하는 의무에 속한다는 점에서 존대와 처신의 관련성이 드러난다. 바르게 처신하려는 마음이 상대에 대한 존대의 표현으

---

21) Ernest Dichter, *A Psychological Study of the Doctor-Patient Relationship*(California Medical Association, Alameda County Medical Association, 1950), pp. 5~6.
22) R. K. Douglas, *Society in China*(Innes, London, 1895), pp. 291~296.

로 나타나는 것과 마찬가지다. 그러나 존대와 처신이 똑같지는 않다. 분석적으로 보면 존대와 처신은 '상호보완' 관계에 있다. 개인이 남들에게 보여주는 자기 이미지가 다른 사람들이 보는 그 사람의 이미지와 반드시 일치하지는 않는다. 존대 이미지는 상호작용의 범위를 넘어서 더 넓은 사회의 위계구조에서 개인이 성취한 지위를 가리킨다. 반면에 처신 이미지는 사회적 지위와는 상관없이 개인이 상호작용에서 과시할 수 있는 자질로서, 상대와의 서열과 지위의 상대적 차이보다는 개인이 자신의 지위를 다루는 방식과 더 밀접한 관련이 있다.

더욱이 개인이 다른 사람들에게 품행으로써 보여주는 자기의 이미지는 남들이 존대로써 그에게 보여주는 그의 이미지에 대한 일종의 정당화와 보상이다. 사실 두 이미지는 상호보증과 상호검증 작용을 한다. 많은 문화권에서 볼 수 있는 존대와 처신 주고받기의 관행이 있다. 주인이 손님에게 환대와 존경심을 표하면 손님은 또 한 번쯤은 사양함으로써 자신이 그렇게 뻔뻔하고 건방지거나 호의를 지나치게 좋아하는 사람은 아님을 보여준다. 남성이 여성을 존중한다는 뜻에서 일어서서 맞으려 하면 그 여성은 그러지 말라고 상대의 움직임을 막으며 자신은 그런 권리를 탐하지 않으며 서로 동등한 입장에서 상황을 정의할 준비가 되어 있음을 알려준다. 요컨대, 상대를 존대함으로써 상대가 건방지게 굴지 않고 바르게 처신을 할 기회를 주는 것이다. 이런 상징화 기능의 분배를 통해 누구나 실제보다 나은 이미지를 얻을 수 있는 세상이 된다. 상대에게 특권을 베풀어도 상대가 마다하며 겸손하게 처신한다는 것을 알면, 그는 특권을 베풀어 상대를 높이 평가한다는 뜻을 표현하는 편이 실속이 있다.

존대와 처신에는 또 다른 상호보완 관계도 있다. 남들에게 확실히 존대를 받기 위해 적절한 처신을 해야 한다고 생각하는 사람이라면 그럴 수 있는 처지라야 한다. 남들 눈에 하찮게 보일 법한 자기 모습은 감출 수 있어야 한다. 옷이든 마음이든, 자세든 행동이든, 자신이 품위가 없어 보이는 상태일 때는 남들의 시선을 피해야 한다. 다른 사람들은 그에게서 눈길을 돌려 회피의례를 행함으로써 그가 존대받을 만한 자아만을 보여줄 수 있도록 추스를 여유를 준다. 동시에 그들은 자신들이 그에게 존대 의무를 확실히 지켰음을 손쉽게 확인할 수 있다.

존대와 처신의 차이를 드러내기 위해 상호보완성을 지적했지만 이 상호보완성도 지나치게 강조할 수는 없다. 남들에게 제대로 된 존대 표현을 하지 않는 사람 앞이라고 해서 다른 사람들이 바르게 처신하지 않아도 된다는 법은 없다. 아무리 언짢아도 바르게 처신해야 한다. 마찬가지로 적절한 처신을 하지 못하는 사람이라고 해서 다른 이들이 그를 존대하지 않아도 된다는 법도 없다. 존대와 처신을 분리함으로써 우리는 의례적 삶의 많은 부분을 이해할 수 있다. 가령, 집단이 어떤 면에서는 탁월하다는 평가를 받을지라도 다른 면에서는 평판이 나쁠 수 있다. 영국인은 자존심이 강하지만 타국인의 존경을 받지 못하는 반면에 프랑스인은 자존심은 약하지만 타국인에게 크게 존경을 받는다는 드 퀸시(De Quincy)[23)]의 주장이 들어맞는 경우가 있는 것이다.

그래서 남들이 보여주는 이미지대로 자기를 바라보면 부적절할 경우가 많다. 남들이 보여주는 자기 이미지와 자기가 남들에게 보여주는 이미지는 상호 보장하고 정당화하는 관계일 뿐 서로를 되비추는 거울 이미지가 아니

∴

23) Thomas De Quincey, "French and English Manners," *Collected Writings of Thomas De Quincey*, David Mason, ed.(Adams and Charles Black, Edinburgh, 1890), vol. XIV, pp. 327~334.

기 때문이다. 개인이 타인의 눈으로 자신을 보게 된다는 미드(Mead)식 개념은 지나친 단순화로 보인다.* 그보다는 개인이 자신이 지닌 특정한 부분만을 치장하여 자아상을 완성하려면 남들에게 의존해야 한다고 말하는 편이 정확하다. 각자 자신의 이미지는 처신으로, 타인의 이미지는 존대로 표현해야 할 책임이 있다. 그래서 사람됨이 완전히 드러나려면 각자가 서로 존대와 처신을 주고받는 의례 사슬에서 손을 잡고 있어야 한다. 개인에게 고유한 자아가 있음은 사실이겠지만, 그 고유한 자아라는 것도 순전히 의례적 협동작업의 결과다. 처신을 통해 표현한 부분이 그를 대하는 남들의 존대 행동으로 표현된 부분보다 더 중요하지는 않은 것이다.

의례 모독

의례의 정의(justice)를 유지할 수 없는 상황도 많고 그 방식도 다양하다. 개인이 합당하다고 생각하는 이상으로 그를 높이는 것이든 낮추는 것이든, 그의 지위에 어울리지 않는 존대를 받을 때가 있다. 또 자기가 부당하게 비인격적이고 예의에 벗어난 대우를 받는다고 여기고 설령 하급자 취급을 받

---

* 미드(G. H. Mead)의 자아 개념화에 대한 지적이다(G. H. Mead, *Mind, Self and Society: From the Standpoint of a Social Behaviorist*, 1934. University of Chicago Press). 고프먼은 미드가 자아를 주관적 자아가 객관적 자아(Me)의 관점을 내면화하여 형성한 자아, 상황을 초월한 포괄적·추상적 자아로 개념화했다고 본다. 반면에 고프먼은 자아를 구체적인 상호작용 상황에서 행위자와 타자가 함께 서로가 누구인지, 어떤 상황인지를 정의하고 유지하는 의례(존대와 처신 주고받기)를 통해 연출되는 것으로 본다. 고프먼에 따르면, 상황을 초월한 추상적이고 포괄적인 단일한 자아란 없다. 대신, 복잡하고 다중성을 지닌 개인이 구체적 상황에서 자신의 어느 한 면모를 일시적으로 타인과 협력하여 포장하고 이상화하여 연출하는 자아, 즉 상황적 자아들만 있을 뿐이다.

더라도 자기는 더욱더 강조해서 존대 표현을 해야겠다고 느낄 때도 있다. 사회에 따라, 하위문화에 따라 존대와 처신을 표현하는 방식이 다르고 같은 행동이라도 의례적 의미가 다르거나 침착성과 사생활에 두는 비중도 달라서, 집단 간 접촉이 의례상의 난관에 부딪치는 경우가 흔하다. 트롤로프(Trollope)의 여행기[24]는 이와 같은 오해에서 빚어진 자전적 체험기로 가득 차 있어 때로는 그러한 오해들을 널리 광고하려고 쓴 것처럼 보일 정도다.

다양한 의례 위반 가운데 예법서 첫머리에 반드시 들어가야 할 항목이 있다. 의도적으로 금기시되는 의례 언어만 골라 일부러 위반을 저지르는 것처럼 보이는 언행이다. 의례상의 행동양식으로 정해놓은 어법은 이상적인 신성모독 형태 또한 만들어낸다. 의례적 어법은 예법에 명시된 최악의 행동이 무엇인지 알려주는 유일한 참고자료 구실을 하기 때문이다. 종교 의례치고 악마 숭배 의식의 가능성을 만들어내지 않는 의례는 하나도 없다. 그러니 신성모독도 당연히 예상할 수 있는 일이다.[25]

서로 친한 사이에서 소소한 의례를 나누는 사람들을 연구하다 보면 우리는 종종 상황에 맞지 않는 표준 의례 양식을 장난삼아 사용하는 경우를 발견한다. 사교 자리에서는 분명 웃기려는 의도로 진지하게 의례를 행하는 경우도 있다. 연구 중심 병원의 간호사들은 자기네끼리 있을 때 가끔씩 장난스럽게 서로에게 경칭을 붙이곤 했다. 의사들도 가끔 농담조로 서로를 '의사 선생님'이라고 불렀다. 실은 대등하고 친밀한 관계인데 공손하게

---

24) Mrs. Trollope, *Domestic Manners of the Americans*(Whittaker, Treacher; London, 1832).
25) 그 가운데는 내용규칙과 관련된 것처럼 보이는 의례 모독도 있다. 공공기물 파괴 행위처럼 법에서 '분풀이'라고 부르는 행동이 그 보기다. 그러나 이미 지적한 대로 그런 행동은 의례적 목적을 위해 실제 질서를 손상시키는 방식이다.

의자를 권하거나 출입문에서 차례를 양보하며 예절을 차리는 경우도 있었다. 말과 사교 유형이 매우 계층화된 영국에서는 이런 식으로 가볍게 의례 모독을 저지르는 경우를 많이 볼 수 있다. 상위 계급은 하위 계급의 의례적 몸짓을 비웃고, 하위 계급도 자기네끼리 있을 때는 상위 계급에 대해 똑같은 방법으로 되갚아주곤 한다. 그 최상의 예는 아마도 하위 계급 연기자가, 상위 계급의 의례적 행동방식을 중간 계급 청중 앞에서 멋들어지게 흉내 내는 시사풍자극 무대일 것이다.

외부인을 향하기보다는 자기네끼리 상대를 가볍게 놀리거나 상대가 용인하는 한계가 어디까지인지 알아보려는 검증수단으로 장난삼아 의례 모독을 저지를 때도 있다. 미국 사회에서 이런 장난은, 병원 직원이 친밀감의 표현으로 환자의 머리를 헝클어뜨리거나 환자를 과격한 방식으로 놀려줄 때처럼, 대개 성인이 어린아이, 노인, 하인과 같이 의례적으로 덜 성숙한 이들에게 행한다는 점도 지적되어야 할 것이다.[26] 인류학자들은 '제2의 부부라고도 할 수 있는 배우자의 인척'에게 극단적인 의례 모독이 허용되는 사례를 든다.[27] 공격성을 띤 행동임이 분명하더라도 당한 사람이 명예가 실추되지 않은 척, 농담을 주고받아도 괜찮은 사이로 상대를 생각할 뿐 모욕을 느끼지 않는 척할 수도 있다. B병동의 바움 부인은 자기의 침대 크기에 맞지 않는 작은 침대보를 받았을 때 직원에게 침대보를 뒤집어씌우는 장난을 하곤 했다. 바움 부인의 딸은 풍선껌을 직원의 얼굴에 닿을 만큼

---

26) Harold Taxel, "Authority Structure in a Mental Hospital Ward," Unpublished Master's Thesis, Department of Sociology, University of Chicago, 1953, p. 68; Robert H. Willoughby, "The Attendant in the State Mental Hospital," Unpublished Master's Thesis, Department of Sociology, University of Chicago, 1953, p. 90.
27) George P. Murdock, *Social Structure*(Macmillan, New York, 1949), p. 282.

크게 불어대는 장난을 치거나 남자 직원의 팔과 손을 툭툭 치며 성관계를 암시하는 시늉을 하기도 했다.

장난기가 덜한 모욕일 경우, 당한 사람이 마치 못 들은 척 대응하는 방식도 있다. B병동에서는 환자와 '관계를 맺고' 환자에게 친절해야 할 직업적 의무가 있는 간호사들이, 환자들이 힘들고 까다롭게 굴면 종종 낮은 소리로 투덜대곤 했다. 그러면 환자들도 같은 방법으로 되갚아주었다. 간호사 등 뒤에서 혀를 내밀고 콧방귀를 뀌거나 눈을 흘기기도 했다. 물론 이런 행동은 미국 사회에서 상대를 비하하는 의례적 경멸이다. 다른 사례도 있다. 한번은 바움 부인이 그 자리에 있는 사람들을 웃기려고 간호사실 창문으로 돌아서서는 몸을 굽혀 자기 치마를 휙 뒤집은 적이 있었다. 당시에 그런 짓거리는 분명 오늘날보다는 더 큰 모욕으로 간주되는 의례적 경멸에 속했다. 이 모든 사례를 통해 우리는 의례에서 벗어나는 짓을 당한다 해도 당사자가 '체면'에 대한 모욕으로 받아들일 만큼 경멸을 당하는 것은 아님을 알 수 있다. 미국 사회에서는 상대와 이야기를 나눌 때 상대에게 할 수 있는 일과 상대가 없을 때만 할 수 있는 일을 구분하는 기본적인 의례 관습이 있어서 대면 상호작용을 우호적으로 만드는 경향이 있다. 그런 구분이 얼마나 뿌리가 깊은지는 정신병동을 보면 알 수 있다. 정신병동에서는 그 구분이 지켜지고 있다는 얄팍한 허구를 유지하기 위해 정신적으로 심각한 장애를 겪고 있는 환자들이 직원들과 함께 협력하고 있음을 관찰할 수 있었다.

물론 행위자가 상대와 정식으로 이야기를 나누면서 상대에게 의례적 모독을 가하거나 그냥 넘어갈 수 없을 정도로 무례를 저지르는 경우도 있다. 연구자들은 그런 의례 모독을 기록하고 분류하는 대신, 전부 '공격성' 또는 '적개심의 폭발'이라는 딱지를 붙여 심리학 영역에서 다룰 별도의 연구 문제로 돌려버리곤 했다.

어떤 정신병동에서는 서로 얼굴을 맞대고 의례 모독을 퍼붓는 일이 다반사로 벌어진다. 환자들은 직원이나 다른 환자들을 상대로 침을 뱉고, 얼굴을 치고, 오물을 뿌리고, 옷을 찢고, 앉아 있는 의자에서 밀치고, 음식을 빼앗고, 얼굴에 대고 비명을 지르고, 성폭행을 한다. B병동의 환자 베티는 자기 어머니 얼굴을 때리기 일쑤고 어머니의 맨발을 무거운 신발로 짓밟기도 했다. 식탁에서 중간 계급 아이들이라면 제 부모에게는 차마 하지 못할 쌍욕을 퍼부으며 만인이 보는 자리에서 어머니를 학대하곤 했다. 행위자 입장에서는 이러한 모독이 맹목적 충동의 결과이거나 어떤 특별한 상징적 의미가 있겠지만,[28] 사회 전체의 의례적 관행이라는 관점에서 보면 그런 행동은 마구잡이식 충동에서 나온 규칙 위반이라 할 수 없다. 그보다는 상징적 수단을 통해 최대한 불경과 경멸의 뜻을 전하는 계산된 행동들이다. 환자의 마음이 어떻든 직원에게 오물을 뿌리는 짓은 우아하게 허리를 굽혀 과장되게 절을 하는 것과 똑같이 의례적 예법을 정교히 활용하는 방법이다. 환자가 알고 하든 모르고 하든, 환자는 자기를 억류하고 있는 사람과 동일한 의례적 언어를 사용한다. 다만 환자는 남들이 듣고 싶어 하지 않는 말을 하고 직원들이 일상에서 나누는 대화의 의례적 의미와는 다른 행동을 하니 직원들이 납득하지 못할 뿐이다.

그뿐만 아니라 다양한 상황에서 여러 이유로 자기모독을 감행하는 사람도 있다. 그들은 남들이 자기를 존경할 만한 인물이라고 여기는 그 이미지를 파괴하려고 일부러 계획한 것처럼 보이기도 한다. 몸을 자해하는 의례

---

28) Morris S, Schwartz and Allfred H. Stanton, "A Social Psychological Study of Incontinence," *Psychiatry*, 13(1950), pp. 319~416.

는 사회운동이 단골로 택하는 방법이었다. 이는 단순히 잘못된 처신이라기보다는 개인이 자신의 사적 이익을 거슬러 드높은 처신 기준에 따라 행동하려는 노력과, 자신을 최악의 모습으로 연출함으로써 의례 관행을 개발하려는 결연한 시도로 보인다.

대다수 정신병동에서는 자기모독으로 보이는 일들이 흔하게 일어난다. 예컨대, 기괴한 모습을 연출하려고 머리카락을 다 밀어버린 여성 환자들이 있다. 아마도 가장 극단적인 예는 자기 배설물을 제 몸에 칠하고 먹는 환자일 것이다.[29]

물론 말로 자기모독을 하는 경우도 있다. A병동에 있는 한 맹인 환자는 식탁에서 자기는 아무에게도 쓸모없는 존재이고 당신들이 어떻게 보더라도 결국 자기는 맹인일 뿐이라고 약점을 드러내며 자기연민에 빠져서는 그 자리에서 지켜야 할 처신의 기준을 깨뜨리곤 했다. 또 B병동 환자 베티는 자기가 얼마나 못생겼는지, 얼마나 뚱뚱한지, 자기 같은 사람을 여자 친구로 삼는 남자가 있을까보냐는 말을 입버릇처럼 하곤 했다. 두 사례 모두 정중한 예법 한계를 벗어난 자기비하로서 듣는 사람들에게 큰 부담을 주었다. 듣는 이들은 개인의 약점에 대해서는 그 언급을 피해 보호하려 하고 남의 개인적 문제에 끼어들어 친교를 해하는 일은 공정치 못하다고 느꼈다.

---

29) E. D. Wittkow and J. D. Tendresse, "Rehabilitation of Chronic Schizophrenics by a New Method of Occupational Therapy," *British Journal of Medical Psychology*, 28(1955), pp. 42~47.

결론

　행위자와 수용자를 동시에 구속하는 품행규칙은 사회가 부여한 구속이다. 그러나 어쩌다 가끔 하거나 완수하는 데 시간이 오래 걸리는 행위가 많아서 도덕적 질서와 그 질서를 부여하는 사회의 존재를 확인할 기회가 드물다. 바로 그 점에 의례규칙의 사회적 기능이 있다. 의례는 짧고, 비용도 들지 않고, 모든 사회적 상호작용에서 행할 수 있기 때문이다. 어떤 활동이든, 얼마나 세속적으로 도움이 되든, 참여하는 사람들만 있으면 자잘한 의례를 행할 수 있는 기회가 많이 있다. 참여자들이 의례적 의무와 기대의 준수를 통해 관용을 주고받는 지속적 흐름이 사회 전체로 확산된다. 타인과 함께 있으면 항상 개인은 좋은 처신으로 자신을 잘 다잡아야 함을 상기하고 타인이 성스러운 존재임을 확인한다. 우리가 가끔 허례라고 부르는 몸짓이 어쩌면 현실의 전모일지도 모른다.

　그렇기 때문에, 자아는 의례적 조심성을 지니고 대해야 하며 남들 눈에 그렇게 비치도록 연출해야 하는 성스러운 대상, 즉 의례적 존재임을 이해하는 것이 중요하다. 개인은 성스러운 존재로서의 자아를 확인하는 수단으로 타인을 만나 적절히 처신하고 타인에게서 존대를 받는다. 그에 못지않게 중요한 점은, 개인이 이런 성스러운 게임을 연출하려면 무대도 적합해야 한다는 것이다. 값비싼 대가를 치르지 않아도 개인이 처신을 잘하고 존대를 받을 수 있는 환경이 보장되어야 한다. 존대와 처신의 관행은 적절한 의례적 토대 위에서 개인이 성스러운 자아를 실행하고 투영할 수 있도록 제도화되어야 한다.

　그렇다면 환경은 자아를 연출하기 위한 의례 게임을 쉽게도 만들고 어렵게도 만드는 의례적 요소다. 인격적 존재가 되기란 A병동처럼 의례적 관행이 완벽하게 제도화된 곳에서는 쉽지만 그런 관행이 수립되지 않은 B병동 같은 곳에서는 어렵다. 입원하는 환자의 유형이 다르고 직원들이 유지하려는 체계의 유형이 다르기 때문이다.

세계 도처에서 정신병원들이 환자를 분류할 때 누가 봐도 '정신병'임을 쉽게 알 수 있는 정도를 기준의 하나로 삼는다. 이는 대체로 환자들이 사교에서 의례규칙을 위반하는 정도에 따라 환자의 등급을 매긴다는 뜻이다. 그렇게 등급을 나누어 환자들을 각기 다른 병동으로 분리 배치해야 좋을 현실적인 이유가 있고, 또한 사실상 이는 아무도 신경을 쓰지 않는 후진적인 관행이기도 하다. 그렇지만 이런 등급 매기기가 서로 다른 면에서 지독히 무례한 행동을 하는 사람들을 동거자로 만드는 경우가 아주 흔하다. 일관된 자아를 보여줄 준비가 가장 덜 된 사람들을 자아 유지가 현실적으로 불가능한 환경에 수용하는 셈이다.

이런 맥락에서 개인에게 제약과 강요가 영향을 미치는 흥미로운 측면을 재검토할 수 있다. 개인이 바른 처신과 존대 예절을 지킬 수 있으려면 재량권을 행사할 수 있어야 한다. 상대를 존중한다는 뜻을 전할 자잘한 소모품들, 이를테면, 권할 의자나 담배, 음식 따위가 있어야 한다. 상대에게 적절한 존중을 표현하고 적절한 처신을 하려면 신체적 자유가 있어야 한다. 침대에 묶여 있는 환자는 숙녀 앞에서 일어서기는커녕 비참한 몰골을 피할 도리가 없다. 처신이 좋은 사람으로 보이려면 깔끔한 의상도 필요하다. 점잖게 비치려면 넥타이, 허리띠, 구두끈, 거울, 면도기 같은 물품도 갖춰야 한다. 모두 병원 당국자가 환자에게 제공하기 곤란하다고 여김 직한 물품들이다. 사회적으로 규정된 식기류도 손에 넣어야 한다. 종이 숟가락으로는 고기를 제대로 먹을 수 없다. 마지막으로 엄청난 대가를 치르지 않고서도 개인이 속한 사교집단에서 **품위를 떨어뜨리는 짓으로 여기는**, 이른바 '노동치료' 같은 것도 거부할 수 있어야 한다.

사람은 극심한 제약을 받으면 반사적으로 정상 영역을 벗어날 수밖에 없다. 관습적 의례를 행할 때 쓰이는 기호나 물리적 수단을 이용할 수 없는 탓이다. 남들이 혹 그에게 의례적 존중을 보여준다 해도 그는 답례를 할 수도 없고 존중받을 만한 사람다운 언행을 할 수도 없다. 가능한 것은 의례적으로 부적절한 말뿐이다.

정신병 환자 치료의 역사는 압박 장치의 역사나 다름없다. 장갑, 속옷, 바닥과 의자에 환자를 묶는 쇠사슬, 수갑, '복면', 냉습포, 소·대변 감시, 강제 목욕, 환자복, 포크와 나이프가 불필요한 식사 따위가 그런 장치들이다.[30] 이 같은 장치의 사용 기록은 자아를 연출할 수 있는 의례적 토대의 박탈 방식을 알려주는 중요한 자료로서 개인이 자아를 지니려면 갖추어야 할 조건이 무엇인지 알 수 있게 해주는 정보다. 불행하게도 그러한 과거를 지닌 정신치료 기관들이 오늘날에도 여전히 존재하고 있다. 친족체계 연구자들이 사라져가는 문화를 탐구했던 것처럼 대인관계의 의례를 탐구하는 연구자들도 한시 바삐 그런 기관을 찾아나서야 한다.

이 글에서 나는 줄곧 현대의 세속적 상황—소속 집단의 예법을 지키지 못해 정신병원에 수용된 개인들의 상황—을 연구함으로써 의례를 이해할 수 있다고 가정했다. 비교문화적 관점에서 보면 환자들을 홀로 남겨두는 대신 함께 수용하는 관행은 복잡한 분업체계의 산물이라 할 수 있다. 이러한 분업체계는 환자를 보살피는 일을 맡은 사람들을 환자들과 묶어놓는다.

---

30) W. R. Thomas, "The Unwilling Patient," *Journal of Medical Science*, 99(1953), 특히 p. 193l Alexander Walk, "Some Aspects of the 'Moral Treatment' of the Insane up to 1854" *Journal of Medical science*, 100(1954), pp. 191~201을 볼 것.

그래서 우리는 병원 직원들이 부딪치는 특별한 딜레마에 관심을 갖게 된다. 병원의 직원들은 일반 사회의 성원으로서 의례질서를 위반한 정신과 환자들을 다루어야 하지만 또한 직업상 환자들을 보살피고 보호하는 역할도 맡아야 한다. '환경요법'을 강조하는 경우 직원의 부담은 더 커진다. 환자의 적개심에는 온정으로, 소외에는 관계 맺기로 반응해야 한다.

우리는 지금까지 병원에서 일하는 사람들은 통상의 부정적 제재를 가하지 않으면서 환자의 품행불량을 지켜보아야 하지만 또 환자들에게 무례한 강압 조치를 행사해야 할 상황도 있음을 살펴보았다. 정신병원의 세 번째 특성은 양말 갈아 신기기, 구두끈 조여주기, 손톱 깎아주기와 같이 병원이 아니라면 섬세하게 존대의 뜻을 담아야 할 서비스를 직원들이 환자에게 강제로 해주어야 한다는 점이다. 병원이라는 환경에서는 그런 일들이 부적절한 의미로 전해지기 쉽다. 직원들이 환자들에게 모종의 힘과 도덕적 우월성을 동시에 행사해야 하기 때문이다. 정신병원의 생활 의례에서 볼 수 있는 마지막 특성은 의례의 최소 단위로서 환자 개인은 붕괴되고, 다른 사람들은 근본적 실체라고 당연히 여기던 것들이 실제로는 별 탈 없이 깨질 수도 있는 규칙으로 유지되고 있음을 배운다는 점이다. 이 같은 상황 이해는 전쟁 또는 친족 장례식에서나 얻는 깨달음일 뿐 거론되는 적이 많지 않다. 그러나 정신병원에서는 한 공간에 거주하는 직원과 환자가 내키지 않는 집단을 형성하고 원치 않는 지식을 공유하게 된다.

요컨대, 현대사회는 의례질서를 위반한 사람들을 한 공간에 모아놓고 생계를 위해 일하는 보통 사람들과 더불어 지내게 한다. 불경한 행동과 상황 이해가 지배하는 공간에 함께 거주하면서도 그들 중 일부는 병원 밖의 의례질서에도 충실해야 한다. 의례에 충실한 사람들은 어떤 종류의 의례는 없는 정신병원에서 어떻게든 살아갈 방법과 수단을 찾아내야 한다.

나는 이 글에서 뒤르켐의 원시종교에 대한 생각을 존대와 처신이라는 개념으로 바꿔놓을 수 있으며 이 존대와 처신의 개념이 도시의 세속적 삶의 면모를 이해하는 데 도움이 된다고 주장했다. 세속 세계는 우리가 생각하는 만큼 비종교적이지 않다. 수많은 신들이 소임을 다하고 사라졌지만 개인 자신의 신성은 엄청나게 중요해졌고 견고하게 남아 있다. 그는 위엄을 띠고 걸으며 수많은 작은 봉헌 제물을 받는다. 그는 자기가 마땅한 숭배를 받는지에 대해 경계를 늦추지 않지만, 자기에게 무례를 저지른 사람들이라도 그들이 제대로 된 마음으로 자신을 대한다면 그들을 용서할 채비가 되어 있다. 서로 신분이 다르면, 그가 자기네를 오염시킨다고 여기는 사람들이 있는가 하면, 자기네가 그를 오염시킨다고 생각하는 사람들도 있다. 어떤 경우든 개인은 의례적 조심성을 가지고 대해야 할 신성한 존재다. 실제로 자기가 받는 대우의 의례적 중요성을 이해하고 거기에 나름의 극적인 반응을 연출할 수도 있으니 개인은 아마도 아주 유능한 신일 것이다. 그런 신성한 존재들 사이의 접촉에는 중개인이 필요 없다. 각자가 자신의 성직자로서 봉직할 능력이 있기 때문이다.

제3장
당혹감과 사회조직*

타인이나 자신의 감정 동요가 겉으로 드러나 극도로 당황스러울 때가 있다. 붉게 물드는 얼굴, 더듬는 말, 비정상적으로 낮거나 높은 음성, 떨리는 말, 갈라지는 목소리, 진땀, 질린 낯빛, 깜빡거리는 눈, 떨리는 손, 머뭇거리는 몸짓, 얼빠진 모습, 엉뚱한 말실수 따위가 당황했음을 보여주는 객관적 신호다. 당황한 사람은, 마크 볼드윈이 수줍어할 때의 모습을 묘사한 것처럼, "눈을 내리깔고, 머리를 숙이고, 손을 뒤로 숨기고, 불안정한 손길로 옷깃을 매만지거나 손가락을 비틀고, 말에 조리가 없이 횡설수설 더듬기"도 한다.[1] 횡격막 조임, 심장박동, 긴장되고 부자연스러운 몸짓에 대한

---

1) James Mark Baldwin, *Social and Ethical Interpretations in Mental Development*(London, 1902), p. 212.

---

* 고프먼은 혼자 있을 때 남들을 염두에 두지 않거나 남들의 시선에서 자유로울 때가 아니라 남들이 보는 자리에서 생기는 당혹감에만 초점을 맞춘다. 그래서 당혹감을 사회조직(social organization)과 관련된 감정으로 다룬다. 이때 사회조직은 사람들이 물리적으로 함께 있는 자리에서 지켜야 할 규칙과 질서로 구성되는 과정과 실체로 이해할 수 있으며, 가장 작고 비공식적인 우연한 마주침이나 사교 모임에서부터 공식 조직의 공식적 상호작용까지 다 포함

의식, 감각 마비, 입 마름, 근육 경직과 같이 속으로 느끼는 증상도 있다. 가벼운 불쾌감이 들 때도 가시적·비가시적 증상은 있지만 눈에는 덜 띤다.

보통 사람들은 상호작용이 편안해야 정상이고 당황하면 유감스럽게도 정상에서 벗어난 것이라 생각한다. 실제로 개인은 상호작용이 편안하면 '자연스럽다' 하고, 당황하면 '부자연스러운' 느낌이 들었다고 말한다. 남들 앞에서 자주 당황하는 사람은 엉뚱한 열등감으로 고통을 받는 사람, 그래서 치료가 필요한 사람으로 여겨진다.[2]

허둥대는 징후를 활용해 당혹감을 분석하려면 당혹감이 발생하는 두 가지 상황을 구별해야 한다. 첫째, 개인은 안전하고 솜씨 있게 또는 신속하게 일처리를 해야 한다는 장기적 관심사 말고는 큰 의미가 없는 일을 하면서 쩔쩔맬 때가 있다. 그리고 자기가 일을 잘해내지 못할까봐 두려워한다. 그것은 상황에서 느끼는 불편함이지 상황 때문에 느끼는 불편함이 아니다. 사실 개인은 나중에 만일의 사태가 생길까봐 지나치게 염려한 나머지 일을 제대로 처리하지 못하는 경우가 흔하다. 보는 사람이 아무도 없는데도 개인이 '낭패감'을 느낄 수도 있다는 뜻이다.

한다. 여기서 핵심은 남들의 시선과 평가에 대한 개인의 의식과 관계의 역학에서 당혹감이 비롯된다는 점이다.

2) 더 복잡한 견해는 정신분석학적 관점이다. 사회적 상호작용에 대한 불안은 부모로부터 충족되지 못한 기대, 관심을 얻고자 하는 불가능한 기대의 결과라고 본다. 아마도 치료의 목표는 정신분석적 관점으로 본인의 증상을 바라보게 함으로써 더 이상 불안을 느끼지 않도록 하는 데 있을 것이다(Paul Schilder, "The Social Neurosis," *Psycho-Analytical Review*, XXV(1938), pp. 1~19; Gerhart Piers and Milton Singer, *Shame and Guilt: A Psychoanalytical and a Cultural Study*(Springfield, Ill., Charles C. Thomas, 1953), p. 26; Lee Rangell, "The Psychology of Poise," *International Journal of Psychoanalysis*, XXXV(1954), pp. 313~332; Sandor Ferenczi, "Embarrassed Hands," *Further Contributions to the Theory and Technique of Psychoanalysis*(London: Hogarth Press, 1950, pp. 315~316을 볼 것).

이 글은 기능적인 면에서 느끼는 유감에는 관심을 두지 않는다. 그보다는 실제로나 상상으로나 타인의 존재와 명백한 관계가 있을 때 생기는 당혹감을 다룰 것이다. 당혹감은 다른 무엇보다도 남들이 보는 자리에서 그 순간 개인이 겉으로 드러낸 모습과 관련된 감정이다. 한 사람이 다른 사람들 앞에서 보여주는 인상이 중요한 관심사다. 그 관심사가 얼마나 오래가는지, 그 무의식적 토대가 무엇인지는 상관없다. 그 자리에 모인 집단의 동태가 가장 중요한 고려사항이다.

당혹감을 가리키는 어휘

사회적 만남은 사람들이 서로를 직접 마주보는 자리에 들어섰음을 인식하면서 시작하고 물러나면서 끝나는 대면 상호작용 상황을 말한다. 만남은 목적과 사회적 기능, 만나는 사람의 부류와 수, 장소에 따라 뚜렷한 차이가 있지만 여기서는 대화를 나누는 만남만 살펴볼 것이다. 만남에서 말 한마디 하지 않는 사람들도 분명히 있다. 그렇지만 적어도 영미 사회에서는 참여자 한두 사람쯤 당황시키지 않는 만남이란 없다. 그래서 이른바 사건이 벌어지고 엇박자가 난다. 사회학자는 이런 부조화 상태를 살핌으로써 상호작용이 빗나가는 방식을 일반화하고, 그 결과로 올바른 상호작용에 필요한 조건이 무엇인지 밝힐 수 있다. 동시에 모든 만남은 단일한 분석틀로 다룰 수 있는 자연발생적 범주에 속한다는 좋은 증거를 얻을 수 있다.

당황스러운 사건이 누구에 의해 일어났는가? **누구에게 당황스러운가?** 누구를 위해 당혹감을 느끼는가? 참여자들을 곤경에 빠뜨린 사람이 언제나 당혹감을 느끼는 것은 아니다. 때로는 만남의 상대가 된 참여자들이 곤경에 부딪치고 심지어 만남 전체가 어려움에 빠질 수도 있다. 더욱이 당혹감을 느끼게 한 개인이 어떤 파벌이나 하위집단의 대표로 여겨지면, 그 파벌의 성원들은 그들 스스로를 위해 당혹감을 느끼기 쉽다. 실수나 결례는 사건을 일으킨 당사자가 스스로를 위해 당혹감을 느끼는 경우를 가리키는데, 아마도 전형적인 사례는 아닐 것이다. 그는 그런 문제에 자아경계가 특별히 취약한 사람으로 보이기 때문이다. 얼굴을 붉힐 처지에 놓인 사람을 보면 보통 그 사람을 위해 다른 참여자들 또한 함께 얼굴을 붉힌다. 심지어 당사자가 제 잘못을 인정하지 않고 수치심을 느끼지 못하는 경우에도 다른 참여자들은 당황스러워 한다.

'당혹감', '허둥댐', '불편함'이라는 용어를 여기서는 의미의 연속선을 가리키는 뜻으로 쓴다. 어떤 경우에는 당혹감이 급격한 생리 변화를 일으킨다. 돌발 사태가 벌어지면 즉각 당혹감이 절정에 이르렀다가 천천히 편안한 상태로 회복되는 과정이 한 만남 안에서 진행된다. 그 불쾌한 한순간이 즐거울 수도 있을 상황을 망친다.

정반대의 극단적 상황은 시작부터 끝까지 전반적으로 같은 수준의 당혹감이 지속되는 만남의 경우다. 그럴 때 참여자들은 불편하고 불안한 자리라고 하지 당황스럽다고 하지 않는다. 물론 몇몇 사람에게는 만남 전체가 당황스러운 사건일 수 있다. 돌발적 당혹감은 강렬하지만 불편함은 그 정도가 약해서 겉으로는 거의 드러나지 않는다. 돌발적 당혹감을 불러일으키기 쉬운 만남은 참여자들에게 계속 불안감을 안겨주며 만남 전체를 사건으로 변질시킨다.

당황한 사람의 모습을 묘사할 때는 자제력을 상실하고 균형이 무너진 상태 같은 기계적 이미지를 떠올린다. 신체적으로 허둥대는 모습이 그런 이미지를 불러일으킴이 틀림없다. 어떤 경우라도 완전히 망가진 개인은 한 동안 근육을 움직일 수도, 지적 자원을 동원할 수도 없다. 아무리 그러려 해도 안 된다. 주변 사람들이 순조롭게 대화를 이어갈 수 있게 해주지 못한다. 허둥대는 사람은 다른 사람들이 추구하던 행동노선을 방해한다. 그는 사람들과 한자리에 있으면서도 그들과 '섞이지' 못한다. 그러면 다른 사람들은 하던 이야기를 멈추고 장애에 관심을 돌릴 수밖에 없다. 이들은 나누던 대화는 젖혀두고 그를 외면하든가 그 사람 앞에서 물러나든가 해서 허둥지둥하는 개인을 회복시키는 데 에너지를 집중한다.

상호작용에서 자아를 편안하게 다스리는 행동과 허둥댐은 반비례한다. 대체로 한쪽이 많으면 반대쪽은 적게 나타난다. 두 행동을 비교해보면 그 각각의 성격을 알 수 있다. 어떤 문화권에서든 대면 상호작용에 꼭 필요한 자질이 있고, 당혹감이 그 자질을 망가뜨리는 것 같다. 따라서 비교문화의 틀로 당혹감을 유발하는 사건과 당혹감을 피하고 없애는 방식을 사회학적으로 분석할 수 있다.

개인이 사회적 만남에서 느끼는 즐거움이나 불쾌감, 그리고 참여자들에게 느끼는 호감이나 적개심이 개인의 침착성에 미치는 영향은 다양하게 나타난다. 찬사, 환호, 느닷없는 보상을 받은 사람이 기분 좋은 혼란 상태에 빠지기도 하고, 개인이 줄곧 침착성을 유지하며 자제력을 최대한 발휘해도 열띤 언쟁이 벌어져 지속되기도 한다. 더 중요한 점은 상황의 형식적 속성처럼 보이는 일종의 안락감이 있다는 사실이다. 행동의 내용과는 상관없이 개인이 잘 통합된 역할을 취해 순간적인 목표를 일관되고 단호하게 추구하는 데서 오는 안락감이다. 허둥댄다는 느낌 자체는 언제나 불쾌한 것 같지만 그런 느낌을 유발한 상황이 당사자에게 즉각적인 기쁨을 줄 수도 있다.

이처럼 불쾌감과 허둥댐의 관계 양상이 다양함에도 불구하고, 적어도 미국 사회에서는 허둥대는 모습이 약점, 열등감, 자격지심, 도덕적 죄책감, 패배감 따위의 바람직하지 않은 자질을 보여주는 증거로 간주된다. 또한 앞서 지적한 대로 허둥댐은 순조로운 의사소통을 교란시킴으로써 만남 자체를 해친다. 어떤 이유로든 낭패에 빠진 사람은 당연히 남들 앞에서는 그 낭패감을 감추려 한다. 경직된 미소, 신경질적인 웃음소리, 번잡한 손짓, 표정을 감추려고 내리까는 시선 따위가 당혹감을 감추려 할 때 쓰이는 전형적인 신호다. 체스터필드 경(Lord Chesterfield)은 이렇게 말한다.

> 그들은 사람들 앞에서 부끄럽고 당황스러워 무슨 짓을 하는지도 모르면서 침착함을 유지하려고 온갖 요령을 부린다. 요령은 결국 버릇이 된다. 손가락으로 코를 문지르는 사람도 있고 머리를 긁는 사람도 있고, 모자를 빙빙 돌리는 사람도 있다. 요컨대 이 우스꽝스럽고 채신 잃은 모습에는 요령이 숨어 있다.[3]*

이런 몸짓들은 개인이 감정을 추스르고 자신을 회복하려 애쓴다는 사실을 감춰주는 가림막이다.

당황했음을 감추고 싶고, 상황이 허락하고 자신을 다스릴 기량이 있다면, 개인은 눈에 확실히 띄는 신호를 억눌러 침착한 모습을 보일 수도 있다. 그러나 덜 두드러진 신호는 여전히 그가 당황했음을 드러낸다. 그는

---

3) *Letters of Lord Chesterfield to His Son*(Everyman's ed., New York, E. P. Dutton & Co., 1929), p. 80.

---

* 체스터필드 경(1694~1773)은 영국의 정치가·외교관·문필가다. 네덜란드 대사로 있을 때 아들에게 보낸 이 서간집(*Letters to His Son*)으로 유명하다.

공개 연설에서 목소리를 조절하고 편안한 인상을 주는 데 성공할 수도 있지만, 연단 옆자리에 있는 사람들은 그의 떨리는 손과 경련이 이는 얼굴을 보고 그의 침착한 겉모습이 위장임을 짐작할 수 있다.

당혹감을 느끼거나 당황한 모습을 보이고 싶은 사람은 없기에 눈치 빠른 사람들은 개인을 그런 처지에 빠뜨리지 않으려 한다. 또한 그들은 침착성을 잃었거나 잃을 처지가 된 사람의 상태를 모르는 체하기도 한다. 또 개인이 당황한 상태임을 눈치챘다는 신호를 감추거나 그가 취할 법한 가식의 몸짓을 똑같이 연출하여 그 사실을 숨기거나 한다. 그렇게 해서 그들은 그의 체면과 감정을 보호하고 그가 침착성을 되찾거나 적어도 현상 유지는 할 수 있도록 도와준다. 그럼에도 불구하고 당황한 사람이 당혹감을 감추지 못하는 경우가 있듯이 다른 사람들이 그의 불편한 마음을 눈치챘음을 숨기려 하는 시도가 실패로 돌아갈 수 있다. 그러면 그의 당황한 모습을 모두가 보았고, 그것은 감추어야 할 문제라는 사실을 모두가 인정할 수밖에 없다. 사태가 그러한 지경에 이르면 상호작용은 고통스럽게 끝날 것이다. 감추는 사람과 감춰주는 사람 사이에서 벌어지는 이 모든 연기에서 당혹감은 재산 침해의 경우와 똑같은 문제를 제기하고 또한 같은 방식으로 처리된다.

당황한 사람이 불편한 마음을 다스리거나 감추려는 노력을 포기하게 되는 임계점이 있다. 임계점을 넘어선 사람은 눈물을 쏟고 발작적으로 웃음을 터뜨린다든지 감정이 폭발해 맹목적인 분노에 휩싸여 뛰쳐나가거나 공황상태에 빠져 꼼짝 못하기도 한다. 그리고 나면 평온을 회복하기가 극도로 힘들어진다. 그는 내면 깊숙이 경험하는 감정의 새로운 리듬에 반응하며 다른 사람들과 상호작용을 하고 있다는 흐릿한 인상조차 주지 못한다. 요컨대 만남을 지키는 사람으로서의 역할을 포기하는 셈이다. 물론 위기의 순간은 사회적으로 규정된다. 임계점은 개인이 애착을 갖고 있는 집단의 정서적 기준에 달려 있다. 드물긴 하지만 만남에 참여한 사람들이 모두 임계점을 넘어서버리면 보통 때와 비슷한 수준으로나마 상호작용을 유지하기가 힘들다. 그러면 그들이 만든 작은 사회체계는 붕괴되고, 사람들은 뿔뿔이 흩어지거나 서둘러 새로운 역할과 관계를 모색한다.

평정심을 유지하는 능력을 가리키는 '침착성', '냉정', '차분함'이란 말은 자기 자신이나 다른 사람들을 당황시키지 않는 능력을 가리키는 '우아함', '재치', '사교술'과는 다르다. 침착성은 참여자들이 상호작용에서 실패하지 않도록, 서로 세련된 의사소통을 주고받을 수만 있다면 그들이 맡은 배역을 계속할 수 있게 보장하기 때문에 의사소통에서 중요한 작용을 한다. 조롱하기가, 젊은이들이 평정심을 유지할 수 있는 능력을 기르는 과정에서 저마다 치르는 시험이라는 사실은 새삼스러울 게 없다.[4] 게임과 스포츠에서 선수가 평정심을 유지하는지 아니면 당황하는지를 가려내어 기리는 것도 당연하다. 포커 게임에서는 수상쩍은 패를 침착하게 다루는 사람이 돈을 딴다. 특히 유도 경기에서는 평정심을 유지할 수 있는지가 관건이다. 크리켓 경기에서는 긴장 상태에서도 자제력이나 '스타일'을 지킬 수 있는지가 중요하다.

사람은 대개 어떤 특정한 상황에서는 늘 불편하다는 사실, 만나면 언제나 불쾌해지는 '잘못된' 관계가 있다는 사실을 안다. 일상의 사회적 만남이

---

4) 그런 흥미로운 시도 가운데 하나가 미국 사회 특히 하층 흑인 사회에서 제도화된 '상대의 어머니에 대한 상스러운 농담 던지기'다. (John Dollard, "Dialectic of Insult," *American Imago*, Ⅰ, 1939, pp. 3~25; R. F. B. Berdie, "Playing the Dozens," *Journal of Abnormal and Social Psychology*, ⅩLⅡ, 1947, pp. 120~121을 볼 것). 보편적인 놀림에 관해서는 S. J. Sperling, "On the Psychodynamics of Teasing," *Journal of the American Psychoanalytical Association*, Ⅰ(1953), pp. 458~483을 볼 것.

란 대체로 중요한 사회적 의무에 속한다. 그러나 당황하지 않아도 좋을 상황을 찾아내고, 당황스러울 때는 적당히 넘어가려고 조금쯤 옆길로 새기도 한다. 자기가 침착하지 못하다고 생각하는 사람은 자신의 실패를 과장하면서까지 수줍어하는 표를 낸다. 만남이 두려워 서둘러 끝내거나, 만남이란 만남은 송두리째 피하기도 한다. 말더듬이는 사교생활을 위해서 기꺼이 대가를 치르려 함을 애처롭게 보여주는 사례다.[5]

당혹감의 원인

당혹감은 충족되지 못한 기대와 관련이 있다(통계적 의미는 아니다). 사회적 정체성과 장소에 따라, 참여자들은 아무리 절망적인 사태가 생기더라도 어떻게 품행을 유지해야만 적절한지 감지한다. 개인이 어떤 사람들은 틀림없이 자기에게 불쾌감을 주리라 예상할 수도 있지만 그걸 안다고 해서 낭패감이 줄기는커녕 오히려 커질지도 모른다. 뜻밖에 사회공학이 작용해 난처한 상황이 무마되기도 하는데, 예상치 못한 만큼 그 효과는 더 크다.

당혹감은 도덕적 기대가 어그러지기 때문에 생기지만, 도덕적 기대의 위반이 모두 당혹감을 불러일으키지는 않는다. 단호한 도덕적 분노를 불러일으킬 뿐 전혀 불안감을 유발하지 않는 경우도 있다. 그렇다면 우리는 사회적 만남에 개인이 지니고 온 자질 가운데 단 하나, 도덕적 의무에 주목해

---

5) H. J. Heltman, "Psycho-social Phenomena of Stuttering and Their Etiological and Therapeutic Implications," *Journal of Social Psychology*, IX(1938), pp. 79~96.

야 한다. 물론 개인은 침착성을 유지해야 할 의무가 있다. 그러나 개인이 의무를 지키면 매사가 순조롭게 풀린다는 사실은 알 수 있지만 그 원인은 알 수 없다. 그리고 참여자들의 사회적 정체성에 대한 인식 때문에 일이 꼬일 수도 있고 잘 풀릴 수도 있다.

사람들은 상호작용을 하는 동안 개인이 그 자리에 적합한 자질, 능력, 정보를 지니고서 일관되고 통합된 자아로서 행동하기를 기대한다. 개인은 표현적 의미가 함축된 품행을 통해서, 또는 단순한 참여만으로도, 상호작용에서 인정받을 만한 자아를 투사한다. 그 사실을 개인 스스로 의식하지 못하고 다른 사람들도 자기들이 그의 품행을 자아투사로 해석한다는 것을 알아차리지 못할 수도 있다. 동시에 개인은 다른 참여자들이 투사한 그들의 자아도 받아들이고 존중해야 한다. 그렇다면 사회적 만남은 개인의 자아투사와 다른 참여자들 쪽의 자아투사를 모두 확인시켜주는 요소들로 구성되는 셈이다. 모두들 그렇게 투사된 자아를 지향하고 그 토대 위에서 서로의 자아 형성에 협력한다.

자아주장이 미심쩍거나 의혹을 불러일으킬 만한 사건이 벌어지면 만남은 근거 없는 가정을 바탕으로 하고 있음이 드러난다. 그러면 참여자들이 보여주려던 반응은 엉뚱하고 삼가야 할 짓이 되며 상호작용은 재구성되어야 한다. 자아의 위협을 느끼게 된 사람(다른 사람들이 그를 위해 당혹감을 느끼게 된)과 위협을 가한 사람은 함께 그런 사태를 초래했다는 사실에 부끄러워하며 헤어질 때가 되었다는 정서를 공유하게 된다. 분명 공동의 책임이다. 사회 일반의 기준에서 보면 부끄러움을 느껴야 할 사람은 의혹을 자초한 사람이겠지만, 작은 사회체계의 기준은 오직 상호작용을 통해서만 유지되기 때문에 의혹을 자초한 사람 못지않게 의혹을 제기한 사람도 죄책감을 느낀다. 평소 눈치 빠르게 처신해온 사람이라면 그는 다른 사람의 이미지를 파괴하는 동시에 자기 이미지도 망치는 셈이라 죄책감이 더 클 것이다.

　당사자들이나 그들에게 동정적이라 자처해온 사람들만 죄책감을 느끼는 것이 아니다. 나머지 사람들도 나름의 결속을 연출할 안정되고 합당한 상대가 없으니 우왕좌왕하게 된다. 당황하는 사람이 생기면 그 당혹감이 더 큰 범위로 확산되며 전염되는 것처럼 보임은 그 때문이다.

　개인이 투사한 자아 이미지가 의심을 사게 되는 고전적 정황이 많이 있다. 그런 상황에서 그는 자기가 무슨 일을 저질렀거나 저지른 것처럼 보여 수치심과 당혹감을 느끼게 된다. 결혼이나 승진처럼 갑작스러운 신분 변화가 있을 때의 경험이란 남들에게 개인의 예전 자아 이미지가 남아 있어 남들이 완전히는 인정하지 않을 새로운 자아를 획득하는 경험이다. 구직, 금전 대출, 구혼은 상대가 의심할 만한 근거가 충분한 조건에서 개인이 그럴듯한 자아 이미지를 투사하는 일이다. 직업상으로나 사회적 지위로나 자기보다 더 나은 위치에 있는 사람들의 스타일에 맞추려다 보면 오히려 미숙함을 드러내 의심만 사게 된다.

　만남의 물리적 구조에는 대개 합의된 상징적 의미가 있다. 그래서 참여자가 본의 아니게 당황스럽고 그릇된 자기주장을 할 때가 더러 있다. 물리적 근접성은 사회적 근접성을 함축하기 쉽다. 예를 들면, 누구나 별 의미 없는 친지의 모임에 끼거나 자신보다 훨씬 윗사람이나 아랫사람, 또는 형제처럼 대하기에는 너무 낯선 사람과 만나면 사사로운 '잡담'을 해야 할 입장이 된다는 것을 안다. 대화를 나누려면 말을 시작하고, 분위기를 띄우고, 끝내는 사람이 있어야 한다. 그런 언행을 떠맡은 사람은 난처하게도 사실과 어긋나는 서열이나 권력을 내비치는 꼴이 되기 쉽다.

　한 사회에서 되풀이되는 다양한 만남은 보통 참여자들이 일정한 수준의 도덕성, 마음가짐, 인상을 갖추었다는 가정을 공유한다. 그 수준에 이르지 못한 사람은 충족시킬 수도 없는 자아 정체성을 암시하는 함정에 그 어디서나 빠져듦을 발견한다. 가는 곳마다 적당히 타협하면 그는 정말로 기피 인물이 될 수 있다. 사회적 접촉에서 가장 고립되기 쉬운 사람은 사회의 요구를 차단하는 데 가장 서툰 사람이다. 자기가 자격 미달이라는 생각이 그저 상상에만 그친다면 판단 오류일 수도 있지만, 자격 미달이라는 생각에서 접촉을 피한다면 타당한 판단인 셈이다. 개인이 느끼는 부끄러움이 실제 근거가 있는지 아니면 상상에 불과한지를 판단하려면 자격 미달에 '해당하는' 특성을 볼 게 아니라 더 넓은 범위에서 실제로 만남을 곤경에 빠뜨리는 상황의 특성을 살펴야 한다.

이와 같은 상황에서 발생하는 공통된 근본문제는 눈앞에 드러난 사실이 참여자가 투사한 자아 정체성을 위협하거나 의심을 불러일으킨다는 점이다.[6] 그러면 그 자리에 있는 사람들은 의심을 안 할 수도 없고, 의심을 품은 채 반응을 할 수도 없는 처지에 빠진다. 결국 그 자리는 별 볼일 없는 현실로 움츠러들고 모두들 '김 빠진' 상태가 된다.

한 가지 더 복잡한 문제에 주목해야 한다. 보통 일상의 중요한 상황에서 당황하는 경우는 서로 다른 맥락에서 투사된 자아들이 충돌할 때 생긴다. 다른 상황맥락에서는 타당한 자아가 당장의 상황맥락에서 투사된 자

---

6) 다른 어려움과 더불어 자신이 과연 침착성을 유지하는 모습을 보였는지도 의심스러워진다. 그러면 눈치챈 사람이 없어도 그는 자기가 당황했다는 사실에 당혹감을 느낄 것이다. 그러나 단서가 있다. 한 사람이 찬사를 듣고 겸손의 뜻으로 얼굴을 붉히면, 그는 침착하다는 평판은 잃지만 그보다 더 중요한 덕목으로 겸손하다는 평판을 얻는다. 자기의 유감이 부끄러울 바 없다고 여기면 자기가 당황했다는 사실에 당혹감을 느끼지는 않을 것이다. 반면에 분명 당황해야 마땅한데 당황한 모습을 나타내지 않으면 그는 둔감해 보이고, 둔감한 모습을 보였다는 사실에 당황하게 될 것이다.

아와는 어긋나 일관된 자아를 유지할 수 없는 경우가 그렇다. 따라서 당혹감은 우리를 '역할 분리(role segregation)'로 유도한다. 누구에게나 여러 역할이 있지만 대개는 '청중 분리(audience segregation)' 덕분에 역할 딜레마에서 벗어난다. 보통 어떤 한 역할을 할 때의 청중은 다른 역할을 할 때의 청중이 아니라서 개인은 그 어느 쪽도 해치지 않은 채 역할마다 각기 다른 사람이 되어 자신의 역할을 감당할 수 있다.

그렇지만 어떤 사회체계에서나 청중 분리가 되지 않아 자아들이 서로 조화를 이루지 못하고 충돌하는 때와 장소가 있는 법이다. 그럴 때 당혹감은, 특히 가벼운 당혹감은 개인의 문제가 아니라 복수의 자아(several selves)를 지닐 수밖에 없는 사회체계의 문제임을 분명히 보여준다.

당혹감의 영역

심리학적 고려로 시작해서 구조적 사회학의 관점에 이르렀다. 선행연구는 사회인류학자들의 농담과 회피 사례의 분석에서 볼 수 있다. 당혹감은 정상적인 사회생활의 일부이며 개인이 적응을 잘 못해서가 아니라 잘하기 때문에 느끼는 불편함이다. 여러 신분을 겸한 사람은 누구라도 마찬가지일 것이다. 어느 한 사회체계를 경험적으로 연구할 때 첫째 목표는 어떤 범주에 속하는 사람들이 어떤 상황에서 당황하는지를 밝히는 것이다. 둘째 목표는 당혹감이 체계적으로 조직화되어 있지 않으면 사회체계와 의무의 준거들이 어떤 영향을 받는지 밝히는 데 있다.

관공서, 학교, 병원 따위 대규모 조직생활의 실례를 들 수 있다. 엘리베이터, 넓은 홀, 카페테리아, 신문가판대, 자판기, 매점 카운터, 출입구는 모든 조직 성원들이 적절한 거리만 유지한다면 형식상 평등한 곳이다.[7] 베노이트-스밀리안(Benoit-Smullyan)식으로 말하자면, 신분이나 업무 영역이 아니라 비공식 영역이라는 뜻이다.[8] 평등성과 거리두기를 지켜야 하는 관계와 엇갈리며 겹치는 또 다른 관계가 있다. 정해진 서열상의 지위와 권위가 서로 다른 성원들이 사적으로 잘 알고 공동 작업을 하는 작업반에서 맺는 관계다.

대규모 조직 상당수가 근무시간에 시차를 둔다든가 카페테리아를 분리한다. 그렇게 함으로써 서열은 다르지만 밀접한 업무 관계를 맺고 있는 조직 성원들이 평등성과 거리두기를 기대할 수 있는 공간에서 물리적으로 밀착하는 일이 없도록 해준다. 그러나 민주적 지향성을 지니고 있는 새로운 조직 가운데는 작업반에서 지위가 다른 성원들이 같이 있으면 불편해질 카페테리아 같은 장소를 함께 사용토록 하는 곳도 있다. 그러면 조직 성원들은 상충하는 두 관계 중 어느 하나를 해치지 않는 행동을 할 도리가 없다. 특히 엘리베이터 같은 곳이 그렇다. 잡담을 나눌 사이가 아닌 사람들이 사사로운 대화 기회를 무시할 수 없을 만큼 가까운 자리에서 한동안 함께 서 있어야 한다. 이런 문제를 간부 전용 엘리베이터로 해결하는 조직도 물론 있다. 실상이 이렇다면 당혹감이란 조직 안에 생태계로 조성

∵

[7] 대규모 조직에서는 이런 식의 평등한 공동 성원 자격을 조직의 연례 파티에서, 아마추어 풍자극을 통해서 기념하곤 한다. 이는 의도적으로 외부인을 배제하고 내부자들의 서열을 뒤섞음으로써 달성되는 것이다.

[8] Émile Benoit-Smullyan, "Status, Status Types, and Status Interaction," *American Sociological Review*, IX(1944), pp. 151~161. 어떻게 보면 이러한 제도화된 성원 자격의 평등성 주장은, 남성은 여성을 친절한 태도로 대해야 한다는 식의 미국 사회의 지배적 관습으로 강화되는 면이 있다. 여성을 대할 때 인종이나 직종 따위 다른 기준은 억제되어야 한다. 그래서 장소의 성격과 평등성을 강조하는 효과를 낳는다.

되어 있는 셈이다.

개인은 복수의 자아를 지니고 있기 때문에 그 모두를 보여야 할 때가 있고 그러지 말아야 할 때가 있다. 그러니 당황할 수밖에 없다. 정도가 심하지는 않을망정 자기분열을 느낀다. 행동이 왔다 갔다 함에 따라 자아도 왔다 갔다 하는 것이다.

당혹감의 사회적 기능

상호작용 중에 개인이 투사한 자아가 위협을 받으면 그는 자기가 느낀 수치심과 당혹감을 침착성으로 억누르려 한다. 만남의 순조로운 흐름을 깨지 않기 위해 허둥대지 않으려고, 당황한 모습을 감추려고 애를 쓴다. 그래서 참여자들은 마치 아무런 사건도 벌어지지 않은 양 상호작용을 계속할 수 있다.

그렇지만 상황을 살리는 대신 중요한 것을 잃을 수도 있다. 당혹감을 불러일으킨 당사자가 아닌데도 당황한 모습을 보여줌으로써 개인은 나중에 자신이 당사자가 될 가능성을 열어둔다.[9] 당장의 상호작용에서는 그의 역할이나 심지어 만남 자체가 희생될 수도 있다. 그러나 그 자리에서 안정되고 통합된 자아를 보여주지는 못해도 적어도 그 때문에 난처해하기는

---

9) 이와 비슷한 논의가 새뮤얼 존슨(Samuel Johnson)의 "Of Bashfulness,"(*The Rambler*, 1751, No. 139)에 나와 있다. "보통 자신감은 능력과 보조를 같이한다. 처음에는 실수할까봐 두려워하지만, 기량이 늘고 성공할 가능성이 높아짐에 따라 두려움은 점차 사라진다. 따라서 창피를 막아주는 수줍음, 장기간의 체면 손상 위협으로부터 우리를 지켜주는 일시적 수치심을 불운이라 할 수 없다."

한다는 모습을 보여줌으로써 다른 때라면 자기도 안정되고 통합된 자아일 수 있음을 증명하는 것이다. 그런 의미에서 당혹감은 사회적으로 규정된 행동규범을 깨뜨리는 비합리적 충동이 아니라 질서를 지키는 행동에 속한다. 당황하는 것은 매우 충동적인 행동 범주에 속하는 극단적인 사례지만 의식적으로 하는 행동에 비해 사회적 요구와 의무가 적은 것은 아니다.

정체성의 갈등 이면에는 좀 더 근본적인 조직 원리의 갈등이 있다. 자아는 여러 목적을 함축한 조직 원리를 개인에게 부과하여 형성되는 것이기 때문이다. 조직 성원은 자신의 정체성이 거부당하면 정의로운 분노를 느낄 권리가 있다는 주장으로 자신의 정체성을 구성한다. 수습직원이 공장의 어떤 시설을 사용할 권리가 있다고 주장할 때, 그 이면에는 조직의 모든 성원이 어떤 영역에서는 평등한 권리를 누려야 한다는 조직 원리가 있다. 전문가가 합당한 금전적 보상을 요구할 때는 단순히 일이 아니라 일의 유형이 지위를 결정한다는 조직 원리가 작용한다. 코카콜라 자판기 앞에서 마주친 전문가와 수습직원이 서로 어색해 하는 모습은 상충하는 조직 원리의 표현이다.[10]

어떤 사회체계든 조직 원리들이 갈등을 일으키는 지점이 있기 마련이다. 개인은 만남에서 그런 갈등이 드러나도록 방치하는 대신 상반된 조직 원리의 중간 지점을 택한다. 잠시 자기 정체성을 포기하고 더러는 만남도

---

10) 그런 순간에 더러는 이른바 '악의 없는 놀림'을 주고받기도 한다. 이를 당혹감에서 생긴 또는 당혹감을 불러일으킨 원인에서 비롯한 긴장을 풀어주는 수단이라고들 한다. 그러나 이런 종류의 놀림은 대개 벌어진 사건이 심각하거나 진짜는 아니라는 뜻을 전하는 방법이다. 과장, 거짓 모욕, 거짓 주장들은 모두 상황의 실체를 부인함으로써 갈등의 심각성을 누그러뜨리는 방식이다. 이는 당혹감이 수행하는 또 다른 역할이기도 하다. 당황했음을 알아차리고 함께 농담을 함으로써 모두가 현실을 부인하는 데 자연스레 협력하는 것이다.

희생시킨다. 그러나 조직 원리는 보존된다. 그는 상충하는 가정들의 중간 지점에 섬으로써 직접 충돌을 막거나 그 가정들을 완전히 분리시킴으로써 상충하는 조직 원리가 동시에 작동하는 일이 없도록 한다. 그러면 사회구조는 유연성을 획득하고 개인은 평정심만 잃을 뿐이다.

제4장
상호작용 내 소외

Ⅰ. 서론

　개인이 다른 사람들과의 대화에 저절로 빠져들 때가 있다. 자기 자신을 포함해 다른 일은 안중에도 없을 만큼 이야기에 열중할 수도 있다. 몰입의 정도가 좀체 방해를 받지 않을 정도로 강렬하든 산만해지기 쉬울 만큼 평범한 수준이든 간에, 인지적 초점은 화제에, 시각적 초점은 말하는 사람에게 집중된다. 몰입의 흡인력과 최면효과는, 개인의 주된 관심은 이야기에 집중한 채 다른 곁가지 일들(껌 씹기, 담배 피우기, 편히 앉을 자리 찾기, 반복적인 작업 따위)을 건성으로 하는 모습에서 드러난다.
　어린아이나 동물처럼, 개인도 물론 혼자 하는 비사교적인 일에 빠져들 수도 있다. 그럴 때는 일의 경중에 따라 작업자가 확고한 현실감을 느낄 여유가 있다. 그러나 관심의 주 초점이 이야기일 때는 아주 달라진다. 이야기는 다른 참여자들과 함께하는 세계와 현실을 창조하기 때문이다. 저절로 이루어지는 참여자들의 상호몰입은 신비스러운 합일(unio mystico), 사회화된 황홀경이다. 또한 대화에는 그 자체의 생명과 나름의 요건이 있다.

대화는 고유의 경계를 유지하려는 경향이 있는 작은 사회체계다. 그 나름의 영웅과[1] 악당이 있고 더불어 지켜야 할 약속과 충성심도 있는 작은 영역이다.

나는 저절로 이루어지는 참여자들의 상호몰입을 기준으로 잡고 몰입이 어떻게 실패하는지 그리고 실패하면 어떤 결과가 생기는지 논의하려 한다. 개인이 대화 모임에서 소외되는 방식, 소외로 인해 생기는 불편함, 소외와 불편함이 상호작용에 미치는 영향을 살펴보려는 것이다. 어떤 대화에서든 소외가 일어날 수 있기에 우리는 그로부터 구두 상호작용의 일반적 속성이 무엇인지 알아낼 수 있다.

II. 몰입 의무

사람들이 자리를 함께할 때면 바람직하든 아니든, 온갖 말, 몸짓, 행동, 자잘한 사건들이 있어서, 그 자리에 있는 사람은 의도적으로 또는 무심결에 자기의 성격과 태도를 상징적으로 드러내는 데 그것들을 이용할 수 있다. 우리 사회에는 개인이 이런 표현상의 문제를 적절히 처리하도록 규정해놓은 예법 체계가 있어서 개인은 예법을 통해 적절한 자아 이미지, 자리를 함께한 사람들과 그 자리에 합당한 존중심을 투사하게 되어 있다. 고의든 아니든 예법을 어기는 사람이 있으면 다른 사회질서가 위반될 때와 마

---

1) 그런 영웅 가운데 하나가 그 순간의 대화와 관련된 더 크고 중요한 이야기를 집어내 상황에 딱 들어맞게 재치를 발휘하는 사람이다. 그런 재담은 더할 나위 없이 강력해서 그때까지의 대화마저 멈추게 하고 그 사람이 상호작용에서 보여준 재기발랄한 행동으로 인해 특별한 자리가 된 현실에 경탄하게 한다.

찬가지로 다른 이들이 의례질서를 복원하러 나선다.

예법 체계로 유지되는 의례질서를 통해 대화에 몰입할 수 있는 개인의 자질이 의례적 가치와 사회적 기능을 떠맡도록 사회화된다. 주된 관심의 초점이나 부차적 관심사, 몰입 강도의 선택에는 사회적 제약이 작용한다. 그래서 사회적으로 적절한 주의집중 할애 방식이 있고 부적절한 주의집중 할애 방식이 있는 것이다.

대화에 참여한 사람은 자기와 상대가 함께 대화에 몰입해야 할 처지에 몰릴 때가 많이 있다. 그는 자기가 대화에 관심을 집중하고 자연스럽게 몰입해야 옳다고(그것이 바람직하거나 현명하다고) 여기는 동시에 다른 참여자들에게도 같은 의무가 있다고 느낀다. 자신의 행동이 의례질서를 이루는 요소이기에 자기 쪽에서 관심을 다른 데로 돌림은 실례로 간주될 것이고 쓸데없이 다른 참여자들이나 그 자리, 그리고 자신의 명예를 떨어뜨리는 짓임을 안다. 또 자신의 무례로 불쾌감을 느낄 바로 그 당사자 앞에서 무례를 저질렀음을 깨닫는다. 상호작용의 규칙을 깨뜨리는 사람은 벌 받을 죄를 짓는 셈이다.

지루한 허드렛일이나 위험한 일을 할 때의 경험으로 우리는 의무일 때는 무엇인가에 자연스럽게 몰입하기가 어렵다는 것을 안다. 개인은 몰입 의무에 충실해야 하지만 사실상 몰입 의무에 충실하기 위한 행동을 할 수가 없는 상태가 된다. 몰입 의무에 충실하려고 노력하다 보면 이야기 화제에서 자연스러운 몰입의 문제로 주의를 돌리게 되는 탓이다. 상호작용 질서와 여러 다른 사회질서의 중요한 차이점은 바로 이런 비이성적 충동이라는 성분이 그저 용인되는 정도가 아니라 실제로 요구된다는 데 있다.

대화에 자연스럽게 몰입해야 하지만 그러기가 어려우면 개인은 미묘한 입장이 된다. 자신의 행동을 능숙하게 통제하는 동료 참여자들이 있어서 그가 적절한 몰입 수준에서 벗어나지 않도록 구해주기도 한다. 그러나 그 순간 그 역시 다른 누군가를 구해주어야 하는 만큼 상호작용하는 사람으로서 개인의 임무는 더 복잡해진다. 바로 이런 점이 대화에 작용하는 사회적 통제의 근본적 면모다. 개인은 스스로의 몰입 상태를 유지해야 함은 물론이고 다른 참여자들이 계속 몰입할 수 있게도 해주어야 한다. 이는 다른 사람들이 어떤 자격으로 참여하여 어떤 의무를 지고 있든 간에 그들을 상호작용자 자격으로 대해야 한다는 뜻이다. 또한 개인이 대화를 나누는 만남에서 어떤 사회적 역할을 맡고 있든 간에 그 역할과 더불어 상호작용자 역할에도 충실할 의무가 있다는 뜻이기도 하다.

개인은 상호작용자로서의 의무가 내킬 수도 있고 내키지 않을 수도 있지만, 의무에 충실하자면 언제나 재빠르고 세심하게 다른 사람들의 역할을 이해하고 자기 행동으로 인해 그들이 상호작용을 멈추지 않도록 상황을 감지할 수 있어야 한다. 자리를 함께한 다른 사람들이 대화에 저절로 몰입할 만한 화제를 마음으로 알아내고 상대에 맞추어 자기의 태도, 감정, 견해를 조절해야 한다.

따라서 애덤 스미스가 『도덕 감정론』에서 지적한 대로,* 개인은 자기의 관심사, 느낌, 흥미를 다른 사람들이 몰입할 만한 가장 효과적인 이야깃거리로 구사해야 한다. 또한 상호작용자로서 개인의 의무는 그 자리에 있는 사람들에게 자기 기대에 공감하고 호응하려는 노력을 기울이라고 요구할

---

* 애덤 스미스(Adam Smith, 1723~1790)는 『도덕감정론(*The Theory of Moral Sentiment*)』(1759)에서 사회 형성의 논리적 근거를 이성적 자기보존에서 찾는 토머스 홉스(Thomas Hobbes, 1588~1679)의 사회계약론을 비판하고 대안적 사회철학을 제시했다. 스미스에 따르면 인간의 양심과 사회의 정의는 관행적인 인간의 감정적 상호교류, 즉, '공감(sympathy)'으로 구성되고 존립한다고 본다.

권리와 균형을 이룬다. 상대의 능력과 요구를 감안해 말하는 사람은 표현의 수위를 낮추고 듣는 사람은 관심의 수준을 높인다. 이 두 경향이 서로를 이어주는 다리가 되어 사람들은 상호몰입으로 교감하는 대화의 순간을 경험한다. 세상을 밝혀주는 것은 바로 이런 불꽃이지 너무 뻔히 보이는 사랑 같은 것이 아니다.

Ⅲ. 소외의 형태

 화제에 자연스럽게 상호몰입 하는 상태를 기준으로 삼으면, 우리는 화제로부터 소외되는 경우가 참으로 흔하다는 사실을 발견하게 된다. 상호몰입은 일반적인 기준에서 보면 결함도 많고 부패하기도 쉬운 허약한 상태, 언제라도 개인을 소외시킬 수 있는 위태롭고 불안정한 상태다. 여기서는 의무적인 몰입을 다루고 있는 만큼 소외는 '몰입불량(misinvolvement)'이라 할 수 있는 부정행위에 속한다. 몰입불량에서 비롯된 몇 가지 전형적인 소외 형태를 살펴보자.
 1. **딴생각(External Preoccupation).** 개인은 정해진 관심의 초점에 집중하지 못하고 그 자리에서 나누는 이야기나 다른 참여자들과 아무 상관이 없는 일에 사로잡힐 수 있다. 딴생각은 상호작용에 참여하기 위해 중단한 일 또는 만남이 끝날 즈음이나 끝난 다음에 할 일을 생각하는 것일 수도 있고, 다른 참여자 한두 사람과 몰래 다른 짓을 하는 형태로 나타날 수도 있다. 심지어 개인은 상호작용에 참여해야 한다는 의무 때문에 지키지 못한 모호한 업무 관련 규정에 대한 걱정에 사로잡힐 수도 있다.
 딴생각에 빠진 사람이 얼마나 무례한지는 다른 이들이 그에게 그럴 만한 사유가 있다고 여기는지 아닌지에 따라 다르다. 대화에 충분히 집중할 수 있는데도 일부러 거부한다는 인상을 주는 극단적인 경우가 있는가 하면, 개인에게 지극히 중요한 문제에 골몰하느라 대화에 몰입할 수 없는 '부득이한' 경우도 있다. 흔히 양해할 만한 사유가 있으면서 물러나지 않고 대화에 충실한 사람들도 있다. 그들은 대화에 충실함으로써 동료 참여자들을 존중하는 훌륭한 모습을 보여주고 사회적 책임감이 있는 사람이라면 상호작용에 대해서도 책임감을 느끼는 사람이어야 한다는 도덕규칙을 입증한다. 물론 이런 도덕규칙과 규칙을 재확인하는 몸짓들이 대면 상호작용의 작은 세계를 지탱해주는 덕분에 사회가 안전해진다. 실제로 이처럼 스쳐 지나가는 현실에 무게가 실리고 권위를 부여하는 예화가 없는 문화권은 없다. 적군과의 전투를 앞두고서도 의연하게 정해진 행사를 치르고 떠나는 장군을 추앙하는 풍습이나, 강도질을 저지른 상대에게, 그리고 형집행관들에게 공손한 범법자도 어디서나 볼 수 있다.[2]

2. 자의식(Self-consciousness). 정해진 관심의 초점에 집중하는 대신 개인이 자기가 잘하고 있는지 잘 못하고 있는지, 남들에게서 바람직한 반응을 얻는지 그렇지 않은지, 지나칠 만큼 자기 자신에게 신경을 쓸 때가 있다. 물론 자기를 대화의 소재로 삼는 식으로 자기중심적이면서도 자의식을 느끼지 않을 수도 있다. 개인의 자의식은 우연히 자기가 소재가 된 대화의 내용에 몰입한 결과가 아니라 오히려 대화의 내용에 스스럼없이 몰입해야 할 순간에 상호작용자로서의 자기 모습에 주의를 기울인 결과다.

자의식의 원천에 대한 포괄적 진술이 필요하다. 상호작용을 하는 동안

---

[2] 그러나 한 사회에서도 상대하는 계층에 따라 성원들이 만남에 자신을 투사하는 데 관심을 기울이는 정도가 다 다르다. 대화를 활기차게 살리고 유지하려는 경향이 계층 간의 특징적 차이를 드러내는 방식일 수도 있다.

개인은 더러 다른 사람들이나 그 자리에서 벌어진 사건으로 인해 잠시 마음에 드는 자아 이미지를 얻고 평가받을 때가 있다. 그러면 편안하게 자기의 아픈 곳을 건드리지 않는 문제에 주의를 기울일 수 있다. 자아 규정을 위협함 직한 사건이 벌어져 서둘러 사건을 수습하려 애를 쓰다 보면 개인의 주의는 상호작용에서 멀어진다. 자신의 입지를 높일 사건이라면 개인의 자의식은 기쁨을 즐기는 수단이겠지만 어떤 식으로든 지위를 낮추고 자아 이미지를 훼손할 수 있는 위협적인 사건이라면 자의식으로의 도피는 자아를 보호하고 상처를 치유하는 방편일 것이다. 이득보다는 손실의 위협이 더 보편적이고 중요한 자의식의 원천이다.

자의식을 유발한 원인이 무엇이든 간에 우리는 모두 자의식을 드러내는 행동의 동요와 당황스러운 현상에 익숙하다.

자의식은 상호작용 체계 안의 문제에 사로잡힌 경우로 생각할 수 있고, 그래서 다른 형태의 딴생각에 비해 자의식은 더 상식선에서 받아들여진다. 사실 다른 종류의 부적절한 몰입을 가리키는 일상용어도 없다. 두 가지 다른 종류의 부적절한 몰입 형태를 자의식과의 유사성을 강조하기 위해 각각 '상호작용에 대한 의식'과 '타인에 대한 의식'이라는 용어를 쓰기로 한다.

3. **상호작용에 대한 의식**(Interaction-consciousness). 대화 참여자는 공식 대화 내용에 자연스럽게 몰입하지 못하고 상호작용의 진행이 미진하다는 점에 신경이 쓰일 수 있다. 자의식의 경우만큼 널리 알려지지 않았으므로 그런 상태가 어디에서 비롯하는지 그 몇 가지 원천의 실례를 들어보자.

상호작용을 의식하게 되는 흔한 경우 중 하나는 개인의 남다른 책임감에서 비롯한다. 상호작용이 '순조롭게 이루어지도록,' 그 자리에 모인 사람들이 적절하게 몰입할 수 있도록 만들어야 한다는 책임감이다. 작은 사교 모임을 주선한 여주인은 손님들과 어울려 그들과 나누는 대화에 몰입해야 하는 동시에 그 자리가 삐걱거리기라도 하면 누구보다 더 큰 책임을 져야 한다. 그래서 그 자리의 사교적 장치나 모임 전체의 흐름에 지나치게 신경을 쓴 나머지 정작 자기는 대화에 몰입할 수 없는 상태에 빠진다.

또 다른 원천도 있다. 일단 대화를 시작한 사람들은 대화를 계속 이어가야 할 의무가 있다. 상대에게 그다지 결례가 되지 않을 맞춤한 핑계가 생겨야 그 자리에서 벗어날 수 있다. 상호작용에 참여하는 동안에는 그 자리에 알맞고 대화가 충분히 이어질 만한 화제를 꺼내야 한다. 즉, 안전장치가 필요하다는 말이다.[3] 안전장치 기능을 하는 것이 이른바 '잡담'이다. 사람들이 잡담을 나누고 나면 공식적으로 대화 상태에 들어간 셈이지만, 더는 나눌 이야깃거리가 없다는 생각이 드는 경우도 흔하다. 그 전형적인 결과가 바로 '불편한 침묵'으로 경험되는 상호작용에 대한 의식이다.

4. 타인에 대한 의식(Other-consciousness). 상호작용 중에 다른 참여자에게 신경이 쓰여 산만해질 때가 있다. 그럴 때면 개인은 자의식의 경우와 마찬가지로 대화에 집중하지 못한다.[4]

특정한 인물들이 대화 자리에 있을 때는 늘 자기가 그들을 지나치게 의식한 나머지 화제에 몰입하지 못한다는 사실을 아는 사람은, 특히 그 일이 자기 혼자만 곤란을 겪는 것이 아님을 감지하면, 자기 눈에 비친 그 인물들을 상호작용 결격자로 평가한다. 그러고는 그들에게 어떤 속성을 갖다 붙이며 자기가 산만해진 탓을 그들에게 돌리곤 한다. 그런 인물들의 속성

∵

[3] 안전장치의 문제는 "Communication Conduct in an Island Community," Unpublished Ph.D. Dissertation, *Department of Sociology*(University of Chicago, 1953), ch. XV에서 더 상세히 살펴보았다.
[4] 기타 의식을 간략하지만 명쾌하게 다룬 글은 James Baldwin, *Social and Ethical Interpretations in Mental Development*(London, 1902), pp. 213~214을 볼 것.

을 살펴보면 상호작용을 이해하는 데 도움이 된다.

'가식'과 '위선'이라는 말은 꾸미지 않은 행동으로 봐주기를 바라는 마음에서 사람들이 몸짓을 꾸미는 것을 가리킨다. 쿨리(Cooley)에 따르면, 가식은 "······ 다른 이들에게 잘 보이려는 의욕이 넘쳐 본래의 자기 성격을 왜곡하거나 꾸민 것이 뻔히 드러나는 것이다······. 가장 단순한 대화에서도 자기를 내려놓지 못하고, 솔직하고 사심 없이 화제에 끼어들지만 늘 자기가 어떤 인상을 줄까 하는 생각에만 사로잡힌 것처럼 보이는 사람들이 있다. 그런 이들은 자기가 찬사를 받을지 얕잡힐지 상상하고 대개 얕잡힐 짓은 피하고 찬사를 얻어낼 수 있는 모습을 꾸미곤 한다."[5] 가식적인 사람은 주로 관찰자가 자기에게 내릴 평가를 통제하는 데 관심이 있어서 그 평가를 일부 받아들여 자신의 모습을 꾸민다. 위선적인 사람은 어떤 일이나 사람들, 특히 관찰자를 대하는 자기의 태도를 보고서 관찰자가 스스로에 대해 갖게 될 인상을 통제하는 데 관심이 있어서 자신의 모습을 꾸미지는 않는다. 자의식을 느끼는 사람은 자기에게 벌어졌거나 벌어질 일에 너무 신경을 쓴다는 인상을 주지만, 위선적이거나 가식적인 사람은 자기가 얻어낼 성취에만 관심이 있어서 거리낌 없이 꾸미려 든다는 인상을 준다. 다른 이들에게서 가식과 위선을 감지한 사람은 그런 이들이 의사소통에서 부당한 이득을 챙기고, 상호작용의 기본 원칙을 깨뜨린다고 느낀다. 그래서 그들의 공정치 못한 짓거리와 그릇된 처신에 대한 적개심 때문에 대화에 몰입하지 못하고 그들과 그들의 그릇된 처신에 주목하게 된다.

남이 자신을 의식하게 만드는 사람들의 속성에서 중요하게 작용하는 요

---

[5] Charles H. Cooley, *Human Nature and the Social Order*(Charles Scribner's Sons, New York, 1922), pp. 196~215.

소로 주목할 만한 것이 거만함이다. 분석적 근거로 보면 지나친 겸손도 거만함이나 마찬가지로 남의 이목을 끌긴 하지만 경험적 근거로 볼 때는 거만함이 더 중요하게 작용한다. 거만한 태도는 여러 형태로 나타난다. 겸손치 못한 사람들은 내놓고 제 자랑을 한다. 상대가 실제 이상으로 자기네 사생활에 관심이 많고 또 잘 알고 있지 않으냐는 식으로 자기와 자기네 활동을 늘어놓는다. 상대로서는 그들이 지나치게 자주, 길게, 이야기하고, 분수에 넘칠 정도로 두드러진 '생태적' 지위를 누리는 것으로 보인다.

타인에 대한 의식을 유발하는 한 가지 흥미로운 원천은 '과잉몰입'이다. 어떤 대화에서든 대화를 나누는 동안에 개인이 대화에 얼마나 심취해도 좋은지, 적정 몰입 수준을 규정하는 기준이 설정된다. 자기에게 허용된 정도 이상으로 감정에 휩쓸리거나 행동의 자제력을 잃지는 말아야 한다. 물론 사회적으로 인정된 그 자리의 중요성과 개인이 맡은 역할에 따라 달라지긴 하지만 개인은 어느 정도 몰입을 유보할 감정적 여유가 있어야 한다. 개인이 화제에 지나치게 몰입해서 자기의 감정이나 행동을 스스로 절제하지 못한다는 인상을 다른 이들에게 주게 되면, 다시 말해 그 사람이 그 순간의 상호작용 세계를 너무 현실적으로 받아들이면, 다른 이들은 나누던 화제에 몰입하지 못하고 그 사람 자체에 주목하기 십상이다. 한 사람의 지나친 열정은 다른 이들을 소외시킨다. 어떤 경우든 개인이 지나치게 몰입하면 일시적으로 상호작용자로서의 기능을 상실한다. 그가 다른 사람들에게 적응하지 못하는 동안 다른 사람들은 그의 상태에 적응해야 한다. 흥미롭게도 과잉몰입 상태가 좀 진정되면 그는 자기가 지나쳤음을 깨닫고 자의식을 느끼게 되는데, 이는 개인이 다른 사람들을 소외시키면 자기도 소외되는 결과를 피할 수 없음을 보여준다. 이와는 별개로 우리는, 과잉몰입 성향이란 상호작용을 위해 사회를 안전하게 지켜야 한다는 도덕규칙보다는 순간적인 자기감정을 윗자리에 두는 어린아이, 프리마돈나, 제왕들이나 저지르는 독재의 한 형태임을 볼 수 있어야 한다.

타인을 의식하게 만드는 마지막 원천을 보자. 화제에 몰입하려면 귀 기울여 들어야 하고 시선이 의사소통의 원천, 특히 말하는 사람을 향해야 한다. 말하는 사람의 목소리와 얼굴을 주시해야 한다(그러지 않으면 말하는 사람에 대한 모욕으로 간주하는 사회적 규칙이 이런 신체적 요건을 강조한다). 말하는 사람이 사용하는 신체적 의사소통 기관이 추가 정보를 줄곧 전하는 경우, 듣는 사람은 여러 가지 자극으로 인해 산만해지기 쉽다. 말하는 내용은 듣지 않고 말하는 사람을 지나치게 의식하게 된다. 이런 원천들은 잘 알려져 있다. 말하는 사람이 너무 못생겼거나 너무 잘생겼을 때, 혀 짧은 소리를 내거나 말을 더듬을 때, 듣는 사람이 좋아하는 사투리나 은어 또는 부적절하지만 친숙한 말투를 쓸 때, 입술을 실룩거리거나 눈살을 찌푸리거나 먼 산을 보는 식으로 다소 특이한 얼굴 표정을 할 때, 목이 뻣뻣하거나 쉰 목소리를 낼 때가 그렇다. 듣는 사람이 집중해야 하는 의사소통 기관일수록 듣는 사람의 집중력을 떨어뜨리는 결함이 적어야 한다. (말하는 사람이 듣는 사람에게 주의를 기울이되 지나치게 의식하지는 말아야 할 경우, 듣는 사람의 신체적 결함이 말하는 사람을 불편하게 할 수도 있다.) 의사소통 기관에 사소한 결함이 있어 고통을 겪는 사람은 자기 눈에나 남들 눈에나 상호작용자로서는 결격자가 되어 일상의 접촉에서 배제되기 쉽다.

주의를 분산시키는 소외의 원천에 대한 논의를 마치며 한 가지 주의사항을 지적해야겠다. 개인은 남들이 자기에게 합당한 주의를 기울이지 않는다고 생각하면 언제나 자기가 소속된 집단의 기준에 비추어 남들의 행동을 부적절한 것으로 여긴다는 점이다. 마찬가지로, 지나치게 위선이나 가식, 거만한 태도로 남들의 주의를 끄는 사람은 그다지 대화 규율이 엄격

하지 않은 하위문화에서라면 대수롭지 않게 넘어갈 수도 있다. 소속 집단이 서로 다른 사람들이 상호작용을 할 때, 적어도 어느 한쪽은 화제에 자연스럽게 몰입하지 못한다. 상대의 행동이 부적절하게 보이기 때문이다.[6] 대화를 나누게 된 사람들의 부적절한 행동을 설명하려면 먼저 표현 관습의 차이를 보려고 해야지 상대의 인성 탓으로 돌리면 안 된다.

Ⅳ. 몰입 의무 위반의 반사작용

상호작용에 대한 몰입을 깨뜨리는 요소로 딴생각, 자의식, 타인에 대한 의식, 상호작용에 대한 의식과 같은 형태가 있음을 지적했다. 이 네 형태는 소외의 성격을 밝히기 위해 구별해본 것이고, 실제 대화에서는 연달아 일어나는 경우가 드물지 않다.

개인은 자기나 다른 참여자들의 몰입 수준이 기준에 미치지 못해 상호작용 상황과 참여자들이 부적절해 보인다는 생각이 들면 감정적으로 동요하기 쉽다. 의례질서에 필요한 다른 의무를 위반했을 때와 다를 바 없다. 그러나 문제는 감정동요에서 끝나지 않는다. 몰입 의무의 위반을 목격한 사람은 다른 의무가 위반될 때와 마찬가지로, 대화에서 위반행위로 주의를 돌리게 된다. 몰입 의무를 자기가 위반했다고 느끼면 자의식이 생기고, 남들이 위반했다고 느끼면 화가 나서 타인에 대한 의식이 발동하기 십상

---

6) 예를 들면, 셰틀랜드 원주민들은 '나'라는 대명사를 쓰는 적이 별로 없는데, '나'는 영국 본토에서 온 사람들은 많이 쓰고, 미국인들은 매우 자주 쓴다. 그래서 셰틀랜드 원주민들은 외지인들이 거만하고 역겹다고 생각한다. 셰틀랜드 원주민들은 흔히 외지인들의 태도가 자기들에게 불쾌감을 준다는 사실을 외지인들이 눈치채지 못하게 재치를 발휘한다.

이다. 자의식이든 타인에 대한 의식이든 모두 몰입 의무의 위반이다. 위반의 처벌은 고사하고 위반을 보고만 있는 것도 상호작용에는 범죄나 다름없다. 일차 범죄의 희생자가 또 다른 범죄자가 되는 셈이다. 따라서 대화를 하는 동안 한 사람의 심기가 불편해지면 대개 다른 사람들도 불편해진다.

한 가지 조건을 더 지적하자면, 개인이 상호작용에 몰입하지 못하는데도 그 사실을 의식하기는커녕 그나 다른 사람들 모두 알아차리지 못하는 경우다. 그럴 경우에도 그는 누군가는 그 사실을 눈치채서 드러나고야 말 잠재적 위반을 저지르는 셈이다. 그가 몰입하고 있지 않음을 다른 사람들이 눈치채고서 알려주면 그는 스스로 알아차렸을 때와 마찬가지로 자의식이 발동해 당황하게 된다. 딴생각에 빠졌다가 정신을 '차리고' 보니 당황스럽게도 자기가 상호작용에서 소외되었음을 깨닫는 것이다.

V. 몰입 시늉

대화에 참여할 의무가 있는 사람이 자연스럽게 대화에 몰입할 수 없을 때는 어떻게든 진정으로 몰입하고 있는 양 겉모습을 꾸미곤 한다. 동기가 무엇이든 그는 다른 참여자들의 감정을 지켜주고 그들에게 호평을 받으려면 그래야 한다. 자신의 몰입불량이 대화에 제동을 거는 효과를 줄이고 자기는 대화에 흥미가 없더라도 남들에게 폐를 끼치지는 않도록 한다. 하지만 그는 이와 동시에 자신과 자신의 현실이 될 수도 있는 세계 사이에 틈을 벌리는 셈이다. 그리고 그 틈을 대화에서 흔히 나타나는 특별한 종류의 거북함으로 메운다. 그 거북함이란 개인이 몰입 의무에서 벗어날 수도 없고 자연스럽게 몰입할 수도 없을 때, 상호작용에 붙잡혀 있으면서도 상호작용의 현실에서 유리될 때 생기는 것이다.

대화에서 소외된 사람이 위장의 방편으로 하는 몰입 시늉에 대한 판단은 그의 동기에 따라 달라진다. 개인이 다른 사람들의 감정보다는 자기가 그들에게 주목한다고 믿게 함으로써 그가 얻어낼 성취에 더 관심이 있는 것처럼 보이는 몰입 시늉은 냉소로 여겨진다. 그는 대화에 전념한다는 인상을 주지만 실은 그렇다는 인상을 주는 데만 집중할 뿐이다.

반면에, 대화에서 소외된 사람이 다른 사람들의 감정을 중요한 문제로 생각하고 진정한 배려의 마음을 갖고 있다면, 그의 몰입 시늉은 남들의 감정을 보호하기 위한 재치로 간주되고 인정도 받는다.

수완이 좋은 사람이 아무리 몰입 시늉을 잘해도 효과를 거두지 못할 때도 있다. 그의 힘이 미치지 못하는 권력의 작용으로 그런 자리, 그런 부류의 사람들과 하는 상호작용에 그가 몰입할 수 없다는 사실이 분명히 드러나는 경우다. 누군가는 틀림없이 그가 자기네와는 거리가 멀거나 우월한 사람임을 알아본다. 바로 그럴 때 우리는 사실상 저항할 처지가 못 되는 사람들이 복종하지 않는 모습을 볼 수 있다.

몰입하지 못한다는 사실을 요령껏 드러내는 방법은 지루하다는 내색을 하는 것이다. 만남을 끝내려 하지는 않지만 형식만 갖출 뿐 만남에 성의를 보이지 않으면 그 사람이 지루해한다는 징조다. 잡지를 뒤적거리거나 담뱃불을 붙이는 따위의 곁가지 일을 시작하는 것이 좋은 보기다. 정식으로 대화를 끝내려고 하는 것도 지루함을 내색하고 경고를 보내는 요령이다.[7]

지루함을 내색하는 것은 사려 깊지 못한 태도다. 그러나 달리 보면 개인

---

[7] 실제로, 윗사람이 상대가 체면을 지키며 떠날 수 있도록 면담이 끝났음을 넌지시 전하는 상세한 방법을 묘사한 "인간관계의 응용"이라는 문건도 있다.

이 자기 느낌을 위장하지는 않는다는 사실을 다른 이들에게 확인시켜주는 방법이기도 하다. 그러면 다른 사람들은 적어도 자기네가 어떤 입장인지는 알게 된다. 그런 내색을 전혀 하지 않는 사람은 다른 이들에게 상황의 실상을 알려주는 피드백 신호를 차단하는 셈이다. 따라서 개인에게는 몰입 시늉을 해야 할 의무가 있지만 지나치게 잘하면 안 된다는 또 다른 의무도 있는 셈이다. 재미있는 사실은 지루했던 상대가 진심을 담아 작별인사나 호감 표현을 하면 지루해 했던 사람은 자신이 몰입하지 못했음을 내색하지 않고 몰입한 척 시늉만 했다는 사실에 심한 죄책감을 느끼게 된다는 점이다. 그러니 삶에서 가장 뼈아프고 치명적인 순간은 바로 개인이 최상의 수완을 발휘할 수밖에 없는 순간이다. 이는 또 상대로서는 남들의 허심탄회함을 가장 필요로 하는 순간이자 가장 받아들이기 힘든 순간이기도 하다.

나는 수완이 좋거나 냉소적인 참여자는 몰입하는 시늉을 한다고 지적했다. 자의식을 느껴 당황한 사람들이 몰입 시늉을 하는 경우도 있다. 그들은 심지어 지루하다는 내색을 보이기도 한다. 자신에게 쏠릴 의혹을 다른 사람에게 돌아가도록 바꾸어보려는 것이다. 심리학에서는 한 단계 더 관찰해서는 자기가 지루함을 느낀다고 스스로 확신하려 할 때 개인은 자기가 실제로는 당황했음을 스스로에게 감추려 하는 것이라고 주장하는 학설도 있다.[8]

자연스럽게 대화에 몰입해야 한다고 느끼면서도 그럴 수 없는 만남은

---

8) 이 주제에 대한 정신분석학 분야의 참고문헌은 Ralph Greenon("On Boredom," *Journal of the American Psychoanalytical Association*, vol 1: pp. 7~21)과 Otto Fenichel("The Psychology of Boredom," no. 26 *Collected Papers of Otto Fenichel*, First Series, Norton, New YOrk, 1953)을 볼 것. 청소년들의 세계에서 지루함을 숭배하는 무리와 그들의 공간을 흥미롭게 관찰한 사례로는 샐린저(J. D. Salinger)의 소설, *The Catcher in the Rye*(Little, Brown, Boston, 1951)이 있다.

참여자들이 불편을 느끼는 만남, 그리고 다른 사람들을 불편하게 하는 참여자들이 있는 만남이다. 개인은 어떤 상황이 자기나 남들을 소외시키는지 어떤 상황이 그럴 리가 없는지 알아본다. 어떤 사람들이 사교 모임에 결코 자연스럽게 몰입할 리 없는 부적격자인지를 알아보고, 그런 인물들을 가리켜 '냉혈한', '흥을 깨는 사람', '짜증나는 친구', '분위기 망치는 작자'와 같은 속어를 붙인다. 자기보다 사회적 지위가 높은 이들과는 대화를 유지할 줄 모르는 사람을 가리켜 촌뜨기라 부르고, 자기보다 지위가 낮은 이들을 업신여기며 꺼리는 사람을 가리켜 속물이라 부른다. 둘 다 상호작용보다 서열을 중시하는 사람들을 비난하는 말이다. 앞서 지적한 대로, 개인은 또한 어떤 사람들은 그들의 태도와 사회적 속성이 다른 이들을 자연스럽게 대화에 몰입할 수 없게 하는 탓에 그들이 상호작용에 부적합하다는 것도 안다. 어떤 상호작용에서나 모두를 몰입시키는 역할을 맡는 인물도 분명히 있다. 상호작용을 활기차게 만드는 인물은 때에 따라 다르다. 한 사람이 상호작용이 잘 굴러가도록 만들지 못하면 다른 참여자들이 그 몫을 떠맡는다. 그러한 노고를 떠맡는 사람은 감사나 비난을 받으며 만남의 활기를 좌우하는 인물이라는 명성을 얻는다.

Ⅵ. 준거틀의 일반화

1. **몰입 의무의 맥락.** 지금까지는 자리를 함께한 참여자들이 모두 대화에 참여해야 하고 자연스러운 몰입 상태를 유지해야 하는 공식적 의무가 있는 상황에 국한해 다루었다. 이는 준거점으로 삼아도 될 만큼 흔한 조건이지만 그 조건에 끝까지 매일 필요는 없다. 실상 몰입 의무는 개인이 처한 상황의 전체 맥락에 의해 규정된다. 참여자 모두 물리적 과제에 몰입해야 하는 상황도 있다. 그럴 경우 당장 해야 할 과제의 성격에 따라 대화는 꺼낼 수도 있고 그만둘 수도 있는 곁가지로 취급되어야 한다. 어느 한 참여자의 역할과 신분이 대화에 무신경해도 좋을 권리로 나타나는 또 다른 상황도 있다. 대화에 참여할지 말지는 그 순간 그 사람의 마음에 달려 있다. 식사 중 가족들의 대화에 대해 아버지는 내키는 대로 할 권리가 있지만 나머지 가족 성원들은 그럴 권리가 없다.

개인이 받아들이는 몰입의 초점이 다른 이들의 기대와는 다를 수도 있다. 젊은이가 어른에게 놀림을 받는다든지 종업원이 사장에게 추궁을 당할 때 아랫사람이 쩔쩔매는 모습을 보면, 윗사람은 자기의 기대대로 아랫사람이 자기 말에 몰입하는 것으로 받아들인다. 이때 아랫사람은 사실 말의 내용에 집중하고 싶어도 너무 두려워 그러지 못하는 상태일지도 모른다. 그런가 하면, 윗사람은 말의 내용이 아니라 아랫사람이 궁지에 빠져 쩔쩔매는 우스꽝스러운 모습에 관심을 둔 채 느긋하게 그것을 즐길 수도 있다.[9]

---

9) 자의식에 사로잡힌 사람의 모습은 사실 목격하는 쪽에서 보면 자연스럽게 몰입할 수 있는 좋은 자극거리다. 대화 도중에 그 자리에 있는 사람들이 집중력을 유지하기 힘들면 예절에 어긋난 사소한 실수나 당황하는 모습에 주의가 집중되는 것이다. 따라서 올바른 품행규칙이 정확히 지켜진다면 재미도 없고 진부하기 짝이 없는 상호작용이 될 수 있다는 역설이 성립한다.

사실 그럴 때 아랫사람이 침착한 모습을 보여준다면 윗사람은 오히려 모욕감을 느끼고 당황해할 수도 있다. 또한, 궁지에 빠진 사람이 상황을 존중해서 걱정에 사로잡히거나 몰입을 과장해야 한다고 느끼는 경우도 있다. 그런 식의 몰입불량은 얼마간 상호작용에 방해가 되겠지만, 그 사람이 너무 완벽하게 침착한 모습을 보이면 다른 참여자들의 체면을 깎아내리는 셈이 되어 상호작용을 더욱 심각하게 교란시킬 수도 있다. 따라서 어려운 조건에서 대화에 집중력을 잘 유지하는 사람이 상호작용의 영웅으로 생각될 때가 있고 미욱하게 보일 때가 있다.

같은 구두 상호작용에서도 맡은 역할에 따라 몰입 의무가 다르다는 점을 대규모 상호작용에서 가장 분명히 볼 수 있다. 대중 연설처럼 규모가 큰 상호작용에서는 몰입 역할을 전문화하고 분리한다. 온전한 참여자 자격은 연사와 청중이 맡고, 비참여자인 일꾼은 눈에 띄지 않게 움직이며 그 자리를 관리하고 지원하는 일을 맡는다. 도우미, 출입문을 지키는 수위, 좌석 안내원, 속기사, 마이크 정비기사가 그런 비참여자 역할을 하는 사람들이다. 상호작용에 특별히 배치된 관리 직원들에게는 공개적으로 그들이 스스로 받아들이고 행사하는 특수한 권한과 의무가 있다. 그들이 연설 내용에 몰입하는 모습을 보이면 자리가 불편해진다. 그들은 연설을 부차적 관심사로 취급함으로써 그 자리에 대한 존중심을 보여주어야 한다.

두세 사람 사이의 대화와는 달리 규모가 큰 상호작용에서는 참여자들이 몰입 의무를 면제받을 수도 있다. 참여자가 많으면 대화를 이어가기 위해 어느 한 사람에게 덜 의존해도 되기 때문이다. 규모가 큰 상호작용에서는 공식적으로 진행되는 이야기를 존중한다는 뜻에서 일부 참여자들이 목소리와 태도를 조절하면서 잠시 장난을 치거나 딴 이야기를 나누는 것도 허용된다. 잠시 자리를 뜨며 비록 몸은 그 자리에 없을지라도 주 관심사는 여전히 나누던 이야기에 있다는 인상을 줄 수도 있다. 그럴 경우 주 관심사와 부차적 관심사의 구별은 형식적으로만 유지될 뿐 허구에 불과하고 실제로는 그 둘이 번갈아 나타난다.

2. 유사대화. 지금까지 우리는 참여자들이 말로 의사소통을 하는 상호작용에 관심을 국한했다. 대화 상호작용에 대한 우리의 시각과 논점을 말이 아닌 정해진 몸짓을 수단으로 삼는 상호작용, 이를테면, 말없는 인사[10]라든가 카드 게임에서 수 주고받기 같은 상호작용으로 확장할 수 있다. 대화와 유사한 비언어적 상호작용도 구조적으로는 구두 상호작용과 비슷해 보인다. 차이가 있다면 유사대화를 나누는 사람들은 구두 상호작용보다 손발 근육을 좀 더 잘 움직일 수 있어야 한다는 정도뿐이다.

3. 초점이 맞추어지지 않은 상호작용. 나는 말, 몸짓, 게임으로 이루어지는 상호작용에는 자격을 제대로 갖춘 참여자들이 시각적 · 인지적 주의를 공식적 관심의 초점에 집중하는 특성이 있다고 지적했다. (물론, 말하는 사람이 말을 끝내고 듣는 역할을 이어받듯이 시각적 관심의 초점이 한 참여자에서 다른 참여자로 이동할 수 있다.) 초점이 맞추어진 상호작용은 초점이 맞추어지지 않은 상호작용과 대조해서 보아야 한다. 초점이 맞추어지지 않은 상호작용이

---

10) 한쪽만 말을 하는 상담치료사와 환자 사이의 상호작용 사례를 인용해본다. "…… 우울증에다 정신분열 증세가 심한 환자가 담요로 온몸을 가리고 눈만 내놓고 있었다. 나는 기죽지 않고 지난번 진료 때 하다 만 이야기를 계속했는데 유일하게 보이는 부분인 눈빛에서 생생하게 표현되는 환자의 변화를 감지했다. 찌푸리고, 노려보고, 놀라고, 호기심에 반짝거리고, 눈알을 부드럽게 돌리는 모습은 환자의 기분과 생각에 변화가 있음을 알려주었다. 내 추측은 대체로 맞아떨어졌다. 그 다음에 환자를 만났을 때 그녀는 얼굴을 내놓고 목소리도 내면서 마음에 변화가 있었음을 시인했다. 어떤 말도 주고받지 않은 시간이었지만 ─ 눈썹의 움직임을 분석했다고 할 수도 있겠다 ─ 마음에서 일어난 생각을 '그 순간 그 자리'에서 생생하고 구체적으로 표현하려는 그녀의 노력은 보였다."(John Richman, "The Role and Future of Psychotherapy with Psychiatry," *Journal of Mental Science*, 96, 1950, p. 189).

란 다른 사람이 보고 들을 수 있는 자리에서 관심의 초점을 공유하는 관계를 맺지 않은 채 각자가 제 볼일을 계속하는 상호작용을 말한다. 길에서 하는 행동이나 규모가 큰 사교 파티에서의 품행을 실례로 들 수 있다.

초점이 맞추어지지 않은 상호작용을 살펴보면, 몰입 의무가 인지적·시각적 관심의 초점 공유에 있는 것이 아니라 '점잖은 사람이 방해받지 않고 제 볼일을 보는' 역할에 있음을 알 수 있다. 그러나 일단 시야를 넓히면, 초점이 맞추어진 상호작용에서 생기는 몰입불량의 형태는 모두 초점이 맞추어지지 않은 상호작용에서도 생긴다는 사실을 볼 수 있다. 물론 이름은 달리 붙일 수도 있다. 학생이 교사와 대화를 나눌 때 자의식을 느껴 불편한 것처럼, 교사도 학생들로 가득 찬 교실에 들어갈 때 자기가 예의 주시당하고 있다는 느낌, 자기 걸음걸이가 불안감을 드러내며 목석처럼 뻣뻣하다는 느낌이 든다. 상호작용에서 딴생각에 빠진 사람들이 있듯이 초점이 맞추어지지 않은 상호작용에서도 일순 '방심 상태'에 빠진 것처럼 보이는 사람들이 있다. 자세나 얼굴 표정, 동작이 그 자리에 '없는' 사람처럼, 다른 사람들이 눈앞에 있으면 갖추어야 할 몸가짐도 잠시 잊은 것처럼 보인다. 표를 사려고 줄을 서서 기다릴 때처럼 지루해지기도 한다. 대화를 따분하거나 당황스럽지 않은 화제로 바꾸려 할 때 술이나 담배에 손이 가듯이, 초점이 맞추어지지 않은 상호작용 상황에서 사람들을 편안하게 해주는 것은 무관심이다. 대화의 순간에는 재치가 경탄을 자아내듯이 규모가 큰 사교자리에서는 가치를 돋보이게 하는 새 옷이나 특별한 옷차림, 귀하고 값비싼 음식, 화려한 꽃 장식이 주의를 끈다. 그렇다면 이 글의 관점은 확실히 초점이 맞추어지지 않은 상호작용을 연구하는 데도 활용할 수 있다.

그렇지만 이 두 상호작용이 완벽하게 똑같지는 않다. 예를 들면, 초점이 맞추어진 구두 상호작용에 비해 초점이 맞추어지지 않은 상호작용은 별

자의식 없이 이루어진다. 통계적으로 보면, 구두 상호작용에서는 저절로 빠져드는 '정상적' 몰입이 오히려 예외에 속하고 소외되는 경우가 더 흔하다. 그럴 수밖에 없다. 한편으로는 화제에 자연스럽게 빠져들어야 하지만, 다른 한편으로는 스스로를 잘 통제하고 다른 이들을 불편하게 할 민감한 화제는 삼가면서 의사소통자로서의 역할에 충실해야 하기 때문이다. 참여자들은 해당 품행규칙을 전부 지켜야 할 의무도 있지만, 최소한의 흥분을 느낄 만큼은 자유로울 의무도 있다. 정반대로 보이는 이 두 의무는 아주 섬세하고 까다로운 품행의 균형이 필요한 만큼 상호작용에서 소외와 불편을 느끼는 사람이 생기기 마련이다. 초점이 맞추어지지 않은 상호작용에서는 그렇게까지 섬세한 적응이 필요한 것 같지는 않다.

Ⅶ. 결론

대체로 대화를 나누는 사교 만남이 공유하는 근본적 요건은, 참여자들이 공식적 관심의 초점에 자연스럽게 몰입하고 그 몰입 상태를 유지해야 한다는 것이다. 이런 근본적 요건이 존재하고 또 충족되면 '성공한' 또는 희열을 주는 상호작용이 된다. 참여자들의 주의를 끌지도 못하면서 몰입 의무에서 풀어주지도 않는 만남이라면 참여자들은 불편해지기 마련이고 상호작용은 성공할 수 없다. 대화에서 자기도 불편할 뿐더러 남들도 불편하게 하고 늘 만남의 판을 깨는 사람은 상호작용자로서 자격 미달임은 물론이고 주변에서 모자란 사람으로 취급될 만큼 사교생활에 해를 끼친다.

어떤 사람이든 자기의 신분과 태도가 상호작용에 자연스럽게 몰입하는 데 방해가 되는지 도움이 되는지 아는 게 중요하다. 이는 그가 상호작용자로서 자격이 있는지 아닌지를 알려주는 정보이며 그가 다른 어떤 일을 하는 중이든 간에 상호작용자로서의 역할을 유지할 의무가 있음을 알아야 한다는 뜻이다.

참여자들이 만남에 부여하는 중요성은 만남마다 큰 차이가 있다. 그러나 참여자들이 중시하는 것이든 하찮게 여기는 것이든 모든 만남은 참여자들이 자연스럽게 빠져들어 아주 견고한 현실감을 느낄 계기가 될 수 있다. 어떻게 이루어졌든 그 현실감은 결코 하찮은 것이 아니다. 우발적인 사건이 일어나 자연스러운 몰입을 방해하면 현실도 위협받는다. 그 위협을 막지 못한다면, 그래서 참여자들이 적절한 몰입 수준을 회복하지 못한다면, 현실에 대한 환상은 깨지고, 개개의 만남들로 이루어지는 작은 사회체계는 해체되고, 참여자들은 무질서, 현실감 상실, 아노미 상태에 빠질 것이다.

현실감을 주는 것 말고는 별 볼일 없는 만남도 있겠지만, 한 순간 개인은 자기를 잊고 몰입해야 한다고 규정하는 품행규칙은 개별 만남들을 초월하는 중요성을 갖고 있다. 규칙을 준수하는 사람은 구두 상호작용을 수호할 준비가 되어 있다는 것, 그리고 사회가 작동하려면 다양한 자리에서 다양한 부류의 사람들 사이에서 이루어지는 구두 상호작용이 필요하다는 것이다.

이 글에서 다룬 현실감은 소외 양식과는 상반된 모습으로 나타난다. 딴생각, 자의식, 지루함 같은 양상으로 나타나는 관심 이탈 양상은 저절로 이루어지는 몰입 상태와 비교해서 이해해야 한다. 구두 상호작용에 참여자들을 끌어들이는 데 성공하는 방식, 실패하는 방식을 비교하고 초점이 맞추어지지 않은 상호작용과도 비교해서 살펴본 후에야 비로소 우리는 직업적 경력, 정치 참여, 가족관계와 관련된 몰입 의무를 이해할 실마리 역시 찾을 수 있다. 그래야 그런 넓은 범위의 문제들도 초점이 맞추어진 상호작용과 초점이 맞추어지지 않은 상호작용 상황의 반복으로 형성된다는 사실을 감지할 수 있기 때문이다. 개인이 사교 자리에 어울리지 못하고 밀려나는 여러 방식을 살펴봄으로써 훨씬 시간이 많이 걸리는 일들에서 개인이 소외되는 방식 또한 이해할 수 있다.

제5장
정신이상 증상과 공공질서[1]

정신과 의사의 주의를 끄는 사람들은 보통 주변에 있는 친지의 눈에 먼저 띈다. 정신과 의사들이 정신질환이라 규정하는 행동을 보통 사람들은 비난, 분노, 사회적 제재가 필요한 위반 행동이라 생각한다. 정신의학은 줄곧 전문적 관점과 기법의 개입을 목표로, 처벌 대신 이해와 치료에, 주변의 친지들보다는 위반자들에게 관심을 기울여왔다. 나는 여기서 그런 의학적 행운을 당연히 받아들인 결과가 당사자들에게 얼마나 큰 불운이었는지까지 논의를 확대하지는 않겠다.

프로이트학파의 정신분석학은 이런 의학 노선을 대폭 변형한 접근방식을 도입했다. 소규모 분석으로 정평이 나 있는 프로이트학파는 이제 증상이라고 불리는 특정한 위반 행동을 위반자의 의사소통 체계와 방어기제, 특히 어린아이 단계로의 퇴행으로 읽고 해석할 수 있음을 보여주었다. 이러한 심리학적·전문적 관점의 승리에는 사회적으로 부적절한 행동이 심

---

[1] 저작권자인 신경정신질환 연구학회의 허락을 받아 *Disorders of Communication*, Research Publication, A.R.N.M.D, vol. XLII: pp. 262~269(1964)에 실린 글을 재수록했다.

리학적으로 정상이며(건강하지 못한 결혼관계를 끝낼 수 있을 만큼 강해졌음을 보여주는 사람의 경우처럼) 사회적으로 적절한 행동이 사실은 병적일 수 있다(일부 실험연구자들이 발견한 강박증과 성욕감퇴 증상 따위)는 의미가 내포되어 있다. 한마디로 말해, 드러난 증상이란 정신과 의사에게 탐색을 시작해도 좋다는 허가증 같은 것이다.

사회학자들이라면 애석해할 이런 계몽적 접근의 결과는 역설적으로 행동의 부적절성 자체에 대한 관심을 무디게 했다. (무엇보다도 증상은 단지 증상일 뿐이다. 탐색을 시작할 지점을 밝혀주는 데 불과하다. 증상을 유발한 역학은 내버려둔 채 어떤 처치로든 한 가지 증상을 없앤다면, 또 다른 증상이 튀어나오기 쉽다. 겉모습이 다른 증상이라도 그 증상을 유발한 역학은 동일할 수 있다.)

정신과 의사는 너무 빨리 사회적 위반에서 정신 증상으로 방향을 트는 탓에 행동의 부적절성을 판단하는 데는 문외한보다 나을 것도 없다. 정신과 의사의 접근방식은 극단적인 일탈행동에 대해서는 몰라도 사소한 품행 불량에 대해서는 납득할 수 없는 것이다. 다양한 행동유형의 지도를 그릴 기법도 없을 뿐더러 우리가 알고 있는 사소한 정보는 의과대학의 교육과정에 포함되어 있지도 않으니 불가피한 점도 있다. 정신과 의사들은 정신병에 속하는 위반 행동을 기술하고 확인할 수 있는 체계적인 틀을 제시하지 못했다. 현재 '정서둔마', '이상 자세', '상동증(常同症)', '접촉 불능'* 같은 전문용어가 있어서 임상노트 작성을 수월하게 해주지만 그 수는 손에 꼽을 만큼 적다. 의사소통을 할 때는 서로에게 친절하고, 분명하고, 개방적

---

* '정서둔마'는 정신분열증 말기 증상으로, 주변에서 일어나는 일이나 사람, 심지어는 가족에 대해서도 아무 감정을 느끼지 못하며 심한 경우에는 추위나 더위 같은 생물학적 신체감정 또한 느끼지 못한다. '상동증'은 정신분열증에 속하는 증세로 손을 되풀이해서 아래위로 흔들거나, 방 안에서 쉬지 않고 걷는 식의 동일행위(상동행위)를 주위의 상황과 관계없이 계속 반복한다. '접촉 불능'은 의사소통이 불가능한 자폐증상을 말한다.

이어야 한다는 식의 믿기 힘든 생각들로 구성된 도덕주의적 사회과학 언어는 의사소통을 마치 위장에 좋으니 삼켜야 할 알약인 양 다루므로 더욱 곤란하다.

정신의학적 접근의 두 번째 결과는 사회학자라면 통탄해 마지않을 아주 전문적이고 제한된 의사소통을 한다는 점이다. 정신과 의사들은 진료실 치료 관행을 따르고, 정신증과 상반된 증상을 보이는 신경증*에 몰두한 탓에(적어도 최근까지는 그랬다) 2인 진료실에서 환자를 만나곤 했다. 더 심각한 문제는 환자가 처한 상황이 마치 통화중이거나 연결 상태가 고르지 못해 왜곡되기 쉬운 공중전화의 통화 상황과 같아서, 환자가 수줍어하고 망설이고 말하기를 두려워하거나 두서없이 말을 하고 정보를 전한다는 점이다. 강한 인내심을 가져야 하고 귀가 밝아야 한다. 최면요법과 '진실' 탐지 약물의 도움을 받기도 했다. 최근에는 벨전화(Bell Telephone)사가 개발한 직통전화와 같은 형태로 뇌 피질에 직접 전극을 연결하는 기계장치가 도입될 정도의 진전도 보았다. 정신의학 분야만큼 그런 장치를 잘 제도화해서 자신들이 만들어내는 환상을 사회라는 시장에 팔려고 내놓은 전문 직종도 드물 것이다.

어떤 경우든 보통 다음과 같은 보편적인 맹점이 있다. 환자의 품행불량은 대개 공개적 사실이다. 같은 방에 있는 사람은, 특정 인물이 아니라 적어도 함께 대화 상대가 된 사람은 누구나 환자가 부적절하게 행동한다고 느낀다. 환자가 그 자리에 있는 사람들을 진짜 중요한 인물의 대리인이라

---

* 정신분석학 이론별로 구분법에 다소 차이는 있지만 정신증과 신경증의 차이는 대체로 현실 감각의 붕괴와 사회부적응 정도에 있다. 정신증은 완전한 현실 감각의 붕괴 즉 망상, 환청 따위의 증상으로 나타나는 정신분열증을 가리킨다. 신경증은 스트레스로 인한 다양한 불안장애 증상으로 나타난다.

고 여겨 불손하게 구는 것도 사실이다. 그러나 환자가 내심 겨냥하는 사람이 누구든, 또 의사가 진료실에는 두 사람만 있다고 환자를 안심시키더라도, 진료실에 접근할 수 있고 호기심을 가진 사람이나 우연히 들르는 사람도 있어서 환자의 품행불량은 공개적 사실이 된다. 정신과 의사의 전문 영역을 벗어나면 그 사실이 더 분명해진다. 정신이상 증상은 일터, 동네, 집안에서 쉽게 눈에 띈다. 또한 적어도 처음에는 정해진 사회질서를 위반하는 행동으로 보일 게 틀림없다. 정신이상 증상 연구의 반대쪽에 공중질서 연구, 공공장소나 그에 준하는 장소에서 이루어지는 행동에 관한 연구가 있다. 한쪽 행동을 이해하려면 다른 한쪽 행동도 연구해야 한다. 그래서 나는 정신이상 행동은 고문과도 같은 2인 의사소통 형태가 아니라 에밀리 포스트(Emily Post)와 에이미 밴더빌트(Amy Vanderbilt)가 이름 붙인 사회적 품행불량 형태로 볼 필요가 있다고 주장하는 것이다.*

잠시 정신의학 분야의 시계를 거꾸로 돌려 약간 다른 방식으로 징후학과 의사소통에 접근할 것을 제안한다. 예비 정신과 환자의 행동을 위반으로 규정짓는 보편적 품행규칙을 검토한 후, 그 위반자에게 적용된 규칙을 찾아내고, 또 동시에 규칙 위반자가 한 명이라도 있으면 성원들이 모욕감을 느끼게 되는 사교 모임이나 소속 집단도 한번 살펴보자는 것이다. 일단 그런 작업을 한 다음, 규칙 위반이 당사자에게는 어떤 의미를 지니고 있는지 재검토할 수 있다. 이런 식으로 분석하면 하루는 완전히 미친 것처럼 행동한 사람이 그 이튿날에는 마술처럼 '자연치유'되어 '정상'으로 돌아오는 난감한 현상을 이해할 수 있다. 또한 표준 증상을 묘사할 수 있는 정확하고 깔끔한 용어도 찾아낼 수 있어야 한다. 그래야 해럴드 가핑클(Harold

---

* 에밀리 포스트와 에이미 밴더빌트는 20세기 중반, 엘리트뿐만 아니라 평범한 미국 시민들이 일상에서 행해야 할 예법을 강조한 책을 펴내 유명해진 작가와 언론인이다.

Garfinkel)이 제안한 바와 같은 비정상 상태를 고안*하고(그 자체로는 바람직하지 않으나 이론 검증을 하기에는 적합한 방법), 실험 참가자에게 지시할 멋들어진 미친 짓 항목을 최소로 줄일 수 있다.

사회과학자들도 정신이상 행동을 부적절한 행동, 일탈행동 유형으로 분류해온 지 오래지만 동료 의학자들과 마찬가지로 별 큰 진전을 보지는 못했다.

한 가지 쟁점은 정신이상 행동을 사회적 일탈이라 부르기는 쉽지만 정신이상으로 볼 수 없는 사회적 일탈 유형이 많다는 사실—용감한 정신의학자와 심리학자들이 범죄에서 정치적 불복종에 이르는 모든 현상에서 병적 뿌리를 찾으려 했음에도—이다. 소유 질서를 위반하는 절도범, 정치 질서를 위반하는 반역자, 친족 질서를 해치는 근친상간, 성역할 질서를 깨뜨리는 동성애, 도덕적 질서를 거스르는 마약중독 따위는 정신이상과 상관없다. 그렇다면 우리는 정확히 어떤 유형의 사회질서가 정신이상 행동과 관련이 있는지 물어야 한다.

이미 지적한 대로, 정신이상 행동은 이른바 공공질서 특히 물리적으로 다른 사람들과 함께 있을 때 지켜야 할 질서를 거스르는 행동이다. 우선, 정신이상 행동은 대부분 대면 상호작용의 규칙을 지키지 못하는 행동이다. 규칙이란 평가하고 판단하며 감시하는 집단이 정하거나 강제하는 것이다. 정신이상 행동은 상황에 부적합한 행동인 사례가 많다.

상황에 부적합한 행동이 정신이상 증상이라면 그런 행동들을 모두 정신

---

* 가핑클이 민속방법론의 연구전략으로 사용한 위반실험(breaching experiment)을 말한다. 민속방법론은 당연시되는 일상 행동이 어떤 배경 규칙의 지배를 받는지, 그리고 사회 성원들이 무의식적으로 공유하는 배경 규칙이 깨질 때 얼마나 당황하며 분노하게 되는지를 일련의 위반실험으로 보여주었다(H. Garfinkel, *Studies in Ethnomethodology*. Prentice-Hall, 1967).

이상 증상으로 볼 수 있을지도 물어야 한다. 그렇다고 하면 보통 사람과 정신병 환자를 구별할 수 있는 사회적 근거가 있는 셈이다. 그러나 상황에는 부적합하지만 분명 정신이상과는 상관없는 행동도 많다. 문화가 달라서 예의에 어긋난 행실을 보이는 건방진 사람, 별난 사람, 버릇없는 사람, 사나운 사람, 유명 인사, 중독자, 노인, 젊은이들이 있는 법이다.

그렇다는 사실을 인정한다면 정신이상 증상에 속하는 상황에 부적합한 행동을 하는 사람들에게 어떤 공통점이 있는지, 그런 증상은 그 사람들에게서만 볼 수 있는 것인지도 질문해야 한다. 여기에 노력을 기울인 문헌들도 있다. 그 문헌들은 이해할 수 없는 행동을 해서 예측 불가능하고 믿을 수 없다고 여겨지는 사람, 도저히 같은 세상에서 사는 것 같지 않은 사람, 자기 분수를 모르는 사람이 하는 행동들을 상황에 부적합한 정신이상 행동이라 지적한다.

이러한 접근은 그럴듯하지만 철저한 접근이라고는 볼 수 없다. 정신이상에 속하는 부적합 행동과 그렇지 않은 부적합 행동을 선명하게 가르는 기준이 민간에서 사람들을 구별하는 개념적 도구의 일부임은 분명하다. 문제는 실제 행동과 적용 기준 사이에 확고한 관련성이 없다는 점이다. 극단적 사례를 빼면 실제 행동을 어느 쪽으로 분류할지에 대한 합의가 없다. 합의는 사후에, 보통 어떤 행동에 '정신병'이라는 딱지를 붙인 다음이거나 정신이상일 가능성을 완전히 접은 다음에 이루어진다. 따라서 정신이상으로도 보이고 정상으로도 보이는 행동을 정신이상 증상으로 다루는 사회학적 분석은 미진할 수밖에 없다.

이제 정신이상 증상에 대한 사회적 시선을 살펴보자. 첫째, 정확히 말해 상황적 부적합성이란 무엇인가? 질문을 바꾸어보자. 대면 상황에서만 볼 수 있는 적합한 사건, 부적합한 사건이란 어떤 것인가? 몇 가지 가능한 경우를 보자. 첫째, 신체적·성적 모욕이나 몸 움직임의 방해. 이는 정신병 환자를 대하는 우리의 태도에 중요하게 작용할 가능성이 분명히 있지만, 잠시 미루어두자. 둘째, 대면 의사소통 상황. 메시지를 주고받는 언어적 의사소통과 은연중에 정보를 흘리고 수집하는 비언어적 의사소통 상황이다. 그러면 사람들이 함께 있을 때 주고받는 언어적·비언어적 의사소통 상황에만 고유한 특성은 무엇인가. 첫째는 꾸미지 않은 날것 그대로의 감각에 의존하고, 둘째는 사람의 몸으로만 전달될 수 있는 독특한 메시지에 의존한다는 점이다. 의사소통 연구자들이 지적한대로 이 두 요인을 합치면, 역할 균형이 자연스럽게 이루어지고(송신자이자 수신자, 정보를 흘리는 사람이자 정보를 수집하는 사람), 의사소통에 단서가 풍부하며, 피드백 기회가 상당히 많은 상호작용이 된다.

이와 같은 대면 상호작용의 의사소통 특성 분석이 유용할 수는 있지만, 여전히 대면 상호작용과 의사소통은 거의 같은 것이며 상황에 부적합한 행동은 어쨌든 의사소통에 병리적이라는 가정이 깔려 있다. 그러나 이 가정은 아주 위험하다. (이미 지적한 바 있지만) 중간 계급의 전문직 지식인들의 성향과 부합하는 가정이기에 더 위험하다. 나는 구두 의사소통이 가능한 경우는 오직 그 자리에 있는 사람들이 의례적으로 잘 규정된 관계를 맺고 한 동아리가 되어 서로를 대화집단으로서 생각할 수 있을 때뿐이라고 주장한다. 상동증과 같은 부적합한 행동은 의사소통 내용 때문이 아니라 다른 사람들이 있는 자리에서 어떻게 처신해야 하는지에 관한 규칙을 깨뜨리기 때문에 주목할 만하고 또 주목받는다. 언어적·비언어적 의사소통은 사람들을 하나로 모으는 무언가를 통해 이루어지는 것이다. 그 무언가는 바로 인정받을 만한 태도, 친교, 참여하는 이들의 의무에 속하는 동참이다. 정신이상처럼 보이는 태도는 다른 사람들과 잘못 어울린 탓일 때가 아주 흔하다. 그러한 태도도 무언가를 나타내는 의사소통일 수 있지만, 일차적으로는 의사소통이 아니라 동참해 어울려야 한다는 규칙의 위반이다.

바로 이런 규칙, 친교 집단, 동참과 불참에 작용하는 제재 양식이 이른바 정신이상 증상을 체계적으로 자리매김하고 기술할 수 있는 자연적 준거틀이라 할 수 있다. 그러면 다른 사람들 앞에서 지켜야 할 품행규칙들은 무엇일까? 이런 규칙 때문에 가능한, 그리고 의사소통을 비롯한 모든 대면 상황의 준거틀을 제공하는, 친교의 단위는 어떤 것들일까?

전통적으로 사회학 용어는 조직, 구조, 역할, 신분을 다루지만 사람들이 한자리에 있기 때문에 하게 되는 행동을 기술하기에는 적합하지 않다. '상호작용'이라는 용어는 유감스럽게도 온갖 것을 다 가리키고, 대면 상호작용에 초점을 둔 연구의 분석 단위에 대한 고려도 별로 없다. 그렇다면 사회학적 방법의 관건인 규칙과 규범적 해석에 초점을 두는 경우라 해도, 구조를 가리키는 용어를 상호작용에 맞는 용어로 바꾸는 작업이 필요하다. 사실, 사회적 상호작용을 규제하는 규칙을 기술하는 작업은 곧 상호작용의 구조를 기술하는 작업이기도 하다.

대면 행동을 분석하는 출발점으로 세 가지 기본적인 상호작용 단위를 추천한다. 첫째는 **사교 자리**로, 만찬 파티처럼 고대하고 되돌아보게 되는 사건, 사건이 벌어진 시간과 장소, 독특한 분위기로 구성된 상호작용 단위이다. 특히 비공식적이며 거의 실체로 인식되지 않는 경우, 사교 자리는 심리학자 로저 바커(Roger Barker)가 말하는 행동 장(behavior settings)과 같은 단위다.*

---

* 로저 갈록 바커(Roger Garlock Barker, 1903~1990)는 환경심리학 분야를 개척한 미국 심리학자로, 개인의 행동과 개인이 처한 직접적 환경의 관계(대학 캠퍼스에서 이루어지는 학생들의 행동)를 설명하는 '행동 장' 개념을 창안하고, 행동 장의 수와 다양성이 개인행동에 미

둘째는 내가 모임(gathering)이라고 부르는 단위로, 두 사람 이상이 한자리에 있을 때 그 순간만은 그들 모두 그리고 그들만이 구성원인 상호작용이다. 사회적 상황(social situation)은 참여한 사람 모두가 성원이 되는 공간적 환경 전체를 가리킨다. 상황은 성원 사이에 상호 감시가 이루어지면서 시작하고 한 사람만 남기고 모두 자리를 떠나면 소멸한다.

사람들이 모임에 참여할 때는 시각적·인지적 초점을 공유하며 열린 마음으로 서로의 언행을 인정한다. 그런 대화 상태를 나는 만남(encounter) 또는 관여(engagement)라고 부른다. 이렇게 초점이 맞추어진 만남은 함께 있으면서도 직접 대화를 나누지 않는 초점이 맞추어지지 않은 만남과는 확연히 구별될 것이다. 초점이 맞추어진 상호작용은 대화가 지속되는 경우이고, 초점이 맞추어지지 않은 상호작용은 예를 들어, 버스를 기다릴 때처럼 한자리에 있으면서도 공개적으로 대화를 나누는 상태로까지 발전하지는 않는 경우다.

대화의 시작, 유지, 종료에 적용되는 규칙은 베이트슨(Bateson)과 루쉬(Ruesch)가 말하는 메타 의사소통*을 구성하는 중요한 부분으로, 정신이

치는 영향을 연구했다. (R. G. Barker and Paul Gump, Big School, Small School, 1964, Stanford University Press).

* 영국 태생의 미국 문화인류학자 그레고리 베이트슨(Gregory Bateson)이 이탈리아 태생의 미국 정신의학자 위르겐 루쉬(Jurgen Ruesch)와 함께 진행한 정신분열증 연구를 책으로 펴낸, *Communication: The Social Matrix of Psychiatry*(1951: W.W. Norton Co.)에서 처음 제기한 개념이다. 베이트슨은 메타 의사소통을 "의사소통에 관한 의사소통(상위 의사소통)"으로서, "소통 당사자들이 a) 의사소통의 의미규정(codification) b) 관계의 성격(relationship)과 관련해 주고받는 모든 진술과 다양한 신호들"로 정의한다(위의 책, 209쪽). 여기서 다양한 신호란 얼굴 표정, 말투, 몸짓 따위의 간접적 표현수단을 말하며, 의사소통을 하는 이들이 진정으로 전하려는 묵시적 의미는 그런 다양한 신호를 통해 전해진다. 따라서 메타 의사소통이란 의사소통이 어떤 방식으로 이루어져야 하며 의사소통에서 주고받는 말과 다양한 신호를 어떻게 해석해야 하는지에 대한 규칙을 담고 있는 의사소통의 틀

상 증상처럼 보이는 말실수 따위를 묘사한 문학작품에서도 얼마쯤이 다루어졌고, 소집단 연구와 집단치료 보고서에서도 물론 다루어졌다. 어느 쪽이든, 대화 규칙은 2인 진료실이라는 편향된 상황에서 정신과 의사가 정신이상으로 진단하게 하는, 작게 웅얼대는 말과 같은 상황적 품행의 면모를 이해하는 데 아주 적합하다. 그 분야에서 간과된 부분은 잘 모르는 사이의 만남에서 작용하는 규칙이다. 누군가와 '함께' 있는 상태에서 지켜야 하는 규칙도 있지만 낯선 사람에게 다가가 말을 걸 때 지켜야 하는 규칙도 있다.

 단지 한자리에 함께 있기만 할 뿐 초점이 맞추어지지 않은 상호작용에서 작용하는 규칙은 체계적으로 다루어진 적이 없다. 실마리가 될 만한 자료는 상호작용에서 물러날 때의 규칙을 묘사한 블로일러(E. Bleuler)*의 책 또는 기타 예법 관련 책자에서나 볼 수 있을 뿐이다. 집합행동을 전공한 사회학자들은 공포, 폭동, 군중의 문제에 초점을 맞추었지 공공장소에서 평화롭게 이루어지는 인간들의 교류규칙의 구조에는 관심을 두지 않았다.

 (frame)이라 할 수 있다. 또한 베이트슨은 인류학자로서 여러 원시부족 사회, 유럽과 미국 사회를 두루 경험하고 비교 연구한 결과를 토대로 이러한 의사소통의 틀은 의사소통이 이루어지는 상황적 맥락과 소통하는 사람들이 속한 집단, 문화권의 의미 해석체계를 반영하는 것으로 본다.
 베이트슨에 따르면 정신분열증은 메타 의사소통의 균열에 대한 반응이다. 특히 가족관계에서 오랫동안 모순된 메시지를 지속적으로 받고, 어느 쪽에 부응하는 반응을 보이든 처벌로 귀결되며, 거기서 벗어날 수도 없는(이중구속, double bind) 상황에서 발생한다. 그런 의미에서 베이트슨은 미국의 정신병원과 정신요법의 상황적 맥락도 환자의 병력과 유사한 이중구속 현상을 유발한다고 보고 치료효과에 회의를 드러낸다(G. Bateson, *Steps to on Ecology of Mind*, 1951, 서석봉 옮김, 『마음의 생태학』, 1989, 민음사, 173~344쪽 참조).
 고프먼의 이 글은 가족관계, 소속집단의 관계, 의사소통의 규칙 및 의미해석을 강조한 베이트슨의 논지와 유사하다. 실제로 고프먼의 후기저작 *Frame Analysis*(1974, Harper)는 특히 베이트슨의 영향을 받은 것으로 보인다(Manning, Phillip, 1992. Erving Goffman And Modern Sociology: pp. 121~123 참조).
* 오이겐 블로일러(Eugen Bleuler, 1857~1939)는 스위스의 정신과 의사로, 프로이트의 이론을 도입해 연구 집단을 설립하고 '정신분열증'이라는 용어를 처음 제시했다.

공공장소에 있다는 사실만으로도 지켜야 할 규범적 요건들이 있다. 벽이나 창문처럼 단순한 물리적 경계선을 의사소통의 경계선으로 바꿀 것, 한 자리에 있는 사람들을 보기는 했지만 지나친 호기심의 대상은 아닌 듯 서로를 세련된 시민적 무관심으로 대할 것, 그 자리에서 벌어지는 사건의 방향이나 정보는 언제나 수용하겠다는 표정과 모습을 유지할 것, 주 관심사에 대한 몰입과 부차적 관심사(담배 피우기와 같은)에 대한 몰입을 알맞게 배분하고 있음을 표현할 것 등등. 이 모두가 공공장소에 있다는 사실만으로도 지켜야 할 규범적 요건들이지만, 어떤 식으로든 아직 체계화되지 못한 채 남아 있다.

마찬가지로 다른 관심사가 있거나 상관없는 사람들과 한자리에 있을 경우에 관리 가능한 관여 방법에도 주목이 없었다. 같은 자리에서 대화를 나누는 무리에 속하지 않은 사람들은 각기 자기네의 고유 관심사를 최대한 확보하기 위해 서로 공간을 나누어 간격을 만들고 목소리를 조절하는 식으로 공간을 관리한다. 이런 공간 관리 규칙에 대한 연구도 생태학자들의 영향을 받아 이제 막 시작된 참이다. 우리는 참여자가 관여한 상황 전체에 대해 지고 있는 부담, 참여한 사람들이 싫증을 내고 산만해지면 갚을 길이 없는 부담에도 주목하지 않았다. 또한 사회적 상황과 사교 자리에 관여한 사람들 전부가 짊어져야 할 부담—관여한 이들이 모두 모여들되 넋이 나갈 만큼 빠져들지는 말아야 한다는—도 고려하지 않았다.

환자가 고전적 의미에서 정신이상자와 같이 행동한다면 이 같은 행동은 다양한 규칙과 그런 규칙들로 지탱되는 환자의 친교집단과 관련이 있다. 정신이상자 같은 행동을 하며 멋대로 구는 이들에게는 엄청나게 다양한 동기와 까닭이 있다. 뇌손상 환자와 기능장애 환자의 동일한 품행불량—예컨대, 말을 걸어도 반응을 보이지 못한다든지—에 대해 정신과에서는 뇌손상으로 인한 것인지 기능장애 때문인지는 구별하지 않고 정신의학적 증상이라고 확신한다. 이는 분명히 앞뒤가 뒤바뀐 것이다. 우리가 눈하나 깜짝 않는 부엉이의 침묵을 마치 지혜의 신호로 해석하는 것처럼, 뇌손상 환자의 행동은 사회적으로 구조화된 위반 행동으로 보고 기능장애 환자의 행동은 접촉 기피로 해석한다. 접촉 기피 행동은 실상 빈민가 청소년들의 조롱이나 수작을 모른 체하는 중상위 계급 소녀에게서 훨씬 더 자주 볼 수 있다. 나는 정신병 환자의 불량한 품행 중 정신병 환자가 아니거나 정신병 환자처럼 보이지 않는 사람들이 일상에서 보여주는 품행과 닮지 않은 행동을 본 적이 없다. 또 불량한 품행을 보일 수밖에 없는 수많은 동기와 우리의 시각 교정이 필요한 원인들을 발견할 수 있다. 나는 단지, 아마도 자연선택의 결과겠지만, 부적절한 행동을 할 수밖에 없는 환경을 원치 않는 사람들에게 제공하는 식으로 정신병원이 조직되어 있다는 점을 덧붙여 지적할 뿐이다. 통상의 감정 표현 수단을 모두 박탈당한 이들이 분노나 소외를 느낄 수밖에 없는 장소에 함께 있게 되면, 그들이 기댈 수 있는 유일한 자원은 상황에 부적합한 품행밖에 없다.

지금까지의 논의를 요약해보자. 사람들이 물리적으로 함께 있는 상황이 되면, 서로를 독특한 방식으로 대하게 된다. 신체적·성적 폭력이 벌어질 수도 있고, 내키지 않는 대화에 말려들 수도 있다. 무례하고 신경을 돋우는 말도 나오고 상대의 민감한 자아영역을 건드릴 수도 있다. 모임을 주선한 사람 앞에서 그 자리와 모임에 대한 불신과 불경이 드러날 가능성도 있다. 대면 상황의 품행규칙은 특정 공동체에서 서로 융화되는 모습을 연출하여 일종의 제왕의 평화를 보장해야 한다는 것이다. 참여자들은 관행적 상투어로 서로에 대한 존중을 표현하고, 각자 분수를 지키며, 서로가 관계에 성실하고 말과 몸의 교류를 허용하되 남용하지는 말아야 하고, 사교 자리를 존중해야 한다. 이런 규칙들의 위반이 상황적 부적합성이다. 위반은 대개 그 자리에 있는 모든 이들의 권리를 훼손하고 또 공개적인 사실로 알려진다. 위반의 동기가 그 자리에 있는 어떤 인물이나 또는 그 자리에 없는 사람과의 특별한 관계에 있다는 사실은 중요하지 않다. 부적합성은 일차적으로 대인 의사소통에 사용하는 언어 형태에 있는 것이 아니라 공적 품행에 있다. 품행의 결함이 정보 전달이나 관계 맺기에 있는 것이 아니라 대면 상황에서 지켜야 할 예의나 처신에 있다는 뜻이다. 제재가 따르는 친교의 세계가 바로 정신이상 증상이 발생하는 토양이다. 공적 품행에 작용하는 제약들을 체계화할 수 있어야 비로소 우리는 정신이상 증상을 명쾌하고 효과적으로 다룰 언어를 얻을 수 있다. 다른 사람들이 있을 때 그리고 다른 사람들이 있기 때문에 지켜야 할 행동 규칙들은, 순조로운 대면 의사소통을 가능하게 해주는 규칙들이다. 그러나 무엇보다도, 이런 규칙들 그리고 정신이상자나 말썽꾼들이 체계적으로 저지르는 규칙 위반 자체를 의사소통으로 생각하면 안 된다. 규칙과 규칙 위반은 무엇보다도 먼저 자리를 함께한 사람들의 관계로 구성된 사회조직의 지침(과 교란)으로 보아야 한다.

제6장

행동이 있는 곳

"줄 위에 오르는 것이 삶이다. 그 나머지는 기다리는 시간일 뿐이다."[1]

10년 전만 해도 점잖지 못하다는 소리를 듣는 미국의 도시 남성들 사이에서 '행동(action)'이라는 용어는, 파슨스학파의 개념 정의와는 달리, '행동 없는(no action)' 상황과 대비되는 특별한 상황을 가리켰다.* 최근에 와서는

---

1) 디트로이트에서 공중 줄타기 공연 중 단원들이 죽는 사고를 겪은 후에 다시 줄에 오르며 칼 월렌다(Karl Wallenda)가 한 말. * 칼 월렌다는 안전장치 없이 하는 공중 줄타기 곡예를 고안하고 공연한 공중 줄타기 명인이다. 1978년 미국에서 그가 직접 출연한 TV영화, 〈위대한 월렌다 일가(The Great Wallendas)〉가 방송을 탄 지 38일 만에 공중 줄타기 사고로 사망했다.—옮긴이

* 탤컷 파슨스(Talcott Parsons)의 영향력이 지배적이던 당시 사회학계에서 통용되던 action의 정의와 구별되는 독특한 유형의 action을 가리킨다는 말이다. 실제로 파슨스의 action 개념은 매우 복잡하고 다차원적·포괄적·추상적이다. 파슨스는 action을 "행위자-상황 체계에서 개인 행위자나 집합체 성원들에게 중요한 동기를 부여하는 과정"으로 정의한다(The Social System, 1951, Free Press: 4). 그리고 적응, 목표 달성, 통합, 잠재유형 유지(AGIL)의 기능을 수행하는 행동유기체, 인성체계, 사회체계, 문화체계로 구성된 다차원적 행위체계(action system)의 도식을 제시했다(Talcott Parsons, The Structure of Social Action, The Free Press, 1937/1968). 따라서 파슨스학파의 action 개념은 인간이 사회적 상황에서 합리적·규범

거의 모두가 이런 어법을 받아들여 '행동'이라는 용어가 상업광고에서 거침없이 사용된다.

그렇다면 이 글은 생생한 활력을 느끼게 하는, 그러나 이제는 거의 사라진 무언가를 가리키는 용어를 다루는 셈이다. 행동을 분석적으로 정의하고, 어디서 행동을 볼 수 있는지 그리고 행동이 벌어지는 장소의 함축적 의미가 무엇인지 밝혀볼 것이다.

I. 운(Chances)

행동을 볼 수 있는 곳에서는 반드시 운을 건 내기가 벌어진다. 그렇다면 운의 단순한 실례에서 시작해 범위를 넓혀보자.

길을 가다가 우연히 동전을 발견한 두 소년이 그 동전을 던져 누가 가질지 정하기로 한다. 그러면 그들은 내기, 또는 확률학자가 말하는 **도박**, 즉 동전 던지기 게임에 들어가기로 동의하는 셈이다.

동전은 룰렛이나 카드처럼 결정 도구로 사용할 수 있다. 이 특별한 도구를 가지고 얻을 수 있는 **결과의 조합**은 단순 명료하다. 앞면 아니면 뒷면이 나온다. 주사위도 마찬가지다. 통상적으로 제작하고 사용하는 주사위

적·정서적 욕구 성향(need-disposition)을 충족시키려는 동기에 따라 이루어지는 거의 모든 행위를 비롯해 개인을 넘어선 거시 단위의 행위까지 포함하는 포괄적 의미로 쓰인다.
이 글은 그런 포괄적이고 추상적인 의미의 action이 아니라 매우 독특한 유형의 action을 다룬다. 여기서 고프먼이 말하는 action이란 개인이 우연히 운명적 순간에 맞닥뜨려 결과가 불확실하고, 아무런 실용적 이득이 없음에도 불구하고, 자신의 성격적 특성을 창조하고 드러내기 위해 하는 행동, 모험을 무릅쓰는 행동을 말한다. 거칠게 비유하자면 '액션영화'라고 할 때의 '액션'이라는 의미에 가깝다. 보통 한국 사회학계에서는 'action'을 '행위'로 번역하지만 고프먼이 여기서 다루는 내용과 용법을 살린다는 뜻에서 '행동'으로 번역했다.

라면² 각기 다른 6면 가운데 1면이 나온다.

동전을 던져 나올 수 있는 경우의 수는 둘로, 각기 동일한 확률을 가지고 있다. 운은 '반반'이다. 확률 용어로 말하자면 1 아니면 0이다.

도박자가 잃을 가능성을 감수하고 내기판에 내놓는 돈을 밑천(stake) 또는 내깃돈(bet)이라고 한다. 내기에 내놓은 돈 이상으로 이겨 따내는 돈은 상금(prize)이다. 도박자가 이겨서 얻는 상금이나 져서 잃는 돈이 도박자에게 돌아가는 보상(payoff)이다. 상금과 내깃돈을 합쳐 판돈(pot)이라 부른다.³⁾

도박에서 이론적 승률(theoretical odds)은 결정 도구가 완벽할 때 불리한 경우의 수에 비해 유리한 결과가 나올 확률을 뜻한다. 수학적 승률(true odds)은 실제로 쓰이는 결정 도구의 물리적 결함을 보정한 이론적 승률의 한 형태다. 물리적 결함은 결코 완벽하게는 제거할 수도 없고 알려지지도 않으므로 이론상으로만 가능한 승률이다.⁴⁾ 반면에 정해진 승률 또는 배당률은 내깃돈 대비 상금의 크기를 가리킨다.⁵⁾ 결과는 순전히 게임 장비에 의

∴

2) 1, 2, 3을 뒷면으로 4, 5, 6을 앞면으로 정하면 주사위가 동전처럼 사용될 수도 있다. 주사위 가운데는 tops, bottoms, horses, tees, tats, soft rolls, California gourteens, door pops, Eastern tops 따위로 불리는 불공정한 유형도 있다. 6면이 각기 다른 숫자로 되어 있지 않은 (마치 양면이 다 앞면인 동전처럼) 주사위라면, 내기를 하는 사람은 가능한 결과를 짐작할 수 없고 그래서 발생하지도 않을 결과에다 내기를 걸게 만드는 셈이다. 주사위는 모서리로 떨어지는 경우가 동전보다 훨씬 많고 (물건에 부딪혀 멈추는 탓에) 구르다가 내기판 경계선을 벗어나기도 한다. 이런 유감스러운 상황을 관리하는 것이 주사위 도박장 직원들, 특히 시중꾼들의 일이다. 그들은 말과 신체 동작으로 불완전한 형태를 재빨리 완벽한 형태로 교정하는 일을 맡는다.
3) 판의 진행을 '판 키우기(extension)'라고 말한다.
4) 확률 문제는 이 글이나 다른 글에서도 Ira Cisin에 의존했다. 정확한 진술은 순전히 Cisin 덕분이다.
5) 내기의 매혹을 확실히 높이기 위해 승률이 아니라 판돈으로 승부를 가리도록 도박판을 설계하기도 한다. 그래서 정해진 승률이 1 대 4인 내기를 1 내고 5 따기로 기술하기도 한다.

해 규정되고 배당률은 특정한 결과에 투입된 외부의 다양한 자원에 의해 결정된다. 따라서 이론적 승률과 정해진 승률은 근본적으로 다른 두 가지 발상을 다루는 데 쓰이는 비슷한 용어인 셈이다.

평균 승률로 판돈에 가중치를 부여한 값을 확률학자들은 도박의 **기댓값**(expected value)이라고 한다. 내기에 건 총액에서 기댓값을 뺀 것이 도박의 대가 또는 수익이다. 내깃돈의 비율로 나타내는 이 측정치가 **이점**(advantage) 또는 내기의 비율이다. 이점도 불리한 점도 없으면 **공평하다고** 한다. 그럴 경우 이론적 승률은 정해진 승률과 상보성을 띤다. 이길 가능성이 크다고 보고 적은 상금에 큰돈을 걸어 상대에게 이득이 될 조건을 제시하는 사람은 내기를 **받아들이는** 상대에게 질 가능성이 그만큼 낮다는 점으로 자기에게 불리한 조건을 상쇄하는 것이다.

가능한 복수의 결과에 대해 각각 배당을 달리 책정하고 내기를 거는 이에게 불리할 조건도 각기 달리 정해, 그 가운데서 개인이 선택하도록 되어 있는 내기도 있다. 카지노 주사위 도박이 좋은 예다. 또 일련의 유리한 결과에 따르는 상금이 각기 달라 여러 경우의 수를 합쳐 기댓값을 계산해야 하는 내기도 있다. 슬롯머신과 키노 게임[*]이 그렇다.

내기는 상금을 획득하는 수단인 만큼 기회이기도 하다. 밑천을 잃을 수도 있는 만큼 위험이기도 하다. 이는 객관적 관점이다. 그러나 기회나 위험에 대한 주관적 감각은 전혀 별개의 문제다. 주관적 감각이 객관적 사실과 일치할 수도 있지만 꼭 그렇지만은 않기 때문이다.

---

[*] 슬롯머신 게임은 도박기계에 동전을 넣고 손잡이를 돌려 나오는 그림에 따라 돈을 따는 게임이다. 키노 게임은 80개의 번호표와 일반적으로 복권 추첨을 할 때 사용하는 20개의 공으로 하는 게임이다. 번호표에서 1부터 15까지의 번호를 선택하고, 공을 굴려서 나온 번호와 선택한 번호를 대조해 배당금을 지급한다.

우리가 예로 든 소년들은 각기 동전의 발견이라는 예상치 못한 삶의 경로를 걷게 된 셈이다. 동전을 보지 않았다면 삶은 예상된 경로를 밟았을 것이다. 두 소년은 그 상황을 각자 이익을 얻든지 아니면 원래 상태로 돌아갈 뿐이라고 받아들인다. 이런 식의 내기에는 위험은 없고 기회만 있다. 건달이 소년의 주머니에서 동전을 빼앗아 내기를 한다면(도심의 골목에서 흔히 일어나는 일이다), 기회는 없고 위험만 있다. 일상의 삶에서는 언제나 기회와 위험이 다양하게 뒤섞여 우리를 찾아온다.

때로는 실패하리라 생각해서 개인이 택하려던 활동노선을 접기도 한다. 위험에든 기회에든 운을 걸지 않는 것이다. 운을 잡으려는 사람은 자기의 소유물과 통제력을 상황에 내맡기는 처지임을(또는 그런 처지에 내몰림을) 분명히 알아야 한다. 셸링(Schelling)이 말하는 의미의 투신[6]을 하는 셈이다. 투신하지 않으면 운도 잡을 수 없다.

결정을 성취된 사건이 아니라 과정으로 정의한다는 점을 밝혀둔다. 동전을 던지는 사람은 동전을 공중에 던지자마자 결정력이 작용하기 시작한다고 느낄 테고 사실 그렇기도 하다. 물론 결정 시점은 동전의 앞면을 택할지 뒷면을 택할지 정하는 순간을 포함할 수도 있고, 동전 던지기 내기를 하자고 결정한 최초의 시점까지 포함할 수도 있다. 그렇지만 결과(앞면 또는 뒷면)가 완전히 결판나는 것은 동전이 공중에 있는 동안이다. 누가 앞면을 택할지, 던지기를 몇 번이나 할지와 같은 결정은 동전을 던지기 전에 이루어진다. 한마디로, 동전 던지기 상황의 핵심 속성은 동전을 공중에 던지기 직전까지는 미결이었으나 던지는 순간부터 결과가 명백하고 완전하게 결

---

6) T. C. Schelling, *The Strategy of Conflict*(Cambridge: Harvard University Press, 1960), 특히 p. 24.

정된다는 사실이다. 그제야 **문젯거리**(problematic) 상황이 해소된다.

여기서 문젯거리라는 말은 아직 결정 나지 않았지만 곧 결정될 무엇을 가리키는 객관적 의미로 쓴다. 이미 지적한 대로, 행위자가 주관적으로 내리는 평가가 있어서 문제가 더 복잡하다. 행위자는 눈앞에서 무언가가 결정되고 있다는 사실을 알아차리지 못할 수도 있다. 또는 사실상 이미 결정이 난 다음에 실제로 드러난 결과와 마주치는 순간에야 비로소 상황이 문젯거리라고 느낄 수도 있다. 마지막으로, 행위자는 벌어지고 있는 일에 완전히 집중하여 발생할 결과의 확률을 가늠하고 현실적으로 주의를 기울일 수도 있다. 객관적 상황과 주관적 인식이 온전히 일치하는 이 마지막 경우가 우리의 주요 관심사가 될 것이다.

결정이 이루어지는 동안 그리고 마지막 결과가 나오기 이전에 작용하는 인과적 요인을 흔히 '단순한 우연'이나 '순수한 행운'으로 규정한다. 이는 결과에 작용하는 요인이 전혀 없다는 말은 아니다. 동전을 던질 때 손가락 상태나 던지는 높이, 바람의 흐름(동전이 손가락을 떠난 후에 바람이 부는 경우를 포함해서) 따위가 최종 결과에 영향을 미친다. 그렇지만 행위자가 의도한 대로 딱 맞는 결과가 나오게 할 만큼 인간적 영향력을 행사할 수는 없다.[7]

기량, 지식, 대담함, 참을성 따위의 인간적 결정력이 운을 좌우하는 상황도 분명히 있다. 그것이 '순전히' 운을 거는 게임과 시합을 벌이는 게임의 결정적 차이점이다. 운을 거는 게임에서는 일단 결정과정이 작동하면 참여자들은 결과를 수동적으로 기다릴 뿐 달리 할 수 있는 게 없다. 시합에서는 결정과정에서 적합한 능력을 집중적으로 끈기 있게 발휘해야 한다. 그

---

7) D. MacKay, "The Use of Behavioral Language to Refer to Mechanical Processes," *British Journal of the Philosophy of Science*, XIII, 50(1962), pp. 89~103; "On the Logical Indeterminacy of a Free Choice," *Mind*, 69(1960), pp. 31~40의 논의를 볼 것.

렇지만 시합을 할 때에도 결과에 걸어야 할 가치는 결정해야 한다. 그러니 객관적 사실로나 시합을 하는 이들의 인식이라는 점에서나 인간적 영향력이 문젯거리가 없는 상황을 만들 만큼 효력을 발휘하지는 못한다.

동전 던지기의 결정적 특성은 그 단계적 성격에 있다. 내기를 하는 소년들은 동전 던지기의 조건에 합의해야 한다. 몸을 나란히 하고 서서, 한 번에 동전을 몇 개나 걸지 또 누가 동전의 어떤 면을 택할지 결정해야 한다. 내기에 자신을 던질 자세와 몸짓을 갖추어서 돌이킬 수 없는 지점을 넘어서야 한다. 이것이 내기를 거는 단계 또는 겨룸을 **준비하는 단계**(squaring off phase)다. 다음은 인과적 힘이 실제로 작용하여 결과를 생산하는 **결정단계**(determination phase)다.[8] 이어서 결과가 드러나는 **노출단계**(disclosive phase)가 뒤따른다. 이 단계의 지속시간은 내기 참여자들이 선 자리와 결정 도구에 따라 다르긴 하지만[9] 대개 아주 짧고, 특별한 긴장감을 자아낸다. 마지막은 **청산단계**(settlement phase)로, 결과가 드러난 후 진 사람이 내기에 건 돈을 내놓고 이긴 사람은 돈을 거둬들인다.

준비, 결정, 노출, 청산의 네 단계를 거치는 내기가 한 판(span)이고, 한 판과 다음 판 사이에는 휴식시간을 갖는다. 내기 한 판에 걸리는 시간과 한 자리에서 몇 판을 할지를 결정하여 내기를 계속하는 동안을 가리키는 내기

---

8) 동전 던지기에서 이 단계는 동전을 공중으로 던지면서 시작되고 동전이 손에 떨어지면서 종료된다. 1, 2초쯤 걸린다. 경마는 가로대를 걷어내면서 시작되고 말의 발굽이 결승선을 통과하면서 종료된다. 1분이 넘지 않는다. 7일짜리 자전거 경주에서 결정단계는 일주일이 걸린다.

9) 경마 사기는 경주 트랙에서 결판이 나는 때와 멀리 떨어진 자리에서 결과가 공표될 때까지의 시간 차가 있어서 사후 내기를 하기에 충분하다는 가능성을 토대로 행해졌다. 실제로 발생할 수 있고 체계적으로 악용되기도 했던 '사후 공표'의 조건이다. 네바다의 친절한 21게임의 딜러들이 가끔 카드를 돌린 후에 마지막 엎어놓은 패를 보고서 이미 운명이 결정된 도박자를 놀리고 약을 올리며 결과의 노출 시점을 늦추기도 한다는 사실을 덧붙일 수 있겠다.

지속시간(session)은 구별해야 한다. 정해진 단위시간 동안 완료된 내기의 수가 내기의 **비율**이다.[10] 평균 내기지속시간에 따라 내기 비율의 상한선이 정해진다. 동전은 30초 동안 다섯 번 던질 수 있다. 똑같은 다섯 번의 내기라도 경주 트랙에서는 한 시간 이상 걸린다.

내기에는 이런 구별되는 단계들이 있어서, 당연히 여기고 지나칠 수도 있는 운이 걸린 게임의 특성에 주목하기가 쉽다. 일단 승부에 들어가면 보통 그 다음 내기에 들어가기 전에 결정, 결과의 노출, 청산 단계가 **빠르게** 진행된다. 동전 던지기의 내기지속시간은 결정의 네 단계와 휴식시간순으로 구성된다. 내기를 하는 사람은 매번의 승부에 걸리는 4, 5초 동안 주의력을 집중한다. 집중력은 한 번의 승부가 청산되고 다음 번 내기에 들어가기 전인 휴식시간에만 이완된다. 일상 삶은 아주 다르다. 물론 개인은 일상 삶과 관련해서도 내기를 하고 운을 걸기도 한다. 이를테면, 다른 직업 대신 특정 직업을 선택하고 한 지역에서 다른 지역으로 이사를 하기도 한다. 게다가 어떤 중요한 전기를 맞아 동시에 여러 가지 중대한 결정을 내려야 할 경우가 있고, 그럴 때는 짧은 시간에 극히 비율이 높은 내기를 걸어야 한다. 그러나 보통은 내기의 결과가 나오기까지 수십 년이 걸릴 만큼 결정단계가 길고 결과의 노출과 청산에도 오랜 시간이 걸린다. 게임과 시합의 특성은 일단 내기에 들어가면 **결과의 결정과 청산을 짧은** 시간 안에 모두 **경험할 수 있다는** 점이다. 내기 한 판이 벌어지는 동안 단일한 인식의 초점에 대한 집중력이 최고조로 유지된다.

⁂

10) 이를테면, 동전을 발견한 소년들이 단판 승부를 한다고 가정하면 누가 동전을 가질지 한 번의 동전 던지기로 결정하는 셈이다. 만약 두 소년이 한 시간 동안 겨루기로 한다면 내기 비율은 시간당 한 번이다. 5전짜리 동전을 1전짜리로 바꾸어서 한 번에 하나씩만 던지기로 하면 내기의 비율은 5배로 높아진다. 결과가 행운으로 돌아올 경우는 그보다 적겠지만.

Ⅱ. 사후영향(consequentiality)

동전 던지기에 대한 전통적인 분석틀[11]에서 몇 가지 용어를 취할 수는 있지만 준거틀로 삼기에는 어려운 점들이 있다.

내기에 거는 돈이나 상금의 크기를 측정하는 기준은 공동체나 대중, 시중의 시장에 의해 정해진다. 게임 분석의 난점은 똑같은 내깃돈이나 상금이라도 사람마다 느낌이 다르다는 데 있다. 중간계급의 성인들은 동전을 결정도구로 사용하기도 하지만 동전을 누가 가질지를 결정하려고 내기를 하지는 않는다. 그러나 어린 소년들은 함께 발견한 동전을 친구가 갖겠다고 나설 때에는 정말로 큰 내기라고 느낄 수 있다. 내깃돈(또는 상금)에 두는 의미가 사람마다 다르거나 같은 사람이라도 시간이나 조건에 따라 부여하는 의미가 달라진다는 사실에 주목할 경우에는 주관적 가치 또는 **효용성**(utility)이 거론된다. 동전의 평균 가치로 기댓값을 계산할 수 있듯이 개인이 자기가 이길 확률을 계산해서 동전의 기대 **효용성**(expected utility)을 가늠할 수 있다.

동전에 대한 기대 효용성과 동전을 던지는 순간의 기대 효용성은 분명히 구별해야 한다. 개인은 동전을 던질 때마다 생기는 흥분과 불안에 긍정적이든 부정적이든 주관적 가치를 부여하기 때문이다. 게다가 잃을 때의 불쾌감과 딸 때의 기쁨이 똑같지도 않다. 그 차이 역시 내기에 거는 기대 효용성의 일부로 생각해야 한다.[12] 내기에 거는 돈의 의미를 파악할 때

⋮

11) 널리 알려진 견고한 논의는 R. Jeffrey, *The Logic of Decision*(New York, McGraw-Hill, 1965)에서 볼 수 있다.
12) 도박에서 이 두 요인은 상호 독립적인 요인이 아니다. 이기리라 상상할 때의 만족감과 질지도 모른다는 불안감이 교차하면서 생기는 흥분이 도박 경험을 구성하는 성분임이 분명하다.

는 객관적 기준을 사용할 수 있지만, 내기의 의미를 파악하려면 효용성이라는 모호한 용어를 사용해야 한다.

판돈의 기댓값이라는 깔끔한 용어에서 우리의 관심사인 내기의 기대 효용성으로 넘어가면, 절망적일 만큼 복잡한 영역으로 들어가는 셈이다. 큰 판돈이 걸린 도박이거나 불확실성이 높은 도박이라고 느끼면 개인은 거는 돈의 액수, 장기적인 승산, 판의 진행 속도, 내기의 수, 유리한 결과에 걸린 상금의 크기 같은 온갖 요소를 다 고려한다. 그뿐만 아니라 각 요소에 부여하는 상대적 비중도 각 요소의 절대적 가치와는 아주 다르다.[13]

이는 사람마다, 집단마다, 위험과 기회를 가늠하는 기준선이 다름을 뜻한다. 위험을 감수하는 삶을 사는 이들은 다른 이들이라면 금기로 생각할 법한 위험에 그리 큰 비중을 두지 않는다.[14] 그래서, 가령, 네바다 주에서 도박이 합법화된 현상을 지역의 광산업 전통을 들어 지극히 불확실한 것에 운을 거는 모험의 한 형태로 설명하기도 한다. 네바다 주의 경제가 바로 땅을 놓고 벌이는 도박에 토대를 두고 있으니, 그 지역 사람들에게 카지노 도박이 결코 바람직하지 못한 행위로 보이지 않는 게 당연하다는 주장이다.

말 그대로 단순한 도박에서 '운수'란 반쯤은 실현된 그러나 바뀌기 쉬운 온갖 의미로 가득 차 있다. 도박에서 일상 삶으로 관심을 돌리면 문제는 더 복잡해진다.

동전 던지기는 동전 앞면과 뒷면이 나올 확률을 50 대 50으로 셈할 선험

---

13) 최근의 연구, 특히 실험심리학자들의 연구는 다양한 요소들을 조합해 구성한 도박 가운데서 개인의 선호가 무엇인지를 볼 수 있도록 고안한 연구 설계를 통해 이 분야에 상당한 지식을 축적했다. 그 예로는, J. Cohen, *Behavior in Uncertainty*(London, George Allen and Unwin, 1964), 3장, "Making a Choice," pp. 27~42; 그리고 W. Edwards, "Behavior Decesion Theory," *Annual Review of Psychology*, 12(1961), pp. 473~498.
14) 이 점을 지적하고 또 다른 제안도 해준 캐슬린 아치볼드(Kathleen Archibald)에게 감사한다.

적·경험적 근거가 있다. 누가 동전을 던지는가는 따질 필요가 없다. 그 점이 동전 던지기의 좋은 점이다. 그러나 일상에서는 발생할 결과를 완벽하게 규정할 수 없는 상황에 직면할 때가 많다(예컨대, 두 소년이 여러 갈래로 길이 나 있는 깊은 동굴 앞에 서서 무슨 일이 생기나 보려고 동굴 속을 탐험해볼지 말지 결정해야 하는 경우가 그렇다). 모든 가능한 결과를 알고 있다 하더라도 각 결과에 결부된 운수란 실제 체험했을 때 느낄 법한 막연한 매력을 근거로 대충 추정하는 것일 뿐이다.[15] 게다가 결과를 추정하는 사람도 자기 판단이 얼마나 엉성한지는 잘 모른다. 대부분 삶의 상황에서 우리는 **주관적 확률**, 기껏해야 매우 느슨한 전반적 추정치인 **주관적 기대 효용성**을 가늠할 뿐이다.[16]

더욱이 동전을 던지는 사람은 '공정한' 게임을 하고 카지노 도박을 하는 사람은 다소 불리한 게임을 하지만, 개인이 삶에서 폭넓게 마주치는 현실은 훨씬 더 불균형하다. 위험은 적고 기회는 큰 상황이 있는가 하면 위험은 크고 기회는 적은 상황이 있다. 그뿐 아니라 기회와 위험을 동일한 잣

∴

15) 사기성 도박 기구를 생산하는 것으로 유명한 회사는 이른바 '세기(strength)'라 불리는 5도 또는 6도 정도 '기울어진' 주사위를 만들어 판다. 아마 전적으로 유효한 등급일 것이다. 그러나 주사위를 제작하는 회사치고 사용자에게 유리한 결과가 나올 가능성을 확신할 만큼 충분한 주사위 굴려보기 실험을 통해 그 '세기'를 검증하지는 않는다.
16) 연구문헌들은 F. Knight(*Risk, Uncertainty and Profit*, Boston: Houghton Mifflin, 1921, 특히 제7장과 8장)의 명제에 따라 가능한 결과의 확률이 알려져 있는 경우에는 '위험'이라는 용어를, 결과의 확률이 알려져 있지 않거나 확률을 알 수 없을 때는 '불확실성'이라는 용어를 사용한다. R. Luce and H. Raiffa, *Games and Decisions*, New York: Wiley & Sons, 1958, p. 13이하를 볼 것. John Cohen, B. Fox(*Behavioral Approaches to Accident Research*, Association for the Aid to Crippled Children, New York, 1961, p. 50)에 따르면, 객관적으로 심각한 위험요소가 있을 때는 모험(hazard)이라는 용어를, 주관적으로 추정할 때는 위험(risk)이라는 용어를 사용하라고 권한다. 폭스(Fox)는 상황에 내재한 위험과 의도적으로 선택한 위험이라는 약간 다른 구분법을 사용한다. Cohen, *op. cit.*, p. 63을 볼 것.

대로 측정하기도 어렵다.[17]

가치 관념 —내기에 거는 돈과 상금의 크기로 가치를 측정할 수 있다는 — 자체에 중요한 쟁점이 있다. 동전에는 사회적으로 인정된 가치와 주관적 가치가 다 있다. 이기면 그 동전을 나중에 또 던질 기회가 있고, 지면 기회는 없다. 이것이 도박의 사후영향이다. 보상이 내기 상황 이후에도 작용하고 또 내기를 건 사람의 삶에도 객관적으로 영향을 미친다. 이러한 사후영향이 발생하는 동안이 일종의 사후게임 또는 도박의 사후영향 단계이다.

여기서 까다로운 문제를 하나 고려해야 한다. '객관적 가치'나 '효용성'은 모두 실제로는 시간이 지나야 알게 될 결과와 맞먹는 가치를 미리 정하는 수단이다. 이런 가치는 공동체나 개인 스스로가 미래의 가치를 평가해 미리 그 값을 받거나 지불함으로써 성취되는 것이다. 이 같은 복잡성은 피하고 싶다. 이를테면, 한 남자가 청혼을 할 때 보상은 여자가 마음을 정하고 대답을 하자마자 결정되는 것이 사실이다. 결혼이 성사되든지, 청혼이 거절당하면 그는 그녀를 포기하고 다른 상대를 구하든지 한다. 그러나 달리 보면 보상은 그 사람의 이후 삶 전체에 작용한다. '보상'이 결과와 맞먹는 가치인 것처럼 인간에게 '사후영향'은 보상과 맞먹는 가치다. 그래서 우리는 단순 명쾌하게 정의할 수 있는 도박판과 상금으로부터 단지 막연하게 기술할 수밖에 없는 장기적 보상의 영역으로 넘어간다. 판돈에서 사후영향으로, 좁은 도박판에서 더 폭넓은 삶의 영역으로 이동한다.

∴

17) 효용성 개념, 그리고 위험과 기회 중 하나만 있는 경우와 확률적으로 둘이 결합되어 있는 경우 가운데서 택하도록 기획된 실험 기법은 이런 다양한 경우의 수를 단일 도식으로 축소하려는 시도라 할 수 있다. 그렇지만 그러한 노력에 대해서도 의문을 제기할 수 있다. 실제 게임은 (기회에만 초점을 맞추고) 위험은 염두에 두지 않는 도박자와 (위험에만 주목하고) 기회는 의식하지 않는 도박자가 서로 어울려야 가능한 경우가 많다. 단지 형식상 균형을 맞추기 위해 의식하지 않는 부분에 효용성 개념을 적용하는 것도 맞지 않다.

이 모든 동전 던지기 모형의 한계와 더불어 고려해야 할 매우 중요한 또 다른 쟁점이 있다. 동전 던지기를 하는 소년들의 주관적 경험은 가벼운 마음으로 의지력을 시험해본다는 느낌에서 시작된다. 도박을 할지 말지에 대한 결정은 아무런 외부 압력이 없는 조건에서 이루어진다. 그래서 도박을 하지 않기로 결정하기도 쉽고 또 그런 결정은 아주 실용적인 선택이기도 하다. 일단 도박을 하기로 결정하면, 어떤 결과에다 얼마나 돈을 걸지 두 번째 결정이 이루어진다. 도박은 환상에 불과할지라도 재미는 있고, 기량을 겨루는 게임이라면 분명 환상만은 아니다. 일단 결과가 나오면 그 결과는 가능성을 내다본 도박, 어쨌든 벌어져버린 도박으로 취급된다. 그래서 상황 전체가 쉽게 운을 걸어볼 만한 계기, 결단력을 발휘하고 결단력이 좌우하는 계기, 위험을 감수하고 기회를 잡을 계기로 보인다. 그러나 일상 삶에서는 실재하는 위험과 기회를 개인이 결코 알지 못하거나 사태가 끝난 다음에야 실감하게 된다. 염두에 둔 운에 근접한 상황일 때는 대가가 너무 커서 도박을 포기하는 것이 현실적으로 가능한 선택이 아니거나 도박이 선택의 여지가 없는 실용적 결정이라는 생각이 들 것이다. 선택의 자유와 결단력이 어느 정도는 작용하지만 그리 큰 영향은 없다. 이 모든 상황에 동전 던지기 모델을 적용할 수는 있지만 재미로 하는 내기와 실제 삶에서 하는 도박의 중요한 차이점을 무시해야만 가능하다. 동전 던지기 내기를 하는 두 소년은 구명보트에 오를 사람을 정하기 위해 어쩔 수 없이 동전 던지기에 합의한 두 생존자의 경우와는 다르다. 또한 병에 걸린 두 승객 가운데 누구에게 구명보트에 남아 있는 소량의 물을 줄지 동전 던지기로 결정하는 동승자들의 경우와도 다르다.

Ⅲ. 운명성(Fatefulness)

약속이 있어 집을 나설 준비를 마친 사람이 30분쯤 '여유시간'이 있다고 하자. 그는 언젠가는 꼭 해야 할 중요한 일에 그 시간을 '잘' 쓸 수도 있다. 대신 그는 그 시간을 '죽이기'로 마음먹는다. 손에 잡히는 잡지를 하나 들고 시간이 될 때까지 안락의자에 앉아 뒤적거린다.

시간 죽이기에 이용되는 활동에는 어떤 특성이 있을까? 이 물음을 다른 각도에서 접근해보자. 개인 삶의 이 작은 한 조각이 그의 나머지 삶에 어떤 영향을 미칠 수 있을까?

분명 그런 죽은 시간에 하는 일은 그 사람의 이후 삶에 아무런 영향이 없다.[18] 그는 다른 일을 할 수도 있다. 그래도 그의 삶은 그럭저럭 흘러갈 것이다. 그는 그 잡지 말고 다른 잡지를 볼 수도 있고, TV를 보거나, 잠시 눈을 붙이기 아니면 퍼즐 맞추기를 하며 시간을 보낼 수도 있다. 시간이 많지 않겠다 싶으면 빈둥거리는 시간을 줄일 테고, 시간이 많이 남겠다 싶으면 더 빈둥거릴 것이다. 흥미를 끄는 잡지를 찾아내려 했지만 찾지 못할 수도 있다. 그래도 그가 별로 잃을 것은 없다. 그저 잠시 무얼 해야 할지 모르는 상태일 뿐이다. 시간을 죽일 마땅한 일이 없거나 무얼 하기에 시간이 충분치 않다면 시간을 '느낄' 수 있다.

죽은 시간은 사후영향이 없다. 토막 나고 단절된 시간이다. 나머지 삶에 영향을 미치지 않는다. 달리 말하면, 개인 삶의 경로는 그런 죽은 순간들에 좌우되지 않는다. 개인 삶은 그처럼 죽은 시간들에 휘둘리지 않도록 구성된다. 시간을 죽이기 위해 하는 활동은 개인을 구속하거나 발목을 잡지

∴

[18] 물론 개인이 여유시간을 보내는 수단의 선택이 사람됨을 드러내는 표현일 수는 있다.

않는다.[19)]

시간 죽이기에 들어간 사람은 흔히 문젯거리* 활동을 하게 된다. 잡지나 TV를 보겠다는 결정은 자리에 앉은 후에 한다. 사후영향이 없는 문젯거리 활동이다(흥미롭게도 이는 동전 던지기 사례와 똑같다. 우리의 어린 도박꾼들은 동전 던지기 내기의 승리에 주관적으로 큰 가치를 두겠지만 사후영향은 있을 리 없다).

한가한 시간과는 대조적으로 진지한 업무를 위해 집합적으로 구성된 시간과 세계가 있다. 그런 세계에서 개인은 자기로부터 물품과 장비 조달, 서비스를 받아 업무를 처리해야 할 다른 사람들의 필요에 맞추려고 노력한다. 개인이 생산하고 조달한 품목의 기록과 일처리를 못해서 처벌받은 기록이 남는다. 요컨대, 분업과 일 흐름의 구성이 개인의 현재 순간을 다른 이들의 다음 순간에 영향을 미칠 수밖에 없는 형태로 연결시킨다.

그러나 개인이 업무에 열중하는 어떤 한 순간의 사후영향에 주목하는 경우는 극히 드물다. 미리 결과를 대략 짐작할 수도 있고 결과가 너무 확

⁂

19) 한가한 시간은 몇 초에서 몇 년까지 그 길이가 다양하다. 일터의 업무와 업무 사이, 집과 일터를 오가는 사이, 집에서 저녁 먹고 난 후, 주말, 연차 휴가와 퇴직 이후가 그런 시간이다. (또 일상 삶에서 이탈하는 —대개 환상이지만— 순간, 그래서 게오르크 짐멜이 '모험'이라고 부르는 시간도 있다.) 한가한 시간을 죽일 때는 아마도 활동 자체가 목적인 활동을 자유롭게 선택할 것이다. 개인이 한가한 시간에 사후영향이 있는 일을 할지 하찮은 일을 할지 여부는 진지한 일과의 의무가 있는 장소에서 언제든 이용할 수 있도록 남겨두어야 한다. 그런 여유 시간은 실업자에게 강제로 주어진 시간, 과거의 임무 또는 목전의 임무에서 얻어낸 유예 기간으로 정당화할 수 없는 시간과는 구별해야 한다는 데 주목할 것.

---

* 이 책 166쪽의 문젯거리(problematic)의 정의를 참조할 것("아직 결정 나지 않았지만 곧 결정될 무엇"). 즉, 미리 계획되거나 결정된 것이 아니라 상황에서 즉각 선택하고 결정하는 문제를 뜻한다.

실해서 주의를 기울일 필요도 없어 보인다. 비중을 재고, 결정을 내리고, 평가할 일이 없다. 대안을 고려할 필요도 없다. 실질적인 사후영향이 있지만 잘 관리되니 문젯거리가 아니다. 일을 하는 중이든 시간을 죽이는 중이든 그럴 때가 있다. 동전 던지기를 하는 소년들이 숨을 들이쉬고 내쉬는 것, 머리를 콘크리트 벽에 부딪치지 않도록 조심하는 것은 총체적인 사후영향이 있다. 숨을 쉬지 못하고 벽에 머리를 부딪친다면 소년의 앞날에 미치는 영향이 엄청나게 크다. 그렇지만 숨쉬기나 벽에 머리를 부딪치지 않으려고 조심하기는 무의식적으로 계속되며 확실하고 일상적으로 이루어지는 만큼 실수로 인한 사후영향을 고려할 필요가 없다.

한가한 시간에 하는 활동은 문젯거리지만 사후영향은 없고 업무시간에 하는 활동은 문젯거리는 아니지만 사후영향은 있다. 그리고 이 두 유형의 활동은 별 탈 없이 이루어지곤 한다. 예상치도 대비하지도 못한 중대한 사건이 벌어지는 경우란 별로 없다.

그러나 문젯거리이며 사후영향이 있는 활동도 있을 수 있다. 그런 활동을 달리 불러도 좋겠지만 나는 **운명적 활동**이라 부르겠다. 그리고 그런 종류의 운 걸기가 우리의 관심사다.

여유시간과 엄격히 관리되는 업무시간은 평탄하게 흘러가지만, 또 인간의 조건이란 언제나 **얼마쯤**은 운명적 요소가 있기 마련이다. 그러니 운명을 구성하는 기본 토대가 무엇인지 살펴볼 필요가 있다.

첫째, 우발적 또는 문학적 의미의 운명이 있다. 평소에 잘 관리하고 주의하지 않은 일이 뒤늦게 운명적 순간이었던 것으로 드러날 때가 있다. 대수롭지 않게 넘어간 사건이 뒤이어 벌어진 사건과 얽히면서 원인으로 작용했음이 드러나는 경우다. 우리의 젊은 도박자가 동전을 발견한 순간에 마침 중요한 일로 공중전화를 걸 동전이 필요한 상황이라면, 동전 던지기 승부는 운명적 기회일 것이다. 마찬가지로, 시간이 남아 잡지를 집어든 사람이 잡지의 기사에 빨려든 나머지 시간 가는 줄 모르고 있다가[20] 약속시간을 놓칠 수도 있다. 중요한 약속이 아니라면 짜증만 날 것이다. 잡지를 뒤적거리다가 우연히 지능검사 기사의 견본용 질문 항목에서 자기의 약속과 관련된 질문처럼 보이는 항목을 발견할 수도 있다. 낭비한 순간이 앞으로 닥칠 순간과 아주 동떨어진 것이 아니라 뜻밖의 관련성이 있을 수 있는 것이다.

사람들은 그리고 사람들의 활동은 얼마쯤은 우연한 운명에 좌우되기 마련이지만, 우연한 운명에 대한 취약성을 그 특성으로 규정해도 좋을 일들이 있다. 협동과 은폐가 결정적으로 중요한 일에서 예상치 못한 사소한 장애가 평소대로라면 수습될 상황을 운명적 사건으로 만든다. 전략적 실수담이 그렇듯이 거의 성공할 뻔한 완전범죄, 발각될 처지에 빠진 특공대 이야기에 그런 운명적 특성이 들어 있다.

잉글랜드, 메이드스톤. 어제 이곳에서 철제 곤봉과 해머로 무장한 복면강도단이 2만 8,000달러를 은행으로 운반 중이던 차를 기습했으나 엉뚱하게 샌드위치가 든 자루를 훔쳐 달아나는 사건이 발생했다.

돈은 차 트렁크에, 은행 직원들의 점심인 샌드위치 자루는 차 뒷좌석에 실려 있었다.[21]

---

20) 도시에 사는 사람은 수시로 시간을 확인하고 늘 정확한 시간을 가늠하곤 한다. 잠귀가 밝은 사람은 항상 시간에 자기를 맞춘다. 어떻게 '시간이 갔는지' 놀랄 때도 실은 한두 시간이 지난 데 불과하다. 시계가 멈춘 것도 몇 분 안 가 알아차린다. 그가 언제나 시간을 확인하고 있었음이 틀림없다.
21) *San Francisco Chronicle*, March 10, 1966.

그저 사소한 은행털이를 계획했으나 완전히 망쳐버린 로데오 거리의 절도범 세 명에 대한 선고공판이 어제 이곳 연방법원에서 열렸다. ……
1월 7일 로데오 거리에 하나뿐인 유나이티드 캘리포니아 은행에 침입해 훔친 7,710달러를 세탁물 자루에 넣고서 도주하려고 사투를 벌이던 절도범 세 명이 경찰 40여 명에게 체포되었다. ……
퓨는 총신을 짧게 자른 산탄총을 들고 들어와 직원 13명과 고객 2명을 일렬로 세우고, 권총을 소지한 플레밍은 금고로 다가가 현금은 물론 애석하게도 동전까지 세탁물 자루에 쓸어 담았다.
"동전은 추적이 안 되지"라고 잔머리를 굴리며 무게가 200파운드나 나갈 만큼의 동전을 자루에 담았다. 그리고 자루를 끌었는데 그만 자루를 묶은 낡은 줄이 끊어지고 말았다.
두 사람은 자루를 문까지 겨우 끌고 갔지만 도중에 바닥의 작은 구멍에 걸려 자루가 찢어지는 바람에 동전들이 쏟아졌다. 그들이 도망치려고 준비한 자동차까지 자루를 질질 끌고 가는 동안 뒤로는 길게 동전 길이 났다.
그런데 듀렌이 차를 급커브 구간에 너무 가까이 대둔 탓에 차문을 열어 돈 자루를 들여놓을 수가 없었다. 차를 움직여 마침내 일을 마치고 모퉁이를 돌았다. 그 순간, 세 사람은 보안관, 고속도로 순찰대, 경찰차들의 요란한 행렬을 보았고 차는 멈추었다.[22]

이런 실수는 언제나 있을 수 있고 교정의 여지가 있어서 쉽게 수습된다. 범죄(그리고 군사작전과 같은 경우)가 특별한 점은 교정할 여지가 없고 부주의나 불운의 대가가 크다는 데 있다. 제압하는 직업과 내빼는 직업의 차이는

∵

22) *Ibid*., May 6, 1966.

바로 그런 점에 있다. 내빼는 직업에서는 동작 하나가 결정적 행적이 된다.[23]

둘째로, 사후영향이 없는 단절된 순간이라 하더라도 그리고 사후영향이 있는 임무를 아무리 안전하게 잘 관리한다 하더라도 개인이 그 순간을 자신의 소유로 온전히 누리려면 반드시 그 자리에 몸으로 있어야 한다는 점이다. 그리고 그 몸은 그간 받았던 온갖 상처와 더불어 살아야 하고 가는 곳마다 지니고 다녀야 하는 자아와 일체를 이루는 몸이다. 아무리 조심스럽게 행동하더라도 몸은 얼마쯤은 늘 위험에 처하기 마련이다. 책을 읽다가 의자에서 미끄러지고 바닥에 떨어져 다칠 수도 있다. 그런 경우는 드물다. 그렇지만 실제 보험 통계가 보여주듯이 남는 시간에 목욕을 하는 사람, 또는 광산이나 건설 관련 업종에서 선반 작업을 하며 살아가는 사람은 다칠 가능성이 상당히 크다. 신체적 위험은 개인의 한 순간과 나머지 순간들을 이어주는 가느다란 붉은 실이다. 몸은 떨어지고, 얻어맞고, 독성에 감염되고, 칼에 찔리거나 총에 맞고, 부딪치고, 물에 빠지고, 불에 타고, 병에 걸리고, 질식하고, 감전되기 쉽다. 몸은 사후영향이 있는 중요한 장비 가운데 하나이고, 몸의 소유자는 언제나 몸과 함께한다. 물론 다른 자본재를 들여놓을 수도 있다. 그러나 몸만은 절대로 따로 떼놓을 수 없다.

셋째로, 인간 조건은 타인이 함께 있음(co-presence)을 의식해야 한다는 점이다. **사회적 상황**은 두 사람 이상이 신체적으로 함께 있는 동안 상호감시가 가능한 환경으로 (일차적으로) 정의할 수 있고 상호감시가 이루어질

∴

23) 소설 속 악당의 세계에서 범죄 업무는(유사한 구조를 지닌 다양한 정부 기관의 첩보 활동도) 모든 것을 망쳐버릴 확률이 매우 높은 잠재적 위협과 현실적 장애가 길게 이어짐에도 불구하고 실현된다. 소설에서 주인공은 한 에피소드에서 살아남아 다음 에피소드에도 등장하지만, 이런 경우는 확률 법칙을 깨뜨림으로써만 가능하다. 그런 역할을 동경하는 젊은이가 확률을 생각한다면 분명 미묘한 좌절감을 느낄 것이다.

수 있는 영역 전체를 포괄한다.

개인의 활동은 말 그대로 사회적 상황에서 또는 혼자일 때 하는 것이다. 어느 쪽이 개인에게 더 운명적 순간일까?

우리가 관심을 두는 특별한 종류의 사후영향, 즉 한 순간의 활동이 다음 순간에 중대한 문제가 될 만큼 운명적 사건이라면 사회적 상황인지 아닌지는 상관없다. 우리의 우선 관심사는 행동의 사후영향이지 행동을 할 당시의 조건이 아니지만, 그래도 혼자일 때 하는 행동과 사회적 상황일 때 하는 행동의 차이는 사후영향과 특별한 관련성이 있다.

개인은 언제나 어떤 자리의 활동에나 자기 몸과 함께하고 대수롭지 않을 행동이 뜻밖에 이미 벌어진 중대한 사건과 연루될 가능성이 있는 만큼 늘 적절한 겉모습, 정직성, 조심성, 진지성, 깔끔함 따위의 품행 기준을 지키는 사람으로서의 모습을 갖추고 다닌다. 사람들은 개인의 품행 기준 준수 이력을 사람됨을 판단할 근거로 삼고 나중에 그 사람을 어떻게 대해야 할지 태도를 정한다. 이런 것이 사후영향이다. 물론 성인들은 대부분 별 생각 없이 일관되게 품행 기준을 지킨다. 그 기준을 의식하게 되는 경우는 망측한 사건이 벌어질 때 또는 의례에 민감한 성장기 시절에 승마나 스케이트 타기와 같이 신체적 균형을 유지하는 데 특별한 기술이 필요한 운동을 처음으로 할 때의 경험을 글로 쓸 때뿐이다.

혼자 있을 때의 품행불량이 나중에 품행 기준의 위반자로 취급당할 정도의 치명적 손상으로 남는 경우도 있다. 그렇지만 대개는 별 탈 없이 묻힌다. 품행불량의 효과가 순식간에 사라지거나(경멸을 드러내는 몸짓처럼) 그런 짓을 저지른 당사자를 추적할 수도 없다. 오로지 당사자 개인의 양심에만 영향을 미칠 뿐이다. 또 누구에게서나 그런 양심을 볼 수 있는 것도 아니다. 그러나 목격자가 있는 사회적 상황에서는 품행 기준이 즉각 효력을 발휘하고 가능성은 낮을망정 위험을 수반한다.

빼어난 개인적 자질을 과시할 수 있는 기회에 대해서도 비슷한 주장을 할 수 있다. 목격자가 없으면 개인의 노력은 뚜렷한 지속적 효과가 없다. 다른 사람들이 있어야 일종의 기록 효과가 생긴다.

그렇다면 사회적 상황에는 위험과 기회가 사람됨의 표현과 뒤섞여 있는 셈이다. 이리저리 단서를 끌어모을 수 있고, 다들 지나칠 정도로 단서 수집에 열중하기도 한다. 따라서 사회적 상황은 불리한 사실이 확인되는 위험한 자리일 수도 있고, 자신에 관한 유리한 정보를 내놓는 기회일 수도 있다.

다른 사람들과 함께 있는 동안 개인이 다루어야 할 대상 가운데서 특별히 주목해야 할 대상이 있다. 바로 다른 사람들이다. 개인이 다른 이들을 대하는 태도를 통해 창조하는 개인의 인상과, 그 인상을 목격한 다른 이들이 개인에게 부여하는 특성은 목격자들의 사적 이해와 직결되기에 개인의 평판에 특별한 영향을 미친다.

구체적으로, 개인은 다른 사람들과 함께 있는 자리에서는 언제나 의례질서를 지키겠다는 다짐을 대인관계 의례를 통해 보여주어야 한다. 그 자리에서 벌어지는 모든 일들에 대한 의미 표현이 자기와 다른 참여자들의 신분에 잘 어울리도록 보장해야 한다. 그러자면 정중함, 예의, 자기를 얕잡아보는 이에 대한 응분의 대응이 필요하다. 휴식시간이든 업무시간이든 이런 의례질서의 유지는 생각보다 어려운 일이다.

사회적 상황에 관한 결론을 내려보자. 사람들이 함께 있을 때 지속되는 의례질서는 각자가 주고받을 몫을 보장하는 수준 이상의 작용을 한다. 개인은 적절한 처신을 통해 대화, 모임, 사교 자리와 같은 상호작용의 실체에 내용과 신망을 부여하며 자신을 의사소통이 가능한 쓸모 있는 존재로 만든다. 자제력 상실과 같은 행위자의 품행불량은 대면 상호작용에서 행위자의 유용성을 심히 훼손하고 상호작용 자체를 교란시킨다. 다른 참여자들이 사교 자리에 기울이는 관심과 그 자리를 통해 이루어지기를 바라는 목표가 함께 작용해 행위자가 품행의 적절성을 신중하게 여기도록 만든다.

개인은 우연히 사건에 연루된다든가 신체적으로 약하다든가 예의를 지켜야 할 필요가 있다든가 해서 항상 어느 정도는 위험에 빠질 가능성이 있다고 지적했다. 물론, 운명적 사건의 원천이 생생하게 드러나는 경우는 특정 개인과는 상관없이 예기치 못한 우발적인 사고가 일어날 때다. 그러나 그런 우발적 사고 말고도 고려해야 할 문제가 있다.

정상적인 성인은 원하기만 하면 즉각 눈앞의 세계를 교란시킬 수 있는 신체적 능력이 있다. 물체나 자기 자신이나 다른 사람들을 파괴할 수 있다. 스스로를 모독하고 다른 이들에게 모욕을 가해 상처를 입히고, 사람들의 자유로운 교류를 방해할 수도 있다.

어린아이라면 그런 손쉬운 기회를 포기할 리 없겠지만 (기회를 온전히 활용할 만큼 성숙하지 못한 탓에) 그런 해악을 저지를 신체적 능력은 없다. 인격적 성장이란 설사 제 주변 세계를 즉각 파괴할 만한 능력이 생기더라도 자진해서 포기하는 법을 배우는 과정이다. 보통은 학습이 너무 잘 이루어진 나머지 일상 삶에서 체계적인 포기가 다반사라는 사실, 개인이 점잖게 굴지 못하는 것은 순전히 아수라장과 같은 상황에서 비롯한다는 사실을 사회적 삶을 탐구하는 연구자는 잘 보지 못한다. 그런 사실은 조증이 있는 어린아이, 공공기물을 파괴하는 젊은이들, 자살 충동에 시달리는 사람들, 병적일 만큼 자기비하에 빠진 사람들, 파괴를 일삼는 사람들로 인해 교란되는 사회적 상황을 치밀하게 연구해야 비로소 인식할 수 있다. 동전 던지기 내기를 하는 소년들은 숨을 참거나 콘크리트 벽에 머리를 들이박거나 서로에게 침을 내뱉거나 자기가 배설한 오물을 제 몸에 바르거나 하지 않는다. 그러나 정신병원에 수용된 환자들은 바로 그런 행동을 하는 이들로 알려져 있다. 그래서 사후영향이 있으며 문젯거리가 아닌 활동이 운명적인 것으로 전환되는 경우를 명쾌하게 보여준다.

IV. 실용적 도박

인간 조건이란, 특히 사회적 상황에서는, 늘 사건이 벌어질 가능성이 있게 마련이다. 그렇지만 개인은 보통 운명적 사건을 피할 수 있도록 업무시간과 여가를 관리한다. 게다가 벌어지는 사건 또한 대개 우리가 신경을 쓰지 않아도 좋게끔 처리된다. 피치 못할 운명적 사건임에도 당사자가 알아차리지 못하는 사이에 해결되는 경우도 많다(이를테면 운전 중일 때 벌어지는 일들이 그렇다. 흥미로운 연구감이다). 불가사의하게 일어난 운명적 사건들은 대부분 나중에 알게 된다. 사건이 벌어지고 나서야 자기가 줄곧 운명적 상황에 놓여 있었다고 상황을 재정의하고 연관관계를 감지한다. 사후에 인식하거나 모르는 사이에 벌어지는 운명적 사건들이 많지만 여기서는 다루지 않을 것이다.

물론 사회적 삶에는, 문젯거리이며 사후영향이 있는 활동임이 너무나 확실해서 참여자가 어떤 일이 벌어질지 앞을 내다보며 그 운명적 궤도에 스스로 적응할 수밖에 없는 특수한 자리가 있다. 곤경을 치르는 사람이 상황에 대한 인식을 재구성하면서 운명적 상황도 미묘하게 변한다. 그럴 때 진지한 사람들의 진지한 삶에도 우리가 예로 든 두 소년의 준거틀이 작동한다. 실용적 필요성 때문에 성공이 불확실하고 수동적으로 결과를 기다려야 하는 행동경로를 따를 수밖에 없으면 개인은 치러야 할 대가가 아무리 커도 대안을 찾는다. 그리고 내키지 않지만 확실한 것과 불확실하지만 손쉬운 것 중에서 자기가 자유의지로 대안을 선택한 것으로 규정한다. 홉슨(Hobson)식 선택*이 이루어진 셈이지만 자기결단으로 해석하기에 충분한 상황이다. 운명을 기다리는 대신에 문을 열어 운명을 맞이한다. 위험에 대해서는 모험을 감수하는 것으로, 유리할 가능성에 대해서는 기회로 인식을 재구성한다. 운명적 상황은 운을 거는 작업이 되고 불확실성과 마주침은 자의로 택하는 실용적 도박으로 해석된다.[24]

이제 사후영향이 있는 문젯거리와 마주치는 직업, 자신의 활동을 자발적으로 선택한 실용적 도박으로 규정하기 쉬운 직업들을 살펴보자.

∴

24) 최근 의사결정이론가들은 어떤 상황이든 간에 발생 확률로 가중치를 계산해 결과를 모두 포함시킨 보상행렬(payoff matrix)로 재구성될 수 있음을 보여준다. 문젯거리가 아닌 행동과 자동반사 행동 또는 경직된 전통적 관행을 의무적으로 따르는 행동은 주어진 대안들을 고려해 자발적으로 이루어지는 합리적 의사결정으로 해석할 수 있다고 본다. 더구나 발생 가능한 결과 중에서 선택하거나 만족스러울 정도의 확률은 분명히 있어서 선택하기 때문에 계산된 위험, 실용적 도박으로 볼 수 있다는 주장이다. (보상행렬은 그 특성상, 침공 결정시 해당 지역의 날씨가 좋을 확률과 나쁠 확률을 고려할 때와 같은 자연조건과, 주사위 도박처럼 도박기구로 대안의 발생 확률을 고안한 경우의 선택을 동일하게 다룬다.) 이런 공식을 거부하면 개인이 자기의 행동에 함축된 선택을 인정하지 않는 탓으로 돌려진다. 공식의 수용은 악마와 손을 잡는 것과 같다. 포옹은 했으나 애무는 하지 못하는 운 걸기인 셈이다. 이런 의사결정이론의 관점은 사회적·정치적 결과는 몰라도 문화적 결과만은 예견할 수 있다. 즉, 인간의 행동을 실용적 도박으로 인식하려는 성향이 더 강해지리라는 예견이다. 비슷한 예로 핵무기를 들 수도 있다. 미래사회에 대한 생각이 미래사회가 과연 존재할지 그 가능성에 대한 생각, 시시각각 변화하는 운에 대한 생각으로 바뀌는 것이다.

* 제안을 받아들이는 것 말고는 달리 선택의 여지가 없는 상황을 뜻한다. 17세기 말 대여업자 토비아스 홉슨(Tobias Hobson)이 손님들에게 마구간 입구에 있는 말부터 차례로 빌려주고, 다른 말을 고르려고 하면 아예 말을 빌려주지 않았다고 한 데서 연유한 말이다.

1. 단기간에 성공과 실패의 거대한 흐름에 휩쓸리기 쉽고 재정상의 위험과 기복이 심한 상업 분야의 직종이다. 시장 투자자와 부동산 투자자, 기업사냥꾼,[25] 투기꾼이 그런 직종에서 일하는 사람들이다.

  2. 신체적으로 위험한 산업 분야의 직종이다. 광산, 대규모 건설공사,[26] 항공기 성능 시험, 유전 탐사 따위가 이에 속한다.

  3. 치열한 경쟁조건 아래서 수수료를 받거나 건당 계약을 맺고 일하는 영업직 또는 기획직처럼 기업세계의 '공격적' 직종이다. 이 같은 직종에서는 소득과 명성을 재빠르게 획득할 수도 있지만 일시적 업무능력 약화라든가 날씨나 구매자의 변덕처럼 예상하기 어려운 갖가지 일들이 벌어져 망하기도 쉽다.

  4. 정치인, 연기자, 연예인 등 공연을 주로 하는 직종이다. 공연자들은 무대에 오를 때마다 공연을 망치고 명성을 위험에 빠뜨릴 우발적 사태가 벌어지기 쉬운 조건에서 청중의 관심을 사로잡고 유지해야 한다. 이러한 직종은 약간의 나태와 사소한 사고가 치명적 결과를 초래할 수 있다.

  5. 군인과 경찰 같은 천직[27]도 있다. 평범한 직업 범주 외부의 공공 생활 영역에 배치되어, 작정하고 일을 벌이는 자들의 손에 신체적 상해를 당할 위험을 무릅쓰고 공적 임무를 수행하는 이들이다. 일반 시민과는 지위가 다르다는 사실이 자발적 결정이라는 관념을 강화시켜 주는 듯하다.

∴

---

25) F. Barth, "Models of Social Organization," *Royal Anthropological Institute Occasional Paper*, No. 23(Glasgow: The University Press, 1966), p. 6을 볼 것.
26) 최근 이런 직업을 다룬 책으로는 G. Talese, *The Bridge*(New York: Harper & Row, 1965)가 있다.
27) 이런 특성에는 흥미로운 딜레마도 있다. 전방에서는 명예를 걸고 위험을 무릅쓰는 전통을 지켜야 마땅하지만, 후방에서는 회색 제복을 입는 평범한 사무직도 필요하다. M. Janowitz, *The Professional Soldier*(New York: The Free Press, 1960), pp. 35~36.

6. 범죄자 생활도 있다. 특히 잡범들의 경우 기회는 상당히 많지만, 또 지속적으로 그리고 새롭게 마주치는 위태로운 상황—신체적 위험이나 시민 자격을 박탈당할 위험, 기대에 미치지 못하는 수입 따위—에 놓이기 쉽다.[28] 거리의 '작업'은 항상 예측하기 힘든 기회를 포착하는 감수성과 계획한 작업에서 얻을 수 있는 기대치를 놓고 신속한 결정을 내릴 준비가 되어 있어야 한다. 모든 면에서 불확실성이 지극히 높은 상황이다. 앞서 보았지만, 범죄 현장에 들어가고 현장에서 벗어나는 단순한 일도 범죄자에게는 운명을 건 도박이다.

7. 운명을 건 활동은 또 관중 경기를 하는 프로 스포츠에서도 볼 수 있다. 선수들의 돈, 명성, 신체적 안전이 한꺼번에 위험에 빠질 수 있다. 축구, 권투, 투우가 그렇고 스털링 모스(Sterling Moss)의 직업이 그렇다.

> …… 가장 빠르고 가장 경쟁적인 선수들과 겨루는 최고의 자동차경주, 그랑프리는 세상에서 가장 위험한 스포츠다. 사람이 죽는다. 최근 한 해 사망률은 25%로, 4명 중 1명이 죽는다. 이는 전투기 조종사나 낙하산 부대원의 사망률을 넘어선다.[29]

8. 마지막으로, 위험하기 짝이 없고 관중이 보지 않는 오락용 스포츠도 있다. 등반, 맹수 사냥, 스킨다이빙, 스카이다이빙, 서핑, 봅슬레이, 동굴탐험이 이 범주에 든다.

∴

28) 삶이 운 걸기로 점철된 빈민가 절도범의 초상을 잘 보여주는 전기가 있다. H. Williamson, *Hustler!*(New York, Doubleday, 1965). C. Brown, *Manchild in the Promised Land*(New York:Macmillan Co., 1965).
29) S. Moss(K. Purdy와 공저), *All But My Life*(New York: Bantam Books, 1964), p. 10.

V. 적응

사건이 벌어지지 않는 순간은 사후영향을 미치는 문젯거리가 없는 순간이라 규정했다. 그런 순간은 무미건조하다. (그런 순간에 불안을 느낀다면 그것은 나중에 사건이 벌어질까봐 불안한 것이다.) 그렇지만 사람들이 위험과 기회―흔히 위험을 무릅써야만 생기는 기회―를 동반하는 실용적 도박을 자진해서 포기하고 무미건조한 상태에서 편안함을 느끼려 하는 데는 그만한 이유가 있다. 그 하나는 안전성이다. 사건이 벌어지지 않는 상황에서는 행동궤도를 확실히 관리할 수 있고 목표를 점진적으로 그리고 예상대로 실현할 수 있다. 그렇게 자기관리를 잘하는 사람이라야 다른 사람들의 기획에도 무리 없이 효과적으로 통합될 수 있다. 삶의 불확실성이 적은 사람일수록 사회는 그를 더 잘 활용할 수 있다. 그러니 개인은 운명적 사건 발생을 최소한으로 줄이기 위해 현실주의적 노력을 기울이며 격려도 받는다. 위험에 대처하는(coping) 것이다.

위험에 대처하는 기본기 중 하나는 몸조심이다. 개인은 행여 부상당할 위험성이 있을까 조심한다. 의자를 뒤로 너무 기울이지 않는다든가 복잡한 교차로를 건널 때는 정신을 차린다든가 한다.[30] 진지한 업무를 할 때와 마찬가지로 빈둥거릴 때도 몸조심은 의무에 속한다. 약간의 몸조심은 언제나 해야 하는, 인간존재의 항구적 조건이다. 그래서 어느 사회에서나 부모가 자식을 염려하여 당부하는[31] 말은 '몸조심'하라는 것과 피할 수 있는 운

---

30) 이런 조심성은 흔히 안전설계로 구현된다. 예컨대, 의자는 부서지거나 등받이가 뒤로 넘어가지 않도록 제작된다. 자동차도 곧 상해를 최소화하도록 설계될 것이다.
31) 에드워드 그로스(Edward Gross: 1932년 로스앤젤레스 하계올림픽에서 은메달을 수상한 미국 체조선수 ― 옮긴이)의 지적이다.

명적인 사건에 쓸데없이 끼어들지 말라는 것이다.

　사건 발생을 통제하는 또 다른 수단이자 몸조심만큼이나 많이 강조되는 것은 준비성이다. 이는 장기적 결과를 이루기 위해 아주 조금씩 쌓아가는 행동으로 나타나는 장기목표 지향성이다. 저축계좌 마련하기, 일터에서 근속 경력 쌓기, 승진을 위해 단계별 훈련과정 이수 하기가 실례이다. 집안을 크게 일으키는 일 역시 이 범주에 해당한다. 중요한 것은 어느 하루 노력을 생략해도 전체 결과에는 영향이 없다는 점이다. 여기에 삶에 대한 칼뱅(Calvin)식 해결책*이 있다. 일단 하루 일과를 아무런 소득도 없는 일과 조금씩이라도 결과에 보탬이 될 일로 분리해두면 정말로 잘못될 일은 없다는 것.

　운명적인 사건으로부터 스스로를 보호하는 또 하나의 모범적 수단은 다양한 형태의 보험이다. 가령, 가구주는 양초와 여분의 퓨즈를 마련해두고 운전자는 예비 타이어를 준비해두며 성인은 의료보험을 들어둔다. 곤경이 닥칠 경우 치러야 할 비용을 삶의 경로 전체에 골고루 분산시켜 '큰 손실을 작은 고정비용으로 바꾸는 것'이다.[32]

　예의범절 체계 역시 원치 않은 운명적 사건, 이를테면, 본의 아니게 상대를 모욕하는 무례를 저질렀을 때를 대비한 보험의 형태로 볼 수 있다. 예의범절 체계는 특히 대면 상호작용을 안전하게 관리할 수 있는 통제수단이다.

　위험을 줄일 수단이 있고 그 수단에 의지하면 불안을 야기하는 새로운 조건, 새로운 근거가 생긴다는 점에 주목하자. 별 탈 없으리라 여기고 있

---

32) Knight, *op. cit.*, p. 246.

* 프랑스의 신학자이자 종교개혁가인 장 칼뱅(Jean Calvin, 1509~1564)이 말하는 청교도 윤리, 신에게 구원받을 사람으로서의 징표를 확인할 수 있는 개인의 실천방안을 가리킨다.

는데 뜻밖의 사건이 일어나고 사건의 여파가 그 순간을 넘어서서 이후 개인의 삶을 훼손하게 되면 개인은 이중으로 손실을 입는다. 문제가 된 최초의 손실에다 자기 스스로에게나 남들 눈에나 자신이 위험을 최소화하고 후회할 일은 피하는 이성적 통제력, 즉 '조심성'이 없는 사람으로 비쳐 손실을 보태는 셈이다.

운명적 상황에 개인이 현실적으로 대처하는 수단—대체로 회피성 수단—들을 살펴보았다. 이제 이런 대처수단과 혼동하기 쉽지만 쟁점을 달리하는 방어행동(defensive behavior)을 살펴봐야 한다.

운명적 결과가 예상되는 활동은 불안과 흥분을 불러일으킨다. 내기의 효용성은 내깃돈의 효용성과는 아주 다를 수도 있다는 뜻이다. 또한 사람은 달갑지 않은 사건이 생기면 후회하고, 바라던 결과가 나오지 않으면 낙심한다. 운명적 사건과 관련해 불안, 자책, 낙심과 같은 정서적 반응을 관리하는 수단을 방어(defense)라고 한다.[33]

운명적 사건의 관리에서 관심을 돌려 정서적 상태의 관리를 살펴보려면 내기의 단계를 다시 한 번 들여다볼 필요가 있다. 사실 객관적으로 보면 내기의 결과가 결정되는 단계가 아닌데도 운명적 순간처럼 느끼며 반응하는 상황이 있다. 시험 결과가 든 봉투를 받은 사람은 봉투를 열어 끔찍한 소식을 눈으로 보기 전까지 흥분과 불안을 느끼며 소소한 금기와 통

---

33) D. Mechanic, *Student Under Stress*(New York: The Free Press, 1962), p. 51에서 사용한 대처와 방어의 구분법을 따랐다. B. Anderson, "Bereavement as a Subject of Cross-Cultural Inquiry: An American Samole," *Anthropology Quarterly*, XXXVIII(1965), p. 195에서도 비슷한 구분법을 볼 수 있다.
스트레스 요인 지향적 행동(stressor-directed behavior)은 기억에서 지워버리기, 문제 해소하기, 영향을 미친 조건의 충격 줄이기 방법이고, 긴장 지향적 행동(strain-directed behavior)은 신체적·심리적 긴장에서 생긴 불편을 이완하는 방법이다.

제 의례를 행한다. 아내의 상태나 아이의 성별을 알려주려고 간호사가 다가올 때 그 모습을 보는 사람은 그 순간을 운명적 순간으로 느낄 것이다. 조직검사를 받은 사람이 자신의 병이 악성인지 양성인지 검사 결과를 들고 병원 직원이 다가오는 것을 보는 순간도 그럴 것이다. 그러나 이런 순간은 실제로는 운명적 순간이 아니라 단지 결과가 분명하게 드러나는 순간일 뿐이다. 개인의 운명은 소식을 듣기 전에 이미 결정이 나버린 상태다. 할 수 있는 일이 아무 것도 없는 뒤늦은 순간에 이미 진행되고 있는 상태를 통보받는 순간일 뿐이다. 편지 봉투를 열거나 조직검사 결과를 본다고 해서 상태를 결정짓거나 결과가 달라지지는 않는다. 단지 결과를 알게 될 뿐이다.[34]

결과가 드러나는 순간과 마찬가지로 이미 결정이 난 중대사가 특별한 방식으로 마침내 청산되는 마지막 순간도 흥분과 운명에 대한 관심을 불러일으킨다. 그래서 현대 유럽 사회에서 사형수의 마지막 발걸음은 한 발짝씩 죽음에 가까이 다가가는 것이긴 하지만 운명적 사건은 아니다. 사형 집행은 단지 극적인 사건일 뿐이고 실제 운명적 사건은 재판이다. 수없이 사형을 언도하고 멀리 떨어진 곳에서 사형을 집행했던 18세기에는 재판이 재판 후 집행과정만큼 운명적 사건은 아니었다. 물론 최근에는 사형 폐지 운동과 더불어 재판 후 과정이 다시 두드러진 운명적 사건이 되고 있다.

토론거리가 많았던 문제를 이 글의 주제와 관련해 이 정도로 간략히 언

∵

[34] 물론 생사가 달린 문제가 아니라 어떤 상황이 닥쳤는지를 알고 상한 몸 상태에 적응하는 방법과 관련된 것일 때는 즉시 적응하는 법을 배우지 못하면 결국에는 치명적인 손상을 입을 수도 있다. 그런 경우에는 질병 자체가 아니라 재활 노력을 기울여야 할 시기 선택에 운명이 달려 있다. 마찬가지로 적수와의 경쟁에서 개인의 신속한 반응이 전략적으로 중요한 경우라면, 밝혀진 결과에 영향을 미칠 수는 없을지라도 결과를 아는 시점이 운명을 좌우할 수도 있다.

급하고 이제 방어유형을 살펴보자.

가장 분명한 방어유형은 아마도 운명에 아무런 객관적 영향을 주지 않는 의례적 미신을 행하는 경우일 것이다. 권투선수들이 진실이라 믿고 하는 행동이 그 실례를 보여준다.

시합은 대부분 판세를 예측할 수 없다. 그래서 권투선수들에게는 대개 자신감과 정서적 안정감을 주는 미신이 있다. 더러는 트레이너나 매니저가 선수를 통제하는 데 그런 미신을 이용하는 경우도 있다. 어떤 선수는 특정 음식을 먹으면 힘이 생겨 반드시 이길 것이라고 믿고 있었다. 어떤 선수는 맨 처음 승리한 시합에서 입었던 가운 착용을 고집한다. 인디언 담요를 두르고 링에 오르는 선수도 있다. 소중히 다루는 소지품이 있는 선수도 많고, 상대 선수 다음에 링에 오르려고 하며 그 순서에 특별히 중요한 의미를 부여하는 선수도 있다. …… 훈련 모습을 여자들이 보면 재수가 없다고 우기는 선수도 있다. 한 선수는 자기가 미신을 믿는 사람이 아님을 보여주기 위해 시합이 있을 때마다 사다리 밑을 걷곤 했는데 그 자체가 마법적 의례가 되어버렸다. 많은 선수들이 이런 태도와 다를 바 없는 종교적 믿음을 강화하며 사물함에 성경을 보관하곤 했다. 권투 글러브 안에 묵주를 넣어두는 선수도 있었다. 그는 묵주를 잃어버리기라도 하면 시합 전에 아침 시간을 성당에서 보내려 했다. 이런 미신들은 지역문화나 인종문화에서 나온 것이지만 선수들 사이에서는 더욱 강력하게 작용했다. 백인이든 흑인이든, 예비 선수이든 챔피언이든 다르지 않았다.[35]

---

35) K. Weinber and H. Arond, "The Occupational Culture of the Boxer," *American Journal of sociology*, LXVIII (1952), pp. 463~464.

도박꾼들도 종교적 성격은 덜하지만 비슷한 미신을 가지고 있다.³⁶⁾

위험을 줄이거나 피할 목적으로 이루어지는 현실주의적 관행은 형태가 어떻든 분명히 불안과 자책감을 줄이는 부수효과, 즉 방어 기능이 있다. 중요한 결정을 놓고 냉철하게 게임이론의 보상행렬로 해결하려는 사람은 고통스러운 위험을 계산된 위험으로 줄이려는 것이다. 그런 정신 상태는 마음에 평화를 가져다준다. 유능한 외과 의사처럼 누구라도 할 수 있는 일을 자기도 한다고 느끼기에 괴로워하거나 반발하지 않고 결과를 기다릴 수 있다. 내기의 결과가 결정되는 단계와 결과가 드러나고 청산되는 단계의 차이를 분명히 인식하면, 행동이 이루어지는 동안에 생기는 불안을 처리하는 데 도움이 된다. 그런 분별력이 방어기능을 한다.

그렇다면 당면한 상황의 결정력을 무시할 만한 인과적 근거는 쉽게 드러나는 것이 아니라 애써 찾아내야 하는 것이다. 찾아낼 수 없으면 상상이라도 한다. 그래서 이를테면 현장에서 결정되는 사건을 앞서 이루어진 결정의 결과로 해석하는 경우도 생긴다. 이러한 '방어적 결정론' 식의 해석은 운명, 예정된 숙명, 하늘의 뜻에 대한 믿음에서 볼 수 있다. 자신과 관련된 중대사를 이미 결판이 난 운일 뿐 자기로서는 속수무책이라고 생각하는 것이다. 한 실례가 군인의 격언에 담겨 있다. "내 차례가 되기 전에는 죽지 않을 텐데 무슨 걱정인가."³⁷⁾

인과관계를 외부상황에서 찾을 수도 있고 당사자의 책임감을 덜기 위해

---

36) 현대사회에서 그런 관행은 분명 양가감정을 불러일으키며 쇠퇴하고 있다. 전통적으로 미신을 믿는 어부 집단의 변화상은 J. Tunstall, *The Fishermen*(London: Macgibbon & Kee, 1962), pp. 168~170을 볼 것.
37) W. Miller "Lower Class Culture as a Generating Milieu of Gang Delinquency," *Journal of Social Issue*, XIV(1958), pp. 11~12의 운명에 관한 논의를 볼 것. 물론 종교적 뿌리는 장 칼뱅과 금욕적 청교도주의에서 볼 수 있다.

당면한 상황의 압력에서 찾을 수도 있다. 개인이 스스로를 희생의 제물로 삼아 사건의 원인을 자신의 고질적인 성격 특성에 돌림으로써 운명적 사건을 '올 것이 왔을 뿐'인 사건으로 바꾼다. 부주의해서 사고를 당하면 "그럼 그렇지, 나는 늘 그렇다니까"라고 말하곤 한다. 결정적으로 중요한 시험을 앞두고 있는 사람은, 시험이 공정할 것이고 시험 결과는 자기가 그동안 얼마나 열심히 공부 했는지 여부에 달려 있다고 말하며 자기를 달랜다.

더욱이 순전히 운수소관이라는 믿음은 자기를 보호하기 위해 무언가 할 수 있었고 또 반드시 해야 했다고 생각할 때의 자책감에서 개인을 구해준다. 이는 방어적 결정론과 상반되는 일종의 방어적 비결정론의 방침을 택하는 것이지만 결과는 같다. "누구 탓도 아니야, 불운했을 뿐이지"라고 말하는 셈이다.[38]

그렇다면 분명 대처와 방어에 대한 전통적 설명은 운명적 사건에도 적용할 수도 있다. 그러나 전통적 설명은 운 걸기에 대한 광범위한 적응 양태를 간과하고 있다. 항시 운명적 상황과 마주치는 사람, 예를 들어 전문 도박사나 최전방의 병사가 삶에 적응하는 방식을 세밀하게 관찰해보면 특이하게도 그들은 결과에 대한 경각심이 아주 무디다는 사실을 알 수 있다. 도박을 거는 세상도 결국은 하나의 세상이며, 운을 거는 사람은 그 세상을 어떻게 헤쳐 나갈지를 배운다. 도박자는 자기가 이전에 세상과 맺은 관계는 평가절하하고 남들이 확실하다고 생각하는 세상을 운이 걸린 관계로

---

38) Cohen, *op. cit*, p. 147에 인용된 예도 있다. "'행운'에 기댈 가능성이 있다는 사실은 다른 상황에서도 큰 위안이 된다. 1962년에 영국의 대학들이 입시에서 지원자 2만여 명을 불합격시켰다. 불합격자 다수는 입학 허가에는 성적만큼이나 행운도 작용한다는 말로 불합격과 자존심을 절충시키려 했다. '지원서 제출은 대박을 기대하고 슬롯머신에 동전을 집어넣는 것과 다름없다'고 불합격자들은 도박꾼처럼 묘사된다."

받아들임으로써 부침을 거듭하는 자신의 처지에 적응한다. 관점은 상황을 정상화하는 경향이 있다. 상황조건을 완전히 받아들이면 삶이 그런 조건들로 구성될 수 있다. 또 밑에서 위를 올려다보면 추락이 아니라 상승이 일시적인 것으로 보일 것이다.

VI. 행동

운명적 사건은 어떤 종류이든 대처할 수도 있고 방어할 수도 있지만 완벽하게 피할 수는 없다. 이미 지적한 바 있지만, 더 중요한 것은 결과에 걸린 운의 크기, 비율, 문젯거리를 합쳐보면 실로 운명적인 것이라 할 수 있는 활동들이 있다는 점이다. 그런 점이 바로 개인이 상황을 실용적 도박으로 인식―심각한 운이 걸린 일을 자유의지로 수행한다는―하게 한다.

어떤 사람들은 위험하다고 생각되는 일을, 맡겨진 임무라서 부득이 수행하면서도 때로는 자신의 공으로 돌린다. 이 역시 운명적 업무에 대한 방어적 적응의 결과다. 운명적 임무를 수행하는 사람은 자신이 위태로운 상황에 나서는 걸 두려워하지 않는 자존심을 가진 인물로 생각한다. 그런 사람들은 자기의 안녕과 명성을 위험에 빠뜨릴 각오를 하고(그렇다고 주장하며) 마주치는 일마다 투쟁으로 변질시킨다. 그들은 진정으로 능력을 검증받지 않는 안전하고 안정된 직업을 가진 이들을 내심 경멸한다. 그들은 자청해서 기회와 위험으로 가득 찬 일을 기꺼이 계속할 뿐만 아니라 안전한 대안을 거부하고 일부러 그런 환경을 택한다고 주장한다. 스스로에게 그럴 만한 능력과 의지가 있으며 심지어는 도전 속에서 살아가려는 기질이 있다고까지 말한다.[39]

긴박한 상황에서 솜씨를 발휘해야 하는 유능한 빈집털이나 소매치기들은 얄팍한 좀도둑들을 기껏해야 얄팍한 술책 말고는 별 재간이 없는 작자들이라고 얕잡아본다.[40] 같은 이유로 장물아비를 '배짱 없는 도둑놈'이라고 멸시한다.[41] 네바다의 카지노 딜러들도 마찬가지다. 집요하게 승리에 집착하는 도박자들을 만나면 냉정을 유지하며 그들이 기술, 요행, 속임수를 쓰지 못하도록 철저히 막아야 한다는 것. 그렇지 않으면 자신이 경영진의 신뢰를 잃는다는 것을 알고서 도박대에 나선다. 딜러들은 날마다 그런 상황을 맞닥뜨리기 때문에 자신들은 최전선에서 일하지 않는 카지노 종업원 따위와는 다르다고 생각한다. (어떤 카지노에서는 큰돈이 걸린 게임에서 도박자들이 이따금씩 누리는 행운을 자연스럽게 조절하기 위해 또는 배짱이 두둑한 인물이 진지하게 도박에 임할 때의 불확실성을 제거하기 위해 특별히 뛰어난 딜러를 투입하기도 한다. 이런 딜러들은 섬세함, 신속함, 집중력을 요하는 기량을 훈련한다. 실수가 눈에 띄기 쉬운 직업이다. 게다가 도박자들은 눈에 불을 켜고 딜러들의 실수가 없는지 사소한 부분까지 그 증거를 공개적으로 그리고 호전적으로 탐색한다. 그래서 카드 게임과 주사위 게임을 능란하게 다루는 '전문가'들이 딜러가 아

---

39) 헤밍웨이(E. Hemingway)는 *Death in the Afternoon*(New York: Scribners, 1932), p. 101에서 이런 딱지가 붙은 남자들은 매사를 엄밀하게 따지려 하지 않는 질병이 있다고 지적한다. "매독은 중세기 십자군 사이에 있었던 질병이었다. 아마 매독은 그들을 통해 유럽에 들어온 것으로 추정되는데, 일의 결과를 따지려 하지 않는 태도로 살아가는 사람이라면 누구나 갖고 있는 질병이다. 무질서한 성생활을 하는 사람들, 피임법을 쓰기보다는 운에 맡기려는 습성을 지닌 사람들에게 생길 수 있는 직업병이다. 매독은 예견된 결과, 아니 그보다 지나치게 문란한 성생활을 계속하는 사람들이 맞이하는 삶의 한 단면이다." 남성다움으로 가는 이런 길을 페니실린이 가로막았다.
40) C. Shaw, "Juvenile Delinquency-A Group Tradition," *Bulletin of the State University of Iowa*, no. 23, N.S. No. 700(1933), p. 10, R. Cloward and L. Ohlin, *Delinquency and Opportunity*(New York, The Free Press, 1960), p. 170.
41) S. Black, "Burglary, Part Two," *The New Yorker*, December 14, 1963, p. 117.

닌 이들은 물론 **평범한** 딜러들조차 얕잡아보는 것도 당연하다.)[42] 내가 셰틀랜드 섬에서 알고 지낸 소규모 어업에 종사하던 어부들도 그와 비슷한 감정을 가지고 있었다. 그들은 하루에 대여섯 차례 물고기를 낚는데 매번 잡히는 양의 차이가 커서 내기를 걸곤 했다.[43] 릴이 올라오고 그물에 고기가 걸렸는지 응시하는 순간 오금이 저릴 만큼 전율을 느낀다고 했다. 그런 순간을 경험하고서도 음식 생각이 날 사람은 그 섬에는 없다고 말할 정도였다. 운수소관에 맡겨야 할 생업으로 아버지와 함께 양봉을 했던 에드먼드 힐러리 경*의 견해도 재미있다.

시원한 공기와 태양, 고된 육체노동이 있는 좋은 생활이었다. 불확실성과 모험이 있는 삶이기도 했다. 변덕스러운 날씨와 한순간에 1,600개나 되는 벌통으로 미친 듯이 달려드는 벌들과 계속 싸워야 했다. 벌통에서 마지막 꿀을 받기 전까지는 수확량이 얼마나 될지도 알 수 없었다. 꿀이 흐르는 그 짜릿한 날들을 통틀어 풍작의 꿈이 우리를 길고 고된 노동으로 내몰았다. 우리는 구제불능의 낙천가들이었다는 생각이 든다. 겨울철에는 덤불로 뒤덮인 우리의 사랑스러운 언덕을 돌아다니며 자립심도 좀 배웠고 처음으로 어렴풋이 미지에 대한 흥미가 꿈틀거림도 느꼈다.[44]

∴

[42] 딜러들은 살인을 저지른 무리의 교수형이 집행되는 바로 옆방에서, 딜러의 속임수가 발각되면 절대로 용서하지 않을 고객들에게 '패를 돌리던' 뉴욕의 블랙잭 딜러를 숭배하기까지 하며 준거 모델로 인용한다. 그런 일터에서 살아남을 수 있었던 이들은 틀림없이 자신들을 그 분야에서 누구도 대적할 사람이 없을 만큼 대단한 침착성의 소유자라고 생각했을 것이다.
[43] 1949~1950년에 진행된 현장연구.

* 에드먼드 힐러리 경(Lord Edmund Hillary, 1919~2008)은 1953년 5월 세계 최초로 히말라야의 최고봉 에베레스트 등정에 성공한 뉴질랜드의 산악인이자 문필가이다.

이런 태도를 보면 우리는 최상의 결과란 나쁜 일들로 만들어지는 것인가 의구심이 들기도 한다. 그러나 이는 현실적인 설명이라기보다는 합리화에 가깝다. (마치 자기결단력이라는 환상이, 위험을 무릅써야 할 일을 기꺼이 감수하겠다는 의지를 보여준 사람에게 사회가 주는 보상인 것처럼 생각하는 것이다.) 운에 좌우되기 쉬운 직업적 역할의 선택도 결국은 맨 처음 그 역할을 받아들이고 안전한 길을 포기하는 순간에 이루어진다. 일단 그 길로 투신하고 나면, 날마다 새로운 결정을 내리기보다는 끊임없이 나타나는 제약들과 맞서는 수밖에 없다. 직업적 지위의 상실을 각오하지 않고서는 그가 운 걸기에서 물러나는 식의 선택을 할 수는 없다.[45]

그러나 개인이 한번 시작했다고 해서 반드시 계속할 의무가 없는 운명적 활동도 있다. 우선 그에게 운명과 맞서도록 강제하는 아무런 외부 요인이 없다. 그에게 활동을 계속할 어떤 외적 목표가 있는 것도 아니다. 순전히 자유의사로 찾아내고 받아들인, 활동 그 자체가 목적인 활동이다. 활동에서 성취한 기록이 개인이 활동에 참여하는 이유이고, 그렇기에 아무런 단서가 붙지 않은 그의 진면목에 대한 직접적 표현이자 정당한 평판의 토대라 할 수 있다.

나는 행동(action)을 사후영향이 있고 문젯거리이며 그 자체가 목적인 활동이라는 의미로 쓴다. 이런 특성이 얼마나 강조되는지에 따라 행동의 강도―심각성 또는 진실성―가 좌우되는데, 이는 앞서 다른 운의 경우와 마

---

44) E. Hillary, *High Adventure*(New York: Dutton, 1955), p. 14.
45) 맥캔널(MacCannell) 학장은 일자리를 놓고 도박을 하는 직업이 있다고 지적한다. 가령, 야간 경비원이 업무시간 중에 영화를 보러갈 때는 영화 못지않게 시간을 빼돌리는 도박도 즐긴다. 그러나 이런 직업들은 특별한 자격 요건이 없거나 더 나은 일을 할 자격을 갖추지 못한 사람이 쉽게 드나들 수 있는 '단순직'이다. 가끔 현장 감시가 있을 뿐인 직종에서는 일자리를 건 도박이 벌어지기 쉽다.

찬가지로 측정하기가 애매하다. 행동이 가장 선명하게 드러나는 경우는 주의 집중력과 경험이 온전히 유지될 만큼 짧은 시간 안에 내기의 4단계―준비, 결정, 결과의 노출, 청산―가 진행될 때다. 개인은 불과 몇 초 안에 드러날 미래의 재산에다 위태로운 내기를 걸며 그 찰나의 순간에 자신을 던진다. 그런 순간에는 사람을 흥분에 빠지게 하는 특유의 정서적 자극이 있다.

변화무쌍한 주사위 게임이 그렇듯이, 행동의 장소는 쉽고 빠르게 바뀔 수 있다. 주사위 게임이 칼싸움으로 번지면 행동의 장소가 변한다. 그렇지만 행동의 종류가 바뀌는 중인데도 참여자들은 내용과는 상관없이 마치 그 순간, 그 상황에서의 행동이 말 그대로 가장 심각한 행동인 것처럼 여기며 이전과 같은 용어로 규정한다.[46] "행동이 있는 곳이 어디야?(Where's the action?)"라는 저 유명한 질문을 던질 때 개인의 관심은 행동의 종류보다는 행동의 강도에 있다.

행동에 참여할 때는 누구든 두 가지 매우 특징적인 자질을 발휘한다. 소중한 자산을 위험에 빠뜨리거나 운에 맡기는 사람이 있는가 하면, 필요하다면 어떤 행동도 마다하지 않는 사람이 있다. 뒤의 경우는 보통 독자적 유형[47]으로 자기가 발휘하는 능력에다 자기의 명성을 거는 위험을 무릅쓴다.[48] 그러나 앞의 경우는 자기가 도박에 건 자산을 쉽게 다른 사람들과 공

⁂

[46] 그래서 네드 폴스키(Ned Polsky)는 "The Hustler"(*Social Problems*, Xii, 1964, pp. 5~6)에서 노련한 고수들이 푼돈을 걸고 하는 당구 게임이 순식간에 풋내기들이 큰돈을 거는 판으로 바뀌는 모습을 보여준다.
[47] 실행 능력을 개인의 능력으로 보는 경향이 있지만, 갱단의 폭력처럼 개인이 여차하면 구조 요청을 할 수 있도록 분명히 뒤를 받쳐주는 이들이 있기에 가능한 능력임이 분명한 상황도 있다. 또한, 일부 강도단처럼 몇 사람이 정교하게 조율된 행동을 하도록 짜놓았기 때문에 개인의 행동이 가능한 상황도 있다. 다양한 상황 조건에서 이루어지는 상호조율이 행동의 원천인 셈이다.

유하거나 심지어는 몽땅 다른 사람들이 '가져가게' 하기도 한다. 그렇다면 행동은 보통 성과의 '일부'만 얻을 수 있는 무엇인 셈이다. 행동을 실행에 옮기는 것은 한 개인이지만 그가 대표하는 부류는 바뀌기도 한다. 그러나 편의상 다른 누구의 것이 아니라 자신만의 독자적 행동을 취하는 경우에 초점을 맞추어 분석하는 편이 좋겠다.

물론 행동이라는 말이 은어로 쓰이기 시작한 것은 도박의 세계에서다. 그리고 도박은 행동의 원형에 속한다. 네바다의 카지노에는 다음과 같은 용법도 있다. 푼돈을 건 사람과 그날 그 사람이 딴 돈을 가리켜 '서푼짜리 행동'이라 하고, 큰돈을 걸면 '멋진(진짜배기 또는 통 큰) 행동'이라 한다. 거액 도박자들을 만나 쩔쩔매는 딜러는 '행동을 다룰' 줄 모른다는 소리를, 차분한 딜러는 '행동의 처리에 능숙하다'는 소리를 듣는다. 도박에 거는 돈이 커지고 사람들이 많이 몰리면 신참 딜러들은 '행동에서 빼고' 솜씨 좋은 딜러들을 '행동에 투입'한다. 상한선이 높은 게임을 피하는 카지노는 '행동을 원치 않는'다는 말을, 통 큰 도박자들을 태연하게 맞는 도박장은 '행동을 취할 능력이 있다'는 말을 듣는다. 돈을 많이 '뿌리는' 것으로 알려진 '판을 키우는' 사람은 카지노가 '그의 행동을 좋아하기' 때문에 환대를 받는다. 도박장의 관리자들은 어떻게든 자기가 그 자리를 지킬 만큼은 벌어들이는 사람임을 보여주는 데 신경을 쓰며 약간 떨어진 자리에서 요령껏 '행동을 지켜보는 사람들'이다. 속임수를 쓰거나 21게임에서 '카드를 셈'할 줄

48) 걸려 있는 판돈의 객관적 가치보다는 행동을 실행에 옮기는 사람으로서의 명성에 더 관심을 둘 수도 있다. 예를 들면, 카지노 딜러는 특히 '끼어들기' 단계에서는 같은 돈을 걸더라도 근무시간에 큰 판돈이 걸린 도박판을 관리하는 일이 근무가 끝난 후 고객으로서 도박을 하는 일보다 더 어렵다고 한다.

아는* 것으로 알려진 사람은 '우리는 그런 행동을 원치 않는다'는 말을 들으며 카지노에서 영원히 추방된다. '행동을 계속할지 말지' 망설이는 이들이나 내기 요건을 잘 지키지 못하는 이들은 다른 도박자들에게서 '행동을 계속할 수 있겠느냐'는 소리를 듣는다. 유능한 카지노 관리자들은 '주어진 행동의 일부' 즉, 소유 지분('점수')에 따라 배당을 받기도 한다. 대규모 카지노에 내깃돈의 하한선을 높게 정한 '행동 구역'이 있듯이, 한 가지 종류의 도박만 하는 카지노에도 그 위치나 내깃돈의 상한선으로 볼 때 '행동 테이블'이라고 불리는 도박대가 있기 마련이다.[49]

행동은 그 유형이나 규모와는 관계가 없지만, 행동의 규모도 내깃돈의 크기와 참여한 도박자 수의 단순한 합으로 보면 안 된다. 이 점은 주사위 게임에서 가장 잘 드러난다. 혼자서 수백 달러를 거는 도박대는 스무 명이 5달러나 10달러를 거는 도박대보다 행동이 더 많은 것으로 볼 수 있다. 종류가 다른 내기 도박자들로 '북적이는' 도박대가 열 명 남짓이 줄을 서서 한 차례씩 내기를 한 결과가 합쳐져 판돈이 커진 도박대보다 행동이 더 많은 것이다. 따라서 딜러가 '행동을 처리'할 줄 안다는 말은 아주 통이 큰 도박자를 차분하게 다루거나, 계산할 것도 많고 보상도 신속해야 할 때 재빠르고 정확하게 일을 처리할 수 있다는 뜻이다.

도박자가 사용하는 행동이라는 말에는 행동과 운 걸기가 도박자의 밥벌

⁞

49) Polsky, *op. cit.*, p. 5에도 비슷한 사례가 나온다. 어떤 당구장들은 '행동 룸'으로, 한 당구장에서도 한두 당구대는 비공식적으로 행동에 할애한다고 한다.

---

* 21게임은 카드 두 장을 받고 합이 21에 가장 가까운 사람이 이기는 블랙잭 게임의 별칭이며, 계산할 줄 안다는 말은 이미 나와 있는 카드를 암산하고 남아 있는 카드를 예측하여 승부를 유리하게 가져가는 수법을 뜻한다. 동료와 협조하여 야바위를 꾸미는 경우도 있다.

이 수단이라는 또 다른 의미도 있다. 행동이 있는 곳이 어디인지 물을 때 도박자는 단순히 행동이 벌어지는 곳을 찾는 것이 아니라 밥벌이를 할 수 있는 상황을 찾는 것이다. 도둑과 매춘부가 생각하는 행동이 있는 곳도 그와 비슷하다. 벌이를 위해 접근할 수 있고 위험을 무릅쓸 만한 곳이 행동이 있는 곳이다.[50] 그들이 직업 세계와 맺고 있는 매우 특별한 관계를 한마디로 압축해서 자랑스레 드러내는 말이다.

처음으로 자기네가 쓰는 용어를 비도박 상황에 적용하고 또 최근에는 도박을 하지 않는 사람들까지 사용할 만큼 확산시킨 사람들은 분명 도박자들이다. 그런데도 그런 용법은 대개 정확하다. 내용은 다양해 보여도 그 바탕에는 느끼는 바를 정확하게 정의하지 못하는 사람들마저 직감으로 알 수 있는 단일한 분석적 속성이 있다.

행동에 관한 이런 용법의 확산은 행동을 광고하는 대중매체에서 가장 분명하게 볼 수 있다. 실제로 매체 관련자들은 최근 대중문화의 특성을 강조하는 과정에서 행동이라는 용어의 함축적 의미를 분명하게 드러내고 다양한 상황에 적용될 수 있음을 보여준다. 위스키아고고(음주 금지, 라이브 음악)에서 열리는 '10대들의 날'을 신문광고는 이렇게 선언한다.

원조 위스키아고고의 위대한 리듬 음악에 맞춰 춤추기— 위스키아고고, **행동이 있는 곳!**[51]

∵

50) 하워드 베커(Howard Becker)의 지적. *The Dictionary of American Underworld Lingo*, ed. H. Goldin, F. O'Leary, and M. Lipsius(New York: Twayne Publishers, 1950)에서 정의하는 행동을 보자. 범죄 활동에 쓰는 말, 이를테면, "조, 오늘 밤 집결해(출석해), 행동이 있을 거야. 브루클린 스코어(절도)지."
51) *San Francisco Chronicle*, August 7, 1965. * 위스키아고고(Whiskey à Go Go)는 헐리우드 서쪽에 있는 디스코 클럽으로 고고춤을 탄생시킨 곳이다.— 옮긴이

허브 캐인(Herb Caen)의 이스트 베이 행사를 전하는 신문기사는 이렇게 쓴다.

델 코로나도 호텔의 회장 래리 로런스와 증권 중개인 앨 슈와처가 얼마 전 팔토 카바나에서 은밀한 만남을 가졌다. 앨이 코로나도의 역사적 행동의 일부를 사들인다는 루머가 퍼진 이유다.[52]

캐인은 또 이런 기사도 쓴다.

요즘 한밤에 행동이 있는 곳이 어딘지 아는가? 바로 오클랜드다. 적어도 어제 초저녁에는 그래 보였다. 오클랜드 시장 존 훌리한과 백만장자 버니 머레이가 벌인 밀치기 시합은 히조너가 무도장 한가운데서 명예를 실추하는 결과로 끝났다. 춤꾼들은 넘어진 그를 타고 넘으며 프루그를 추었다 …….[53]

《라스베이거스 선》은 그 시합의 사진 밑에 이런 사진설명을 달아놓았다.

브리지 행동—여성들이 리베리아 호텔에서 벌어진 시합에서 브리지 고수들을 뚫어지게 보고 있다.[54]

---

52) *Ibid.*, July 22, 1965.
53) *Ibid.*, September 24, 1965.
54) *Las Vegas Sun*, Feburary 10, 1965.

진행 중인 또 다른 토너먼트를 다룬《선》의 기사제목은 이렇다.

음주 행동 2차전 돌입[55]

그리고 같은 신문의 칼럼니스트는 이런 글을 쓴다.

영화 〈엘머 갠트리(Elmer Gantry)〉에서 셜리 존스가 춘 플라멩코가 줄리엣 프라우즈 이래 요즘 가장 폭발적인 행동의 하나…….[56]

《뉴스위크》는 표지 스토리의 제목을 이렇게 단다.

시나트라: 행동이 있는 곳.[57]

《룩》에 실린 컬러 광고는 말한다.

세븐 업 …… **행동이 있는 곳!** 행동하는 군중에게 진정한 자연을! 생기로 반짝이는 빛 …… 갈증을 순식간에 풀어주는 행동. 찾으세요, 세븐 업 …… 행동이 있는 곳이라면![58]

∴

55) *Ibid.*, December 4, 1965.
56) *Ibid.*, April 20, 1965.
57) *Newsweek*, September 6, 1965.
58) *Look*, August 24, 1965.

잡지 《캘리포니아 리빙》의 광고는 립스틱을 바르는 소녀를 보여주며, 한 면의 절반을 "소녀의 입은 언제나 움직인다"라고 암시하는 제목을 단다.

아름다움을 향한 행동이 있는 곳[59]

같은 잡지의 표지에는 10대들을 겨냥해 꾸며진 백화점의 한 점포에 걸린 두 모델의 사진이 실려 있다. 거기에 이런 제목을 붙인다.

패션 행동을 찾아보시라.[60]

주인이 나타나지 않은 샌프란시스코 경찰국의 장물 세일을 다룬 특집기사는 경매인이 "경매에 참여한 몇백 명에 이르는 사람들을 위해 활기를 유지"한다며 이렇게 쓴다.

절도범들에게 명예가 없다면 장물이란 것도 없으리. 왜 그런지 경찰 경매에 와서 행동을 보시라.[61]

금융 분야 칼럼니스트도 마찬가지다.

---

59) *California Living*, November 7, 1965. 행동의 자세는 예상치 못한 신체 부위에도 나타난다. 내 단골 술집 주인이 값싼 네덜란드 수입 맥주를 추천하며 한 병 따서 맛보라고 내 얼굴에 디밀며 "행동을 맛보세요" 했다.
60) *Ibid.*, Feburary 13, 1966.
61) *California*, April 17, 1966.

1929년 10월, 1962년 5월에는 공황 상태에 빠진 팔아치우기가 시장을 장악했다면, 오늘날 우리는 사들이기 광풍에 휩쓸려 있음이 분명하다. 적어도 시어슨 해밀사(Shearson, Hammill&Co.)는 현재의 무질서를 그렇게 본다.
"지금은 중대한 매수 기회를 놓쳤거나 놓칠지도 모른다는 공포가 주요 매수 동기임이 분명하다"라는 것이 증권 중개사들의 관찰이다.
"날마다 엄청나게 많은 주식매수자―'투자자'라고 부르지는 않겠다―들이 행동이 있는 곳으로 가고 있으며 그곳을 찾기는 어렵지 않다."
행동의 한 조각이라도 갈망하는 사람이라면 누구에게나 시어슨사가 주는 조언은……. [62]

처음 1시간 동안 무더기 팔아치우기가 벌어져 주식시세표가 행동을 따라잡지 못하는 사태가 벌어지기 시작했다. [63]

정부 계약에 관한 기사를 쓰는 이들도 의사결정, 예산 배정, 절호의 기회가 걸려 있는 결정과정이라는 이미지를 일깨우는 데 행동이라는 용어를 쓴다.

어제 크로니클지(紙)가 확인한 바에 따르면, 감리위원회가 5번가와 미션 주차장을 잇는 200만 달러가 드는 공사를 허가하자, 영향력 있는 로비스트 톰 그레이의 투자회사가 행동에서 4만 달러짜리 몫을 따냈다. [64]

∴

62) Lloyd Watson in *Sanfrancisco Chronicle*, Appril 23, 1966.
63) *Boston Traveler*, August 22, 1966.
64) *San Francisco Chronicle*, August 4, 1966, 1면에 '행동의 4만 달러짜리 조각'이라는 부제가 붙은 로이드 왓슨(Lloyd Watson)의 기사.

이런 언론 특유의 어조가 의미심장한 영향을 미친다. 자동차 숭배문화가 좋은 실례다. 자동차 숭배의 세계를 지탱해주는 것 가운데 하나가 직업적인 자동차경주와 관중경기다. 다른 하나는 광고다. 그중 뷰익(Buick)에서 나온 컬러 책자에서 두 사례를 인용해보자.

행동이 장착된 차. 선은 고전적이고 고양이처럼 날렵하며 믿을 수 없을 만큼 호화스러운 차를 상상해보세요. 당신이 상상하는 차는 바로 뷰익의 리비에라입니다. 엄청난 힘(325마력)에다 견고한 노면 주행 성능을 겸비한 리비에라는 타의 추종을 불허합니다. 경기장 트랙에서나 도로에서나 똑같은 성능을 자랑하죠.
강점은 행동에! 시동을 걸기 전에는 실감하지 못합니다. 키를 꽂고 시동을 거는 순간이 뷰익을 소유하는 위대한 순간입니다. 당신이 구매한 뷰익의 4단 6기통은 결코 포기할 수 없는 행동을 당신에게 선사합니다.

이 두 언론 광고는 스포츠카와 승용차의 제조·판매·이용을 부추긴다. 나아가 고속도로를 행동이 있는 곳으로, 방심하면 안 될 운이 걸린 조건에서 기량, 갈망, 값비싼 장비를 과시할 수 있는 장소로 변질시킨다.[65]

이 글에서는 주로 미국 사회의 맥락에서 행동을 다룬다. 물론 어느 사회에나 행동이 벌어지는 곳은 있겠지만 그에 대한 용어가 있는 곳은 미국 사회뿐이다. 다른 사회에 비해 심각하고 영웅적이며 일종의 의무처럼 행하는 운명적 행동이 시민들의 삶에서 현저히 줄어드는 시기에 행동을 실감하게 된다는 사실은 흥미롭기 짝이 없다.

용어의 확산에 대해 마지막으로 한마디만 덧붙인다. 카지노에서 큰돈을 걸었다가 잃은 도박꾼은 간혹 '날려버렸다'고 말한다. 따라서 행동에 참여해 성공하지 못함은 '날리는 일'이다. 큰돈을 가지고 있었으나 잃어버리고 말았다. 큰돈을 소유한 것도 잃은 것도 특별히 대단하게 여기지 않는다, 라는 말이다. 큰돈을 날린 자신을 되돌아보지만 변명의 여지가 없을 만큼 나쁜 짓은 아니라는 뜻을 함축한 말이다. 날린다는 말로 이런 복합감정을 일반화하는 것이다.

직업적으로 '훈련을 받는' 카지노 직원들은 '성공하기'만 하면 보상이 크지만 성공을 보장할 확실한 방법이 없다고 느낀다. 그런 힘든 단계에서는 해고 사유로 충분할 법한 사소한 규칙 위반을 많이 저지른다. 근무시간에 지각하기, 잡다한 일거리 거부하기, 칩을 허술하게 다루기, 도박장의 손실을 함부로 처리하기, 기량 발전에 조바심 내기 등등. 일단 기량과 평판을 얻으면 얼마쯤은 신분이 보장된다. 불운이 계속되거나 도둑질을 잡아내지 못하거나 물주가 바뀌거나 하면 느닷없이 해고를 당할 수 있다.

사실 대수롭지 않은 실수를 저질러 실직하는 것 역시 '날려버리는 짓'이다. 직업 지위는 자격이 있어야 얻고 또 실직도 합당한 근거가 있어야 한다

••
65) 운전은 흔히 일종의 행동이 된다. 위험을 이상으로 삼는 자동차경주의 세계와 그 이상을 부추기는 자동차 광고의 세계가 일상의 운전습관에 미치는 영향이 중요한 사회적 논제지만, 그 심각성을 인식하는 이들은 아마 교통사고율을 낮추는 데 직업적 이해가 걸린 사람들뿐일 것이다. 예를 들면, Mervyn Jone, "Who Wants Safe Driving," in *The Observer Weekend Review*, August, 16, 1964, p. 17; Cohen, op. cit.,, chap. 5, "Gambling with Life on the Road"와 J. Roberts, W. Thomson, and B. Sutton-Smith. "Expressive Self-Testing in Driving," *Human Organization*, 25, 1(1966), pp. 54~63을 볼 것.
'시간에 맞추려고 서두르는' 운전은 별로 시간 절약이 되지 않음에도 불구하고 내재적 행동의 흐름을 만들어낸다. 때로는 위험을 경험하고 싶어서 시간을 절약하는 것처럼 보이기도 한다. 같은 이유로 비행기 여행을 즐기는 사람도 있다. 비행기를 놓칠 위험이 있는데도 공항에서 기다리는 시간을 줄이려고 공항으로 떠나는 시간을 늦추는가 하면 일단 비행기를 타고 나서는 경미하지만 생명의 위험이라는 감각을 즐긴다.

고 생각하는 중간 계급의 관점과는 대조적이다. 카지노에서 일하는 직원들의 직업 상황은 '성취해내기'와 '날려버리기' 사이의 양극단을 아주 빨리 오간다. 어느 쪽으로도 확실한 보장은 없다. 이런 상황을 보는 관점이 삶의 다른 영역에까지 확대된다. 카지노 딜러는 결혼이나 대학 갈 기회에 대해서도 다 날려버렸다고 말할 것이다.

이런 신랄한 태도는 행동과 더불어 살아가는 삶에 대한 심층적 방어의 의미가 함축되어 있고, 네바다의 사회조직을 살펴보아야 이해할 수 있다. 네바다에서는 이혼과 결혼이 비교적 쉽다. 또 직업이나 결혼생활에 실패한 사람들이 대다수다. 한 사람의 이력이나 현재의 생계에 대해 아무것도 묻지 않는 개척자 전통도 있다. 실직을 해도 그 근처에서 곧 비슷한 일자리를 얻을 수 있다. 카지노 딜러 대다수가 직전에 다른 카지노의 더 나은 일자리에서 근무한 경험이 있는 이들이다. 지역에 큰판 한탕주의가 만연해 있다는 사실은 최상의 경험을 얻으려는 문화가 널리 확산되어 있음을 뜻한다. 한탕을 하기까지 그 기간이 아무리 길고 가파르다 해도 한탕주의식 돈 소비가 네바다에서는 최선이라는 뜻이다. 도박 테이블에서 밖으로 퍼져 나간 용어가 행동이라는 용어만은 아니다. 비슷한 용어군(群)이 있고 또 그 용어군이 통째로 이동하는 것 같다.[66]

---

[66] 행동과 날려버리기에 '따내기'라는 용어도 넣어야 한다. '따내기'는 바람직하든 아니든 일은 적게 하고 소비는 많이 할 수 있는 삶을 위해 소득을 올린다는 뜻이다. 또 '자기를 걸 만한 것이 있다'는 말은, 카지노 종업원이 자기에게 승산이 없으면 딜러와는 블랙잭을 절대로 안 한다고 말할 때처럼 모종의 무기가 있다는 뜻이다. 한번 시작하면 멈추기가 아주 어려운 게임의 조건이다. 나는 여기서 카지노 종업원들이 여러 맥락에서 사용하는 '사기행위(hustle)' 같은 용어는 다루지 않겠다. 이 용어는 원래 구식 사업에서 쓰던 말인데 카지노 용어군에 흡수되었다.

Ⅶ. 행동이 있는 곳

나는 개인이 사후영향이 따름을 알고 이를 피할 수도 있다고 생각하면서도 운 걸기를 선택하는 곳에서는 어디서나 행동을 발견할 수 있다고 주장했다. 보통 일터나 집안의 주중 일과에서는 행동을 볼 수 없다. 그런 일들은 운을 걸 일이 없도록 조직되며, 그런 상태의 유지가 임의적인 것이 아님도 분명하다. 그렇다면 행동을 일상적으로 볼 수 있는 곳은 어디일까? 이미 주장한 바를 간략히 요약해보자.

첫째, 경쟁을 즐기는 이들은 상업화된 경쟁 스포츠의 세계에서 행동을 발견한다. 관중을 위한 구경거리이기에 활동을 하는 데 달리 심각한 이유가 있을 리 없다고 여긴다. 또한, 대가도 받지 않고 순전히 오락으로 극적인 활동을 하는 아마추어들이 있다는 사실이 프로들의 경우에는 자유의지로 선택한 직업이라는 관념을 강화시켜 준다. 관중경기의 결과에 직업적·상업적 이해가 걸려 있어 장삿속으로 이루어지는 활동임이 분명한 경우도 다를 바 없다. 선수들은 자동차경주로 먹고살고 자동차 제조회사는 자동차경주의 결과에 따라 특정 자동차 모델의 생산을 계속할지 여부를 결정한다.[67] 그런데도 여전히 사람들은 선수들이 다른 직업을 택할 수도 있었다거나 아니면 적어도 이번 경주에서는 빠질 수도 있었다고, 그리고 그런 종류의 운 걸기가 어쨌든 자발적 결정이라고 여긴다.

다음으로 행동이 있는 장소는 관중이 보지 않는 위험한 스포츠가 벌어

---

[67] 1956년 세브링(Sebring)에서 열린 경주에 출전했던 선수의 이야기를 예로 들 수 있다. "세브링에서 실패하면 경주용 차에 대한 쉐보레사의 관심은 끝장임을 알고 있었다." John Fitch (With C. Barnard), "The Day That Corvette Improved the Breed," pp. 271~286 in C. Beaumont and W. Nolan, *Omnibus of Speed*(New York : Putnam and Sons, 1958).

지는 곳이다.[68] 활동에 따르는 대가도 없고 관련된 공적 정체성 확보나 진지한 직업 세계에서 요구하는 의무 따위도 없다. 통상적 압력이 없는 상태에서 하는 활동인 만큼 행위자의 자기결단력이 작용하는 영역이며 불운을 맞더라도 그 결과를 순전히 도전의 탓으로 돌리기 쉽다. 흥미로운 점은 시간, 장거리이동, 장비 구입 능력이 있는 건강하고 젊은 마음을 가진 보통 시민들이 주로 이런 격렬한 스포츠를 한다는 사실이다. 이러한 사람들은 틀에 박힌 일과를 해치지 않으면서도 운 걸기의 영광을 누릴 수 있으니 두 세계에서 모두 최상을 얻어내는 셈이다.

다음은 좀 더 상업화된 행동의 현장이다. 편리한 위치에 자리 잡고 장소와 장비를 빌려 사용할 수 있으며 강도가 약한 행동이 펼쳐지는 곳이다. 볼링장, 당구장, 놀이공원, 거리에 늘어선 게임센터 따위는 놀이 비용이 적게 들고 상금의 가치도 약하나마 기량을 과시할 수 있는 운명적 맥락을 조성해준다. 트랙 경기와 카지노에서 이루어지는 공개적 도박은 상당한 대가가 따르긴 하지만 도박자가 다양한 개인적 특성을 과시할 수 있게 해준다. 축제마당이나 놀이공원에서 '공중 놀이기구' 타기는 실제로는 위험하지 않도록 설계한 위험을 제공함으로써 행동에 대한 우리의 딜레마를 확실하게 해소시켜준다. 마이클 발린트(Michael Balint)는 이 같은 안전한 공포감이 주는 짜릿한 흥분을 명쾌하게 묘사한 바 있다.

∴

[68] 위험한 스포츠는 '볼 만한 구경거리'라 종종 관람도 가능하고 선수들도 관람을 받아들이곤 하지만 관중에게 보여주기 위해 하는 것도 아니고 관람자가 전혀 없어도 행해야 하는 행동이다. 관중이 아무리 많아도, 관중의 열광이 아무리 매혹적이라도, 관중의 역할은 열외다. 관중은 시작된 경기의 일정을 조정하거나 끝내라고 요구할 수 없다. 선수가 관중을 무시하더라도 관중은 구경을 할 권리는 있지만 선수의 외면을 받아들일 의무가 있다.

이런 종류의 재미와 즐거움에서 볼 수 있는 세 가지 특징적인 태도는 (a) 약간의 두려움 또는 최소한 실재하는 외적 위험에 대한 인식, (b) 위험과 두려움에 자발적·의도적으로 자신을 던지기, (c) 위험을 참아내고 정복할 수 있으리라, 위험은 지나갈 것이고 다치지 않은 채 무사히 돌아올 수 있으리라 하는 희망 섞인 자신감이다. 외적 위험에 맞닥뜨릴 때 느끼는 두려움, 재미, 희망 섞인 자신감의 혼합물이 바로 **짜릿한 흥분**을 구성하는 근본 요소다.[69]

직접 참여를 유도하는 상업화된 행동의 마지막 유형은 내가 '환상의 제조(fancy milling)'[70]라고 부르는 것이다. 미국 사회의 성인들은 고급 제품을 소비함으로써, 돈이 많이 들고 유행하는 오락을 즐김으로써, 화려한 장소에서 시간을 보내고 명사들과 어울림으로써 사회적 신분 이동을 맛볼 수

∴

69) M. Balint, *Thrills and Regressions*(London: The Hogarth Press and the Institute of Psycho-Analysis, 1959), p. 23. 발린트는 이런 식의 흥미로운 논평을 계속한다(pp. 23~24). "놀이마당에서 벌어지는 것과 비슷한 짜릿한 공포감을 주는 놀이를 간략하게 살펴보자. 어떤 놀이는 속도를 겨룬다. 경마와 장애물 뛰어넘기, 자동차경주, 스케이팅, 스키, 터보건(toboggan: 앞쪽이 위로 구부러진, 좁고 길게 생긴 썰매―옮긴이) 타기, 요트 타기, 비행 경주 등이 그렇다. 다양한 형태의 뛰기와 다이빙, 바위 타기, 글라이더 타기, 야생동물 길들이기, 미지의 땅 탐험하기 따위처럼, 위험이 노출된 상황에서 하는 놀이도 있다. 마지막으로 새로운 대상이나 익숙하지 않은 방식으로 낯선 즐거움, 완전히 새로운 형태의 충족감을 주는 놀이도 있다. 새로운 대상은 순결한 처녀 같은 것이다. 이 형용사가 얼마나 짜릿한 흥분을 주는지 놀라울 따름이다. 사람들은 처녀지, 처녀봉, 정상으로 가는 숫처녀 길, 전인미답의 속도 영역 따위의 말을 사용한다. 새로운 성 파트너는 언제나, 특히 인종, 피부색, 종교적 신념이 다르면 더욱더 (두려움을 동반한) 짜릿한 흥분이 된다. 새로운 형태의 즐거움에는 낯선 음식, 의복, 관습은 물론이고 새로운 형태의 '도착적' 성행위까지 포함된다. 이 모든 것에서 우리는 앞서 지적한 바와 같은 세 가지 근본 요소, 즉 두려움을 불러일으키는 외부의 객관적 위험, 그 위험에 뛰어드는 자발적·의도적 투신, 그리고 결국은 매사가 잘 풀리리라는 희망 섞인 자신감을 볼 수 있다."
70) 하워드 베커(Howard Becker)가 이런 행동 양식을 고려할 필요성을 지적했다.

있다. 이 모두를 동시에 또 보는 사람이 많을 때 하면 신분 이동의 감각을 한층 더 즐길 수 있다. 이런 것이 소비를 과시하는 행동이다. 또한 자기과시적인 사람들이 꽉 들어찬 대규모 모임 자리는 단지 그 자리에 있다는 사실만으로도 군중이 자아내는 흥분을 확산시킨다. 그뿐만 아니라 다음에는 무슨 일이 생길지 알 수 없게 하는 불확실성을 초래한다. 진정한 관계로 이어질 연애놀이도 가능하고 군중 가운데 진짜배기 행동을 실행하는 누군가에게 떠밀리는 생기에 넘치는 경험을 할 수도 있다.

 이런 환상 제조의 다양한 요소들이 섞여 있고 참여에 드는 경비에 비해 참여 경험이 주는 명성과 지속시간이 짧을 경우에는 맛보기 정도의 느슨한 행동도 제한적이나마 운명적 성격을 띤다.[71] 개인은 공연자의 역할도 맡고 관중의 역할도 맡는다. 그는 행동에 참여하는 사람이지만, 그 영향을 영구히 받지는 않을 사람이기도 하다.

 호텔 카지노가 극단적 실례를 보여준다. 그곳에는 돈 따기 도박뿐만 아니라 소비거리도 넘친다. 잠시나마 상류생활에 진입하는 길이 놓여 있다. 출입구에는 주차요원의 안내를 받는 리무진들이 즐비하게 서 있다. 입구를 지나면 호화로운 무대가 펼쳐진다. 테이블마다 술이 제공된다. 대개 무료다. 세련된 취향의 식사를 할 수 있도록 양질의 뷔페를 제공하기도 한다. 봉사료를 부추기는 체계도 있어서 고객의 신분을 높여주고 외모를 가려 뽑은 여종업원들에게 노출이 심한 복장을 입혀 고객들로 하여금 쉽게 접근할 수 있게 해준다. '도박대'에 신호체계를 설치해놓고 고객이 원하면 여종업원들이 음료수나 담배, 아스피린을 가져다준다. 키노 '운영자'와

---

71) 이런 종류의 행동이 활성화되려면 그런 곳에서 제공하는 서비스는 틀림없이 비쌀 것이다. 소유주는 다른 이유로 이런 맛보기 행동에도 공간을 제공한다.

금전 교환양도 부르기만 하면 달려가도록 되어 있다. 전국적으로 알려진 인물이나 큰손과의 도박도 주선한다. 더러 폭력적 요소를 제공하기도 한다. 전국적으로 유명한 연예오락물을 접하기도 쉽고 연예인들을 가까이에서 볼 수도 있다. 휴게실은 무대의상을 벗고 평상복을 입은 코러스 걸들로 '북적인다.' 여성 고객들은 집에서라면 엄두도 내지 못할 스타일과 연령대의 최신 스포츠 패션을 입어볼 수도 있다. 요컨대, 호텔 카지노는 하루살이 품격을 시도해볼 기회가 풍부한 곳이다. 그러나 소비자가 고상한 품격을 누리려면 도박대에 앉아야 한다. 풍요의 분위기가 넘치는 곳이지만 풍요를 즐기는 대가로 소비자는 매순간 엄청난 돈을 지불하는 위험을 감수해야 한다.

다른 대중서비스 조직에서도 점차 이전에는 부적절하게 여겨지던 사치성 접대 사양으로 제공 서비스를 포장하는 듯하다. 장거리 여객기는 미모의 여승무원, 그럴듯한 음식, 영화, 술 따위 부가서비스를 제공한다.[72) 주유소는 이제 기름뿐만 아니라 '토끼 같은 주유원 아가씨'와 함께 하는 순간도 제공한다. 최근에는 '상반신을 드러낸' 여종업원이 음식과 함께 매혹을

---

72) '여객기 여승무원의 비밀'을 다룬 「상공에서 맛보는 컵케이크(Those Cupcakes in the Sky)」라는 특집기사(*San Francisco Chronicle*, April 4, 1966)를 보자. "근엄한 금발의 PSA항공사 여승무원 관리자 낸시 마천드(Nancy Marchand)는 '우리가 여승무원에게 원하는 것은 절제된 섹시함'이기 때문에 '여승무원을 채용할 때는 외모에 중점을 둔다'고 말한다. 브래니프(Braniff)항공사의 사장이며 여객기 업계의 선두주자인 로런스(Lawrence)는 승객은 안전하고 편안한 여행, 그 이상을 누릴 권리, 작은 재미를 누릴 권리가 있다고 말한다. 로런스가 정의하는 재미란 알록달록 색칠한 부활절 달걀이 그려진 브래니프항공사의 여객기, 야생의 맛을 살린 여객기 실내장식, 매표실과 대합실의 장식 따위를 가리키지만, 무엇보다도 자사의 여승무원을 윗자리에 두는 것이었다. 승무원이 착용할 '날렵하고, 자극적이며 깜짝 놀랄 만한' 의상을 만들어내기 위해 신축성 있는 직물로 짠 바지를 발명한 것으로 유명한 이탈리아의 디자이너를 고용하기도 했다."

나르는 유행도 생겼다.[73)*]

각 지역사회에는 이런 식의 행동에 더 민감한 구역이 있을 법하다. 사람들은 지역사회의 성원으로서가 아니라 마음이 같을 뿐 그 밖에는 아무 연고가 없는 사람으로 처신한다는 사실에 주목할 필요가 있다. 낯선 지역에 간 외지인이 택시기사에게 행동이 있는 곳이 어디냐고 물으면 그런 곳에 갈 수 있다. 아무런 관계가 없을 사람들이 잠시 동맹을 맺고 동지애가 생기는 곳, 점잖은 사회와는 대조적으로 행동을 추구하는 사람이 친구를 얻고 관계도 맺게 되는 곳이다. 참여에 제한을 두는 친분관계나 개인적 초대 같은 전통적 기제도 필요 없다. 대신 참여에 따르는 위험부담이 있다.

사회조직을 광범하게 검토함으로써 행동이 있는 곳을 살펴보는 것이 가능하고 또 바람직할지도 모른다. 그러나 나는 그보다 훨씬 더 구체적으로, 행동을 가능하게 하는 실제 사회적 장치를 살펴보고 싶다.

사교의 세계는 도박자와 같이 행동지향성이 강한 사람이라면 다른 이들이 평범하게 여기는 상황에서도 운을 걸 가능성을 감지할 수 있는 곳이다. 심지어 그런 가능성이 생기도록 상황을 꾸밀 수도 있다.[74)] 단순히 운을

∴

73) 상반신을 드러낸 구두닦이에게 2달러와 신분증을 발급하는 샌프란시스코의 해리스 슈사인 팰리스(Harry's Shoeshine Palace)만큼 이런 식의 접대를 더 잘 보여주는 사례(*San Francisco Chronicle*, July, 26, 1966의 기사)는 없을 것 같다. 사드(De Sad)가 보았다면 이런 식으로 자기 명제를 상품화시킨 것에 큰 감명을 받았을 것이다. * 사드는 도착성욕을 묘사하여 창조주와 사회에 저항했던 18세기 후반의 프랑스 소설가이다. ─옮긴이
74) 셀던 메신저(Sheldon Messinger)의 지적이다. 데이먼 러니언(Damon Runyon)에 의해 명성을 얻은 브로드웨이의 삼류 도박꾼들이 흔히 쓰는 수법은 결정이 임박한 사건을 즉석에서 제안해 일련의 지속적인 내기로 환경을 재구성하는 것이다. 여기서 문화적 영웅이 된 사람은 제조업계의 거물 존 W. 게이츠(John W. Gates)다. 그는 1897년 시카고와 피츠버그 노선 열차에서 빗방울이 창에 떨어지는 경로에 내기를 걸어 2만 2,000달러를 따내, '백만 달러 배짱'이라 불렸다(H. Asbury, *Sucker's Progress*, New York: Dodd Mead, 1938, p. 446을 볼 것).

탐색하는 데서 그치지 않고 운을 짜내기도 한다. 그런 형태의 운이란 하찮은 이득을 얻는 대가로 상당한 신체적 위험을 감수하는 경우에만 볼 수 있다는 점도 더불어 지적해야 할 것이다. '러시안 룰렛'*의 어떤 각본은 거의 모든 참가자가 운명적 장면을 연출할 수 있게 되어 있어서 운 걸기 자체가 목적임을 명쾌하게 보여준다. 최근에는 평범한 의식 상태에서 벗어나기 위해 마음의 평안을 운에 맡기는 수단으로 향정신성 마약류를 사용할 수 있게 되었다는 사실도 흥미롭다. 그 경우 개인은 자신의 마음마저 행동에 필요한 도구로 사용하는 셈이다.[75] 자살이라도 할 것처럼 구는 사람은 자신의 몸을 걸고 도박을 하는 셈이지만 마약을 하는 경우처럼 운 걸기에 주목적이 있는 것 같지는 않다.[76] 마약류와 동일한 효과를 낼 가능성이 있는 좀 가벼운 실례가 최근에 널리 퍼진 흡연과 콜레스테롤의 유해성에 대한 관심이다. 다양한 맛에다 걱정을 없애주는 특수 성분이 첨가될 수도 있는 것이다.

지금까지 살펴본 사례들은 개인 스스로의 태도—자신을 둘러싼 세계를 스스로 결정할 수 있는 것이라고 재규정하는 창조적 능력—에 운이 걸려 있는 경우였다. 이제 행동의 가능성이 환경의 요건에 좌우되고 조직이 행동을 직접 촉진하는 경우를 살펴보자.

간단하게 카지노 도박에서 시작한다. 카지노는 무엇보다도 우선 행동을

⁝

75) 낸시 아킬레스(Nancy Achilles)의 지적.
76) 자살이나 다름없는, 목숨을 건 다양한 종류의 도박을 탐구한 글에는 N. Farberow and E. Schneidman, *The Cry for Help*(New York: McGraw-Hill, 1961), pp. 132~133가 있다.

---

* 회전식 연발 권총의 여러 개 약실 중 하나에만 총알을 넣고 총알의 위치를 알 수 없도록 탄창을 돌린 후, 참가자들이 각자의 머리에 총을 겨누고 방아쇠를 당기게 하는 게임.

하도록 고안된 물리적·사회적 조직이 있는 장소다. 카지노 시설의 효율성은 잘 알려져 있다. 도박자는 그저 카지노로 걸어 들어가(심지어 뒷골목에 있는 카지노는 문을 열 필요도 없는 곳이 흔하다) 돈을 걸 준비를 하고 게임 구역으로 가기만 하면 된다. 아직 판을 벌이지 않은 상태라면 딜러가 즉각 시동을 걸 것이다. 카지노는 이미 게임이 끝났어도 계속 진행되는 것처럼 야바위를 벌여 게임이 일시 정지 상태임을 숨기는 게 보통이다. 만반의 준비가 갖춰져 있으니 도박자는 불과 몇 초 안에 아주 충만한 활동에 돌입할 수 있다.

 게다가 카지노 게임의 한 판은 매우 짧아서 게임 비율이 아주 높다. 슬롯 게임은 불과 4, 5초밖에 안 걸린다. 21카드 게임은 일사불란하게 훈련된 딜러들이 카드를 돌리는 덕분에 한 판에 20초쯤 걸린다.[77] 또 카지노 게임들은 동시에 여러 게임에 내기를 걸 수 있게 되어 있다. 슬롯과 크랩 게임*은 한 차례 내기를 건 결과를 기다리는 동안 다른 게임을 할 수 있게 복수화·단계화되어 있다. 키노 게임은 카지노 안 어디서나 할 수 있고 결과를 곧장 알 수 있다. 여러 군데 설치된 전자시황판에 키노 점수가 자동적으로 계산되어 나온다. 키노 운영요원은 화장실 말고는 카지노 안 어디에서나 내깃돈을 걷고 딴 돈을 분배한다. 게임과 관련해 달리 할 활동이 없으므로 개인은 어디서 무얼 하든 키노를 할 수 있고 또 항시 키노 숫자와 '함께한다.'[78]

∴

77) Polsky(*op. cit.*, p. 6)는 '행동 룸'에서는 행동의 비율이 너무 낮아지지 않도록 당구 게임을 택하고 심지어 행동비율을 높이려고 내기를 조작하는 경우도 있다고 지적한다. 그러나 단타의 경우를 빼면 5분짜리 내기가 가장 짧은 축에 속한다.

78) 대체로 미국 사회에서 경마, '전화번호', 주식은 날마다 자신과 '함께하는' 한두 가지를 갖게 해주는 수단이다. 키노 게임도 이와 비슷한 성격이 있지만, 게임에 걸리는 시간은 불과 몇 분 남짓이다.

---

* 크랩 게임(craps game)은 주사위 2개를 던져 나올 숫자의 확률에 의해 이루어지는 게임이다. 7이 나오면 진다. 보통 양편이 각각 최대 8명(총 16명)까지 게임에 참여할 수 있다.

도박자는 대처를 위해서든 방어를 위해서든 내기를 어떻게 요리할지 갖가지 방식으로 계산하고 점칠 수 있다. 그러나 도박자가 원하기만 하면 그는 그저 돈이나 칩 무더기를 도박대에 밀어 넣고 나머지 꼼꼼한 처리는 딜러에게 맡길 수도 있다. (나는 맹인과 관절염에 걸려 카드를 제대로 쥐지 못하는 사람의 게임을 도와주는 딜러를 본 적이 있다.) 도박자가 해야 할 온갖 수고를 조직이 민첩하게 처리해주는 셈이다. 이는 도박자가 판세를 예의 주시하고 꼼꼼하게 계산하며 게임을 시작했으나 8, 9시간을 넘기면 탈진하거나 술에 취해 종업원이 뒤에서 받쳐주어야 할 지경이 되어도 몇 가지 필요한 몸짓만 할 수 있으면 도박 능력을 유지할 수 있음을 뜻한다. 카지노의 게임 조직은 도박자의 사회적 신분은 물론 도박자의 신체적 조건과도 상관없이 행동과 관련된 서비스를 받을 수 있도록 설계되어 있다.

이런 다양한 조직적 장치 외에도 카지노의 핵심 특성은 내깃돈의 한도를 아주 넓게 정해놓아서 내깃돈의 규모와 상관없이 즐길 수 있게 되어 있다는 점이다. 따라서 도박자는 많든 적든 손에 쥔 자본을 잃을 수 있다. 도박자는 자기와 수준이 비슷한 사람들이 보통 편안하게 느낄 수 있는 한도를 약간 넘는 선에서 돈을 걸고 짜릿한 흥분을 누릴 기회를 보장받는 셈이다. 카지노는 손실이나 이득을 놓고 개인이 참아낼 수 있는 한계까지 스스로를 밀어붙이도록, 적어도 도박자 자신의 눈에 실제적이고 엄격한 시험이 될 수 있도록 확실한 장치를 마련해둔다.

카지노 말고도 효율적으로 행동 기회를 만들어내는 몇 가지 관행을 더 들 수 있다. 투우가 좋은 보기이다. 투우 동작, 스타일과 품위, 투우 관련 지식, 투우의 핵심 특성인 황소의 제압 능력 등을 투우사가 투우 중에 스스로 초래한 신체적 위험의 정도에 따라 점수를 매긴다는 점이다. 따라서 안전이 극한상황에 이르기까지의 과정이 강조된다.

현대 투우에서는 단순히 황소를 칼로 찔러 죽이기 위해 붉은 천으로 황소를 어르는 정도로는 충분치 않다. 황소가 덤빌 여력이 있다면 투우사는 황소를 죽이기 전에 일련의 고전적인 패스 동작을 연출해야 한다. 황소가 뿔로 자신을 받아 넘길 정도로 가까이 접근한 상태에서 황소를 패스시켜야 한다. 투우사가 유도하는 방향대로 황소가 투우사에게 가까이 접근할수록 관중이 느끼는 짜릿한 흥분은 더 커진다.[79]

투우는 예술가가 죽을 수도 있을 만큼 위험한, 그리고 연기 재능에 연기자의 명예가 걸려 있는 유일한 예술이다. 스페인에서 명예는 매우 실재적인 것이다. 푼도노르(pundonor)라는 스페인어는 명예, 성실, 용기, 자존심과 긍지를 한마디로 표현한 것이다.[80]

투우와 비슷한 일련의 장치가 자동차경주에도 있다. 단순히 동급의 자동차로 속력을 낼 수 있는 능력만으로는 경주에서 승리할 수 없다. 다른 선수들로서는 감히, 또 능히 해낼 수 없을 정도로 차가 감당할 수 없을 한계에 이르기까지 속력을 높이는 선수라야 이긴다.[81] 사실, 일상 활동을 행동의 장으로 전환시키는 것은 극한까지 밀어붙일 정도로 일상 활동을 재구성할 수 있는지 여부에 달려 있다. 예컨대, 고속도로를 달리는 차들은 안전거리를 확보하면서 달린다. 안전거리는 각 운전자가 다른 차들이 감히 끼

---

79) E. Hemingway, "The Dangerous Summer," *Life*, September 5, 1960, p. 86.
80) E. Hemingway, *Death*, *op. cit.*, p. 91.
81) Moss, *op. cit.*, p. 22, "타이어가 도로에 들러붙어 터져버리고 차가 통제 불능의 상태가 될 지경까지 갈 수 있는 선수가 가장 빠른 선수다. ('통제 불능'이란 말이 핵심이다. 대개 선수는 의도적으로 타이어를 헐겁게 해서 미끄러지도록, 그러나 통제력을 발휘하면서 미끄러지도록 만든다.)"

어들려고 하지나 않는지 살피고 한계를 정찰해야 생기는 것이다. 그래야 교통 흐름에서 각기 제자리를 지킬 수 있다. 교통정체가 심할 때 '서두르는 운전'은 다른 운전자들이 제자리 지키기라고 인정할 수 있는 선을 넘는 짓이다.[82]

극한까지 밀어붙이기가 가능하려면 행위자가 사용하는 도구도 적절하게 제약되어야 한다. 투우에서 망토와 검 대신 웨더비 460*을 사용한다면 결코 투우사의 능력을 검증할 수 없다. 마찬가지로, 대양 횡단에 도전한다면 여객선보다는 뗏목을 택해야 한다. 승부를 겨루는 낚시에서는 자기 능력에 맞는 낚싯대, 줄, 바늘을 선택해야 한다.[83] 위험하고 대가가 큰 맹수사냥 게임이라면 망원경 사용은 '공정'하지 못하다. 소총을 버리고 활과 화살을 써야 알맞다.

극한의 시도를 요구하는 관행이 행동의 가능성을 만들어낸다. 행동 촉발 장치를 하나 더 살펴보자. 연속 승리에 가산점을 부여하도록 구성된 시리즈 게임의 경우, 후속 시도에서 이기면 한 번 더 기회를 얻는 동시에 앞서 얻은 점수와 합산하여 총득점을 계산한다. 이를테면, 볼링선수의 명성은 최다 득점에 달려 있다. 그리고 득점은 한 게임에서 '스트라이크'를 친

---

82) 도로 상태와 자동차들의 성능 개선은 단지 운전자들이 더 빠른 속도로 (같은 행태를) '표출케' 하는 것일 뿐이다. 도로의 교통 사정이야 어떻든 운전자들에게는 언제나 밀어붙일 영역이 있는 법이다.
83) B. Gilbert, "The Moment-of-Truth Menace," *Esquire*, December 1965, p. 117. 길버트는, 운동선수가 적절한 장비의 한계를 안고서도 한 조각의 자연을 어느 수준까지 밀어붙일 수 있는지를 가늠하는 도전으로 전환시키는 방식을 기술한다. 동굴탐사와 빨리 달리기를 예로 들었다.

---

* 미국의 총기제조업체 웨더비(Weatherby)사가 제조한 유명한 사냥용 총기.

횟수 또는 연속 스트라이크를 쳐서 단순 합산 이상의 득점을 하는 데 달려 있다. 더 나아가 후속 시도에서 만점을 기록하면 기왕에 얻은 점수와 심리적으로 동일한 성취감이 있다. 만점을 얻지 못하면 '한 번 더 시도할' 기회마저 '날려버리는' 셈이 된다. 매번의 점수를 쌓아가는 게임이라 기량 유지의 어려움도 그만큼 크다. 카지노 도박에도 앞선 베팅에서 딴 돈을 몽땅 그 다음 베팅에 거는 '태우기' 관행이 있다. 이런 식으로 '엎어 태우기'나 피라미드 쌓기를 잘하는 사람은 '배짱'이 있는, '판을 키우는', '베팅 시점을 아는' 고수라는 명성을 얻는다. (동일 금액을 거는 게임에서는) 베팅을 할 때마다 액수가 두 배가 되므로 대여섯 번을 줄곧 이기면 두세 번 이길 때보다 판돈이 엄청나게 커진다. 그리고 도박자의 돈과 심리적 성취감은 단순한 덧셈 수준을 뛰어넘을 만큼 높아진다. 동시에 딴 돈을 다시 몽땅 잃을 가능성도 그만큼 커진다.

   행동의 조직적 토대와 관련된 마지막 쟁점도 제기해야 한다. 나는 앞에서 사회적 상황에 참여한 사람들은 목격자일 뿐만 아니라 행동의 대상이기도 하다는 점, 그리고 그와 관련된 개인의 행적이 특별히 중요하다는 점을 지적했다. 타인이 결부된 행동을 치명적 운이 따르도록 고안하고 그렇게 받아들여지면, 그 자리에 참여한 사람들이 행위자가 특별한 행동을 하게끔 스스로 행동의 마당을 마련해주는 셈이다. 헤밍웨이가 보여준 놀라운 예가 있고, 칼 던지기 묘기를 하는 서커스 연기자와 어린 소년의 눈덩이 던지기 같은 예도 있다.

   매리가 꾸민 명물 가운데 하나는 유랑극단에서 임대하여 공원에 설치한 사격장이었다. 안토니오는 1956년에 이탈리아인 운전기사 마리오가 강풍이 부는 자리에서 담배를 손에 들고 나더러 불붙은 한쪽 끝을 22구경 소총으로 자르라고 시키는 것을 보고 충격을 받은 모양이었다. 파티에서 안토니오는 담배를 입에 물고 내게 총을 쏘아 담뱃재를 떨어뜨려보라고 했다. 우리는 사격장의 소총으로 그 짓을 일곱 번이나 했다. 급기야는 길이가 얼마나 짧아질 때까지 견딜 수 있는지 보려고 담배를 빡빡 빨아대기까지 했다.

마침내 그가 말했다. "에르네스토, 우리는 갈 데까지 갔어요. 마지막 건 내 입술까지 스쳤습니다."

쿠츠비하 출신 마하라자까지 이 가벼운 놀이에 빠져들었다. 그는 처음에는 조심스럽게 담뱃대를 썼지만 이내 담뱃대를 내던지고 담배를 입에 무는 파에 가담했다. 나는 이기는 중이었지만 그만두고, 조지 세이비어 씨를 겨냥하라는 제안도 거절했다. 그는 집에서 유일한 의사였고 또 파티가 막 시작된 참이었기 때문이다. 놀이는 오래 계속되었다.[84]

한 사람이 다른 사람에게 행동의 마당이 되어주면 그 역시 다음 차례에 상대를 자기의 행동 마당으로 삼을 수 있다. 이렇게 서로 상대를 행동의 마당으로 이용하고 또 그 목표가 기량이나 능력 겨루기인 경우를 우리는 시합 또는 결투라고 한다. 그런 상황에서 벌어지는 현상을 **대인관계 행동**(interpersonal action)이라 부를 수 있다.[85]

∴

84) Hemingway, "Summer," *op. cit*, September 12, p. 76.
85) 시합은 보통 선수들이 서로를 보면서 겨루게 되어 있지만 그렇지 않은 경우도 있다. 가령, 경쟁자들이 서로를 보지 못하는 상태에서 한 사람에게 구애를 하는 경우, 편집자에게 보내는 편지와 같은 칼럼에서 글로 경쟁하는 경우, 상대가 눈앞에 없어도 그가 남긴 기록이 겨룸의 대상이 되는 경우도 있다(예컨대 Hemingway, "Summer," *op. cit*., September 5, pp. 91~92). "투우는 경쟁의식이 없으면 가치가 없다. 거장 투우사가 둘이면 필사적 경쟁관계가 되기 마련이다. 한쪽이 그 누구도 해낼 수 없는 묘기, 그것도 속임수가 아니라 완벽한 담력, 판단력, 용기가 있어야만 가능한, 목숨을 건 묘기를 꾸준히 보여주며 치명적 위험을 높여갈 경우, 그와 같거나 그를 능가하려는 경쟁자는 자칫 담력이나 판단력을 순간적으로 놓

대인관계 행동은 때로 일상적인 행동의 복제에 지나지 않는 것처럼 보이기도 한다. 권총 결투에서 한 사람은 상대에게 수동적 과녁이지만 상대 역시 그에게 과녁이긴 마찬가지다. 물론 팔을 가슴 보호대로 사용해 결투 상대에게 자신의 몸을 최대한 작게 보이도록 각도를 잡는 작은 술책을 쓰기도 한다. 사실 권총 결투는 과녁 맞추기 경쟁과 승자와 패자에게 돌아가는 보상 기획이라는 별개의 두 기능을 결합한 장치로 분석할 수도 있다. 그러나 대개 더 은밀하고 재미있게 주고받는다. 한 사람이 상대의 눈앞에서 자기 기량을 발휘하면 그 행동 자체가 상대에게 경쟁을 하거나 반격을 가할 행동의 마당이 될 수 있다. 한 사람의 기량 과시는 상대의 기량 과시에 준해 이루어진다. 헤밍웨이의 과녁놀이에도 그런 요소가 들어 있다. 안토니오가 보여준 침착한 과녁 노릇은 헤밍웨이의 명사수 행동 마당을 필요로 한다.

행동을 보장해주는 사회적 장치가 있는 것처럼 대인관계 행동을 보장해주는 장치도 있다. 그 좋은 보기가 시합에 핸디캡 조건을 두는 관행이다.[86] 핸디캡 조건은 참가자들의 수준이 대등하지 않더라도 승리할 확률을 동일하게 부여해서 각자가 얼마나 자신의 한계까지 밀어붙일 수 있는지에 따라 승패가 결정되도록 만드는 수단이다. 결과를 예측할 수 없고 그래서 참가자들의 집중력을 유지시킬 뿐만 아니라, 자신의 한계능력에 더 근접한 사람이 승리하기 위해 혼신의 힘을 다하게 한다. 마지막 한 줌의 힘이 결과

치기라도 하면 중상을 입거나 죽을 수도 있는 묘기를 하려들기 때문이다. 그래서 속임수를 쓸 수밖에 없다. 관중이 경쟁자의 속임수와 진짜를 가려내 경쟁자가 실은 맞대결의 패자라는 진실을 알았는데도 여전히 살아 있거나 투우계에 남아 있다면 그 투우사는 엄청나게 운이 좋은 사람이다."

[86] E. Goffman, "Fun in Games," p. 67 in *Encounters*(Indianapolis: Bobbs-Merrill, 1961).

를 좌우한다. 따라서 핸디캡 조건은 그 한 줌의 힘을 더 발휘한 사람이 승리하고 그러지 못한 사람이 실패하도록 계산된, 그래서 대결을 벌이는 두 사람을 각기 상대의 행동 마당이 되도록 만드는 장치인 것이다.

사냥이나 낚시를 할 때 스스로 사용 장비를 제한하는 것도 핸디캡의 일종으로 볼 수 있다. 그래야 먹잇감이 겨룰 상대로 바뀌고 게임도 '공정하게'(거의 공정한 편인) 이루어진다. 공정한 게임은 공정하게 겨뤄야 한다.

그렇다면 다양한 스포츠와 게임에서 사람들은 서로 상대를 행동의 마당으로 삼는다. 대개는 물리적·시간적으로 진지한 삶의 영역과 분리된 영역에서 이루어진다. 그러나 사람들이 서로를 행동의 마당으로 삼는 것은 훨씬 보편적 현상임이 분명하다. 게임으로부터 세상으로 넘어갈 다리로서 이성 간의 관계 양상을 한번 훑어보자.

지금까지 살펴본 행동 상황은 모두 여성보다는 남성의 활동 무대에서 훨씬 더 많이 볼 수 있는 것들이다. 실로, 우리 서구문화에서 행동은 남성성 숭배의 일종이다. 물론 여성 투우사도 있고 여성 공중곡예사도 있다. 카지노의 슬롯머신 구역에는 여성들이 다수를 차지하고 있기도 하다.[87] 유럽 여성들이 결투를 한 기록이 있지만 훈장이 아니라 성도착으로 간주되었

∴

87) 라틴계 사회에서는 남성성을 생물학적 성(性)과 분리할 수 없는 특별히 중요한 가치로 여긴다. "Honour and Social Status," by J. Pitt-Rivers, ch. 1, p. 45 in *Honourand Shame*(Chicago, University of Chicago Press, 1966 ed. by J. Peristiany)을 볼 것. "권위와 가문의 명예를 보호하는 자연스러운 토대가 남성성이듯이 성적 순결의 토대는 규제에 있다. 명예로운 남성의 이상형은 *bombria*,, '사내대장부'라고 표현한다. …… 남성성은 도덕적인 것이든 비도덕적인 것이든 용기를 뜻한다. 마을에서 항상 듣는 말이고 남성의 성적 능력의 정수(불알)를 가리키는 말이다. 반대말은 얌전하고 거세되었음을 뜻하는 형용사 *manso*다. 신체적 토대를 상실한 성적으로 약한 남성은 여성을 소유할 수 없으며 여성들에게서도 배척당한다." 전형적인 남성적 덕목과 대립되는 여성적 덕목은 겸손, 절제, 순결성이다. 행동을 뺀 모든 것을 뜻하는 셈이다.

다.[88] 물론 여성들이 특별한 방식으로 참여하는 행동 영역도 있다. 성관계와 연애놀이를 펼치는 행동의 마당이다. 성인 남성들은 여성을 잠재적 성관계 대상으로 대한다. 이는 여성에게 퇴짜를 맞고, 잘못된 짝을 만나고, 책임을 져야 하고, 옛 애인에게 배신을 당하고, 남성 친구들의 불만을 사는 따위의 위험이 있지만 성공하면 자아를 확인할 수 있는 기회다. 이런 행동을 '작업 걸기(making out)'라고 부른다.

미국 사회에는 작업 걸기용으로 마련된 특별한 때와 장소가 있다. 파티, 술집,[89] 무도장, 휴양지, 공원, 교실, 행사장, 사교 모임, 사무실의 휴식시간, 교회 모임, 악명 높은 거리가 그런 예다. 아는 사람들이 있는 자리인지 아니면 모르는 사람들이 모인 자리인지에 따라 작업방식은 두 종류로 나뉜다. 아는 사람들 사이에서는 유혹을 주고받으며 성관계를 시도하고, 모르는 사람들 사이에서는 관심이 있다는 신호를 주고받으며 사귈 계기를 만든다.

모르는 사람들 사이의 작업 걸기를 부추기는 조직적 형태도 많다. 휴양지에 사교 담당 여직원을 둔다든가 전화 교환대를 설치한다든가 바텐더가 '술 한잔 살' 사람을 주선해준다든가 하는 상투적 수법이 있다. 좀 길지만 네바다에 있는 카지노의 예를 들어보자.

카지노 도박대는 말 그대로 돈이 있는 성인이라면 누구에게나 열려 있는 곳이다. 도박판의 명백한 비인간성에도 불구하고 한 도박대에 함께 앉아 눈에 보이는 운명 앞에 있다는 점만으로, 모르는 사람들끼리도 약간의

---

88) R. Baldick, *The Duel*(London: Chapman and Hall, 1965), ch. 11, "Women duelists," pp. 169~178.
89) 자세한 내용은 Sherri Cavan, *Liquor License*(Chicagom Aldine Press, 1966)에서 볼 수 있다. 또한 J. Roebuck and S. Spray, "The Cocktail Lounge: A Study of Heterosexual Relations in a Public Organization," *American Journal of Sociology*, January 1967을 볼 것.

동지애가 생긴다. 큰돈을 걸고 돈깨나 있어 보이는 거물급은 동료 도박자들은 물론이고 자기에게 구경꾼들이 접근하는 것을 용인한다. 결과가 공동의 책임으로 돌아가니(제한적이나마 지속성이 있다) 서로에게 더 개방적이되고 친밀해진다. 이성 간이면 한층 더 친해진다. 남성은 대개 옆자리의 여성에게 약간의 조언을 해주면서 점차 함께 딜러에 맞설 희망의 동맹관계 맺기에 들어간다. 더욱이 여성이 서로에게 모두 득이 될 법한 방향으로 게임을 펼치면 그 여성을 위한 '베팅이 이루어지기' 쉽고 상호몰입이 고조된다. 또 여성과 친분이 성사되면 그 여성은 조건 협상을 분명하게 하지 않고서도 함께 게임을 할 상대로 대접받는다. 그러면 딴 돈의 일부 또는 전부를 여성이 가져가도 자연스러워 보인다. 그러니 도박대는 관계형성 게임에 들어갈 수 있게 해주는 동시에 나중에 상대의 사회적·성적 호의를 보장해줄 선불금을 상거래로 보이지 않도록 우아하게 포장해준다. 따라서 작업 걸기가 조직적으로 촉진되는 셈이다.

작업 걸기에 적극적으로 나서지 못하는 남성, 심지어 작업 걸기를 목적으로 계획된 모임에 참여하고서도 수줍어하는 남성들도 많다. 어디서나 작업을 걸 기회를 호시탐탐 노리는 남성들도 흔하다. 집에서도, 일터에서도, 서비스를 받으면서도 기회를 노린다. 그런 이들은 날마다 작업 가능성과 마주친다.[90] 이런 작업 성향을 지닌 남성들은 어떤 사건이든 내기를 걸 기회로 삼고 어떤 과제든 힘, 기량, 지식의 겨룸으로 전환시키곤 하는 부류에 넣어야 할 것이다.

물론 성관계를 염두에 둔 작업 걸기는 일반 사회에서 벌어지는 여러 대

---

90) 물론 작업이라는 말은 주로 이성애적 접촉에 적용하지만 어쩌면 동성애에 더 잘 들어맞는 것 같다. 게이 사회에서는 관계 맺기가 우연과 운에 좌우될 가능성이 커서 하룻밤의 관계(어쩌면 하룻밤 한때의 관계)가 주류 사회에 비해 훨씬 더 많아 보인다.

인관계 행동 가운데 하나일 뿐이다. 또 다른 중요한 유형은 몸이나 말로 상처를 주고받으려는 기질을 지닌 개인이 자신을 행동의 마당에 내놓는 것이다. 이런 유형을 발견하려면 청소년과 같이 조직구조에 얽매어 있지 않은 '아웃사이더'들을 보면 된다. 그들 사이에서는 운명적 활동에 대한 제약이 가장 적고 또 너그럽게 받아들여진다. 별로 잃을 게 없고 와해될 조직도 없으니 손해날 일도 없다. 도시의 소외된 반항아들에 관한 연구가 그 실례를 보여준다.

> 뒷골목에서는 관계검증의 속도가 엄청나게 빠르다. 이를테면, 일터의 작업집단과는 달리, 뒷골목의 리더들은 엄청난 규모의 자산을 다루지도 않고 면책특권도 별로 없으며 집단성원의 기강을 세우고 행동을 제약하는 외부 제도의 압력도 없기 때문이다.[91]

청소년들 사이에서는 최상의 의미가 '반항'에 있다. 운을 걸어보는 행동을 거창하게 포장하는 스포츠 정신의 배양도 문화도 없다. 지역사회 자체가 동년배나 무방비 상태의 성인, 또 경찰 권위를 상징하는 이들을 특별한 방식으로 이용할 수 있는 행동 마당으로 바뀐다. 그 점은 월터 밀러(Walter Miller)가 잘 보여준다.

> 하층계급 삶의 가장 두드러진 특성은 대개 흥분이나 '짜릿한 자극'을 느낄 기회를 찾는다는 점이다. 남녀를 불문하고 술을 많이 마시고, 경마, 주사위,

---

91) J. Short and F. Strotbeck, *Group Process and Gang Delinquency*(Chicago, Chicago University Press, 1965), p. 196.

카드 따위 온갖 종류의 숫자놀이를 즐긴다. 흥분 추구 행태는 아마도 주기적으로 벌어지는 '도시의 밤(night on the town)'과 같이 고도로 유형화된 관행에서 가장 생생하게 볼 수 있을 것이다. 그런 관행은 지역에 따라 여러 용어('춤과 노래의 밤', '거리 축제', '술집 순례')로 불리지만 주요 성분은 술, 음악, 성적 모험 따위의 유형화된 활동이다. 집단적으로나 개인적으로 술집, 나이트클럽 '순례'에 나선다. 음주가무는 그 밤 내내 계속된다. 남자들은 여자들을 '낚고' 여자들은 위험한 성적 게임을 즐긴다. 이런 밤 순례에서는 대개 여자 때문에 남자들끼리 치고받는 싸움, 도박, 육체적 기량 과시 따위가 다양하게 뒤섞여 벌어진다. 성과 공격성을 향한 모험은 폭발적 잠재력이 있어서 흔히 '소동'으로 번진다. 개인이 얼마간 명시적으로 추구하는 바가 그런 것이기도 하다. 도심에 있으면 언제든 싸움과 같은 소동이 벌어지기 십상이니, 도심의 관행은 위험 추구와 모험 갈망의 요소를 내포하고 있는 셈이다.[92]

보스턴 지역에 사는 하층계급 이탈리아인 학생은 또 다른 이야기를 들려준다.

---

92) Miller, *op. cit.*, p. 11. 청소년 비행의 흥분에 관한 초기의 기술은 F. Thrasher, *The Gang*(Chicago, University of Chicago Press, 1927), ch. 5, "The Quest for New Experience"에서도 볼 수 있다. 최신판으로는 H. Finestone, "Cats, Kicks, and Color," *Social Problems*, 5(1957)가 있다. 특히 p. 5에서 직업 세계를 경멸하면서도 골칫거리에 대한 냉담의 표현에 강한 관심사를 함께 가지고 있는 집단을 기술한다. 마찬가지로, 밀러(Miller)가 도시 하층계급의 문화적 특성으로 지적한 '핵심 관심사(골칫거리, 강인함, 약삭빠름, 흥분, 운명, 자주성)'는 행동에 대한 몰입을 뒷받침하는 특성에도 잘 맞는다.

행동을 좇는 이에게 삶은 삽화와 같다. 삶의 리듬은 자극적이고 난폭하기까지 한 행동을 불사함으로써 감정이 절정에 이르는 온갖 모험담으로 점철되어 있다. 행동, 짜릿한 흥분을 느낄 기회, 운 걸기에 도전하고 위험을 극복하는 데 삶의 목표가 있다. 그 목표는 카드 게임, 싸움, 성관계, 주량 겨루기, 도박에서 구할 수도 있고 촌철살인의 농담이나 모욕 주고받기에서 구할 수도 있다. 행동을 좇는 사람은 어떤 삽화적 사건을 벌이든 복수심에 불타서 하고 나머지 삶은 절정의 경험을 준비하면서 조용히, 침울한 기분으로, '시간을 죽이는' 사람이라는 소리를 들으며 살아간다.[93]

VIII. 성격(character)

지금까지 우리는 한 소년의 운을 거는 내기에서 시작해 사후영향으로, 사후영향으로부터 운명적 임무(상황을 자발적으로 택한 실용적 도박으로 해석하도록 유도한다는 사실에 주목하면서)로, 그리고 운명적 임무에서 자기결단력을 세상에 알리는 활동에 속하는 행동으로 논점을 옮겨왔다. 그리고 많은 사람들이 피하는 운명적 행동을 어떤 이유로든 높이 평가하는 이들이 있으며 심지어 그런 행동을 맘껏 즐길 수 있는 환경을 만들어내기까지 한

---

[93] H. Gans, *The Urban Villagers*(New York: The Free Press, 1962), p. 29. 행동의 호소력에 관한 더 상세한 논의는 pp. 65~69에서 전개한다. 청소년들은 남성다움을 발전시키고 과시해야 한다고, 그리고 남성다움의 목표를 달성하는 방편이 행동 추구라고 주장한다. 나는 이 글에서 남성다움을 '성격'이라고 부르는 게 더 나을 속성들의 복합체이며 청소년의 '표출' 행동을 분석할 때 이 점이 고려되어야 한다고 본다. 어떻든, 베넷 버거(Bennett Berger)가 지적하듯이("On the Youthfulness of Youth Culture," *Social Research*, 30 [1963], pp. 326~327), 행동 지향성은 남성다움뿐만 아니라 젊음과도 관련이 있다.

다는 사실도 알았다. 행동에는 무언가 의미심장하고 독특한 요소가 있다. 자기가 좋아했던 한 투우사가 처한 인간적 상황을 묘사한 헤밍웨이의 작품이 그 실마리를 보여준다.

우리는 병적인 공포감도 없이 죽음에 관한 이야기를 나누곤 했다. 나는 안토니오에게 죽음에 관한 내 생각을 말했다. 둘 다 죽음에 대해 아는 게 없으니 별 쓸모없는 이야기였다. 나는 정말로 죽음을 우습게 여길 수도 있고 그런 생각을 다른 이들에게 내비치는 때도 있지만 이번에는 그러지 않았다. 안토니오는 적어도 하루에 두 번씩, 장거리 투우 여행이 있을 때는 매일, 죽음을 품고 있었다. 날마다 안토니오는 의식적으로 스스로를 위험에 몰아넣었고, 참을 수 있는 한계를 넘어설 만큼 위험 수위를 높이는 투우 스타일을 보였다. 그는 결코 겁내는 법 없이 완벽한 배짱을 가지고 투우를 했다. 속임수를 쓰지 않고 소가 움직이는 속도에 자신을 완벽하게 맞춤으로써 위험을 정확히 이해하고 통제하는 것, 근육, 신경, 반사동작, 시선, 지식, 본능, 용기가 응집된 팔의 힘으로 황소를 제압하는 것이 그의 투우 스타일이었다.
반사동작에 한 치라도 실수가 있었다면 그가 그런 식으로 투우를 할 수는 없었을 것이다. 찰나에 지나지 않을 한순간이라도 그가 용기를 잃었다면 매혹은 사라지고 뿔에 떠받쳐 피를 흘리고 말았을 것이다. 게다가 그는 황소 앞에 몸을 노출시켜 언제고 자기를 죽일 수 있는 바람과도 싸워야 했다.
그는 이 모든 것을 냉철하고도 완벽하게 인식하고 있었다. 문제는 투우장에 들어서기 전에 그 모든 것들에 맞설 준비를 갖추는 데 필요한 생각할 시간을 최소한으로 줄이는 것이었다. 이것이 안토니오가 날마다 맞서야 할 죽음과의 규칙적 약속이었다. 누구나 죽음을 맞는다. 그러나 고전적 동작을 연기하면서 0.5톤이나 되는, 그것도 사랑하는 동물에게 칼을 겨누고 최대한 죽음에 가까이 갈 작정을 거듭하는 것은 그저 죽음을 맞이하는 것과는 달리 엄청나게 복잡한 일이다. 날마다 창조적인 예술가로서의 연기와 솜씨 좋은 도살자의 기량을 동시에 발휘해야 한다. 안토니오는 적어도 하루에 두 번씩 황소의 뿔과 맞설 때마다, 황소가 고통을 느끼지 않도록 빠르게, 그러면서도 황소에게 적어도 한 번은 충분한 기회를 주면서, 황소를 죽여야 했다.[94]

진지한 업무든 위험한 도박이든 한 사람이 이렇게 운을 거는 순간을 살펴보면, 그런 일에 적합한 특유의 '기본' 자질이나 기질적 속성이 있는 것 같다. 첨단 건축에는 세심함과 균형 감각이, 등산에는 '건강상태'와 체력이, 투우에는 속도 조절과 지각적 판단력이, 맹수 사냥에는 겨루는 맹수에 대한 지식이, 도박에는 승률에 대한 지식이 필요하다. 또 이 모든 사례에 공통된 요소로 기억과 경험이 필요하다. 이런 기본 자질은 흔히 훈련으로 길러지기도 한다. 중요한 사실은 운의 요소가 전혀 없거나 모의실험을 할 때처럼 사후영향이 없는 상황에서는 기본 자질이 잘 발휘된다는 점이다. 예행연습, 사격연습, 전쟁놀이, 무대 리허설이 좋은 예다. 조직화된 훈련에서는 폭넓게 모의실험을 한다. 실력 발휘를 잘하는지 못하는지에 행위자의 운명이 달려 있지도 않고, 실력 발휘를 잘하고 못함이 행위자의 평판에 영향을 미치지도 않는다. 마찬가지로, 기본 자질은 보통 아무 생각 없이 수월하게 일을 해낼 때, 즉 결과에 사후영향이 따르지만 문젯거리가 아닐 때 발휘될 수 있다.

운명적 상황, 즉 사후영향이 있고 문젯거리 상황이라고 인식하는 경우에는 오직 그런 상황에서만 나타나는 부차적 자질이나 속성이 있다. 사회

---

[94] E. Hemingway, "The Dangerous Summer," *Life*, September 12, 1960, pp. 75~76.

적 연줄이나 과제 수행과 관련해 개인이 불현듯 무슨 일이 벌어질 것 같다는 느낌이 들면 그의 행동에 뚜렷한 변화가 일어난다. 다른 사람들과의 관계와 관련된 경우에는 평소에는 없던 자제력도 곧잘 발휘된다. 자기의 원칙이 훼손될 낌새를 깨닫는 순간에는 평소와 같은 자제력을 잃고, 흥분해서 서두르는 순간에는 노골적인 이기심이 불쑥 고개를 내밀기도 한다. 반대로, 올바른 행동의 대가가 고작 개인의 자제력 확인에 불과한 경우도 있다. 마찬가지로, 과제를 수행할 때 성패에 대한 상상이 기량 발휘에 강하게 작용할 수 있다. 임박한 결과에 대한 초조한 마음이, 알고 있는 것도 못하게 하고, 체계적으로 행동할 수도 없게 한다.[95] 그런가 하면, 도전욕이 에너지를 불러일으켜 평소 이상의 기량이 발휘될 수도 있다. 헤밍웨이의 친구 안토니오와는 대조적으로 무르시아에서 열린 투우 데뷔전에서 황소가 들어오자 실신을 해버린 호세 마르티네스 같은 투우사도 있는 법이다.[96]

긴박한 상황에서도 흔들림 없이 정확성을 유지할 수 있는 자질(또는 자질의 결핍)이 관건이다. 그런 자질은 활동의 구체적 내용이 아니라 활동을 하는 동안 개인이 자기를 관리하는 방식을 가리킨다. 나는 이러한 자기관리 유지 능력을 성격의 한 요소로 본다. 운명적 행동을 해야 한다는 압박감 아

---

95) J. L. 오스틴(J. L. Austin)은 "Pleas for Excuse"(*Philosophical Papers*, ed. by J. Urmson and G. Warnock; Oxford, Oxford University Press, 1961), p. 141에서 '행동이 조직화되는 분야를' 다양하게 다루면서 다음과 같이 지적한다. "신체적 동작이나 연설을 할 때와 같이 우리가 착수한 일들을 실행에 옮기는 단계가 있다. 실행(실제 행동을 만드는) 과정에서 무엇을 하는지, 또 (있을 수 있는) 위험은 없는지 (적절한) 주의를 기울이고 경계해야 한다. 판단력이나 요령을 발휘해야 할 필요가 있고, 자기 신체의 모든 부분에 충분한 통제력을 행사해야 한다. 무신경함, 부주의함, 판단의 오류, 요령 부족, 어설픔 따위는 모두 행동하는 기계의 특정한 한 단계인 실행 단계에 영향을 미치는 재난(변명이 따른다)이다."
96) *San Francisco Chronicle*, June 2, 1966에 실린 찰스 매케이브(Charles McCabe)의 기사.

래서 정확하고 효과적으로 행동하지 못하는 사람은 성격이 약하다는 증거다. 예상 평균치 능력을 보여주는 사람은 뚜렷한 성격 판단의 대상이 되지 않는 것 같다. 도덕적 유혹이든 과제 수행이든 막상 일이 닥치면 완벽하게 자기 통제력을 유지할 수 있는 사람은 강한 성격을 갖고 있다는 증거다.

기본 자질과 성격 특성이 모두 개인의 평판을 좌우하며, 그래서 사후영향이 따르는 것들이다. 그러나 중요한 차이점도 있다. 앞서 지적한 대로 기본 자질은 운명적 상황이 아닐 때 드러나지만, 여기서 다루는 성격 특성은 운명적 사건 또는 적어도 주관적으로 운명적이라고 느끼는 사건이 벌어질 때만 나타난다. 기본 자질이란 좋아할 수도 있고, 싫어할 수도 있으며, 도덕적으로 중립적 태도를 취할 수도 있는 특성이다. 그러나 성격 특성은 항상 도덕적 관점에서 평가된다. 순간적인 자기관리 능력은 늘 사회적 평가에 좌우되기 때문이다. 그리고 성격 특성은 기본 자질과는 대조적으로 극단적으로 평가되는 경향이 있어서, 실패는 예상치 못한 것, 성공은 의외라고 한다. 통상의 기준을 따를 뿐인 경우는 쟁점이 되지 않는다. 마지막으로, 성격 특성은 기본 자질과 달리 사람됨을 완전히 그 특성만으로 규정하는 '본질화' 경향이 있다. 또 (뒤에 살펴보겠지만) 한 사람이 단 한 번 표현한 특성이 그 사람의 성격을 판단할 적절한 근거로 받아들여진다.

운명적인 사건의 처리에 영향을 미치는 주요 성격 형태를 살펴보자.

우선, 다양한 형태의 용기(courage)가 있다. 곧 닥칠 위험을 내다보면서도 행동을 불사하는 능력이다. 용기는 위험의 성격에 따라, 즉 신체적 위험인지, 금전적 위험인지, 사회적·정신적 위험인지에 따라 다양한 형태로 나타난다. 전문 도박사들 사이에서 존경받는 '도박 자질'이라는 것이 있다. 가진 돈을 몽땅 걸고 돈을 따든지 잃든지 품위를 지키면서 점잖게 게임의 규칙에 기꺼이 승복하려는 의지를 가리킨다. 용감한 행동이 매우 이기적인 관심사에서 비롯할 수 있음에 주목하자. 큰 위험에 직면할 준비가 되어 있느냐 아니냐가 관건이다.

불굴의 투지(gameness)는 좌절감, 고통, 피로에 지쳐도 굽히지 않고 계속 혼신의 힘을 다하는 자질이다. 맹목적이고 무감각해서가 아니라 의지와 결단력이 있어서 불굴의 투지를 발휘하는 것이다. 권투선수들이 그렇다.

'투지'라고 부르는, '결코 패배를 인정하지 않으려는' 끈질긴 용기에 대한 숭배도 있다. 권투선수는 필요하다면 쓰러질 때까지 싸울 수 있음을 보여주어야 존경을 받고 청중에게 즐거움을 선사한다는 사실을 일찍부터 배운다. 권투선수는 몇 방만 더 날리면 이길 수 있다는 끈질긴 희망을 소중히 품고 있어야 한다.[97]

불굴의 투지는 사람에게만 있는 것도 아니고, 사람의 투지가 으뜸가는 것도 아니라는 단서는 덧붙여야겠다. 제대로 키워졌다면 황소에게도 불굴의 투지가 있다. 자기네를 건 대결을 황소들이 받아들이고 점점 약세가 되면서도 싸움을 계속하는 것도, 투우사가 존재하는 이유도 바로 황소의 투지에 있다. '1급수'라 불리는 경주마에게도 투지가 있다.[98]

사회조직의 관점에서 핵심적 성격 특성은 **성실성**(integrity)이다. 상당한 이득이 걸려 있고 순간적으로 도덕적 기준을 벗어날 수 있는 상황에서도 유혹을 뿌리치는 성향을 가리킨다. 다른 사람들이 보지 않는 상황에서 운명적 활동을 할 때는 성실성이 특히 중요하다. 사회마다 훌륭하다고 인정

---

97) Winberg and Arond, *op. cit.*, p. 462.
98) M. Scott, *The Racing Game*(Chicago: Aldine Books, 1968)을 볼 것.

하는 성격의 종류는 상당히 다르지만 성실성을 인정하지 않고 육성하지 않는 사회는 오래 존속할 수 없다. 실천에 옮기는 경우가 드물지라도 사람들은 저마다 높은 수준의 성실성을 강조한다. 성실성이 뛰어나면 당연히 여기고 성실성이 부족하면 성격이 약한 사람이라고 단정한다.[99] (아주 사소한 삶의 한구석에서도 성실성을 유지하는 사람들을 볼 수 있다. 몹쓸 물건이면 고객을 설득할 능력이 있어도 상품 홍보에 주력하지 않는 영업사원도 있고, 새로운 기회가 생겨 별 볼일 없게 된 데이트 약속을 깨지 못하는 젊은 여성도 있다. 다른 아이가 저질렀으리라 생각하면서도 자기 짓이라고 시인하는 학생도 있고, 요금을 과하게 낸 손님에게 남는 돈을 되돌려주는 택시기사나 이발사도 있다.) 술집이나 레스토랑, 카지노처럼 손쉽게 쾌락을 얻을 수 있는 수단에 탐닉하지 않는 '자제력'을 가진 사람도 비슷한 평가를 받는다.

나는 앞서 사회적 상황에는 참여자들이 서로에게 지켜야 할 예절과 관련해 얼마간 평판의 의미가 내포되어 있다고 지적했다. 평판과 관련된 사후영향은 문젯거리가 아니라고도 말했다. 그러나 상황조건이 문젯거리를 만들 때도 있다.

예를 들면, 의례질서를 지키는 대가가 너무 커서 과연 특정한 형태의 성실성을 보여줄 필요가 있는지 의심스러울 때가 있다. 그럴 때 개인은 압박감에 굴복할지 말지, 자기의 기준을 지킬지 버릴지 결정해야 한다. **정정당당함**(gallantry)이란 형식 자체가 내용을 좌우하는 것일 때 그 예절 형식을 지킬 수 있는 자질을 가리킨다. 더글러스 페어뱅크스[*]가 목숨을 건 결투 중에 적수가 떨어뜨린 칼을 집어 들어 그에게 정중하게 절을 하면서 건네주는 영화 장면에서 볼 수 있는 자질과 같은 것이다. 무의미한 이득을 누

---

[99] 성격 특성으로 성실성을 특별히 강조한 마빈 스콧(Marvin Scott)에게 고마움을 전한다.

리느니 차라리 그런 기회를 차단하는 게 합당하다는 표현이다. 그와 비슷한 장면을 보여주는 경기가 또 다른 예다.

당시 영국의 챔피언이던 셀윈 F. 에지는 파리-비엔나 자동차경주 중에 타이어가 터져 차를 멈추고 고쳐야 했다. 그러나 그는 차에 싣고 다니던 타이어 공기주입기가 고장이 난 것을 발견했다. 공기주입기 없이는 타이어에 공기를 넣을 수도 없고 차를 움직일 수도 없었다.
이때 메르세데스를 타고 뒤따르던 멋쟁이 루이 즈보로스키 백작이 상황을 한눈에 알아보고서는 에지의 차 옆에 멈추고 제 공기주입기를 던져주었다. 덕분에 에지는 고든 베넷 컵** 대회에서 승리했고, 즈보로스키는 2위를 했다.[100]

정정당당함에 관해서는 흔히들 내가 여기서 언급한 것과 같은 사례만 들뿐 일상 생활현장의 사례를 간과한다는 점은 흥미롭다. 대량구매를 했다가 갑자기 불안해진 고객에게 점원이 지나칠 만큼 **정중한 태도**로 환불을 해주는 것도 정정당당함이다. 대기 승객이 마지막 두 자리 가운데 한 자리가 제 차례로 돌아왔을 때, 뒤에 선 젊은 한 쌍이 따로 떨어지지 않고 함께

---

[100] S. Davis, "Cjivalry on the Road," pp. 32~33, in Beaumont and Nolan, eds., *op. cit.*

* 더글러스 페어뱅크스(Douglas Fairbanks, 1883~1939)는 《바그다드의 도적(*The Thief of Bagdad*)》, 《로빈 후드(*Robin hood*)》, 《쾌걸 조로(*The Mark of Zorro*)》에 출연한 미국의 영화배우이다.
** 고든 베넷 컵은 영국 스코틀랜드 태생의 미국 신문경영인 제임스 고든 베넷(James Gordon Bennett, 1795~1872)에 의해 생긴 자동차경주 대회이다. 제1회 대회는 1900년 프랑스에서 처음 열렸다.

앉아갈 수 있도록 선선히 차례를 양보하는 것도 정정당당함이다.[101]

물론, 정정당당함이 의례질서를 지키는 데 치러야 할 대가가 크고 문젯거리인 상황에서 볼 수 있는 유일한 성격 특성은 아니다. 개인은 남들에게 예의를 지켜야 할 의무가 있는 만큼 남들도 그에게 예의를 지켜야 하며, 남들이 자기를 제대로 대우하지 않으면 그 기회를 남용하지 못하도록 보복을 해야 한다고 여긴다. 현대사회에서는 그 탁월한 사례가 경찰이다. 경찰들은 주먹, 곤봉, 심지어 권총을 써서라도 자기들이 부르거나 검거한 상대가 제대로 처신하게 만들어야 한다고 여길 때가 있다.[102]

물론 이런 식의 보복은 모욕을 당한 사람이 자기에게 권위와 자원이 충분하다고 여길 때 가능하다. 그렇지 않을 때는 내용 대신 형식을 지켜야 한다고 느낄 것이다. 반대로 정정당당함이 값비싼 예절이 아니라 값비싼 경멸로 나타나기도 한다. 흔히 액션소설에 등장하는 영웅은 벌거벗긴 채 의자에 묶인 채로도, 고문을 가하고 목숨을 위협하는 악당을 비웃거나 그 얼굴에 침을 뱉는다. 영웅은 악당의 주제넘은 꼬락서니를 혐오한다는 뜻을 보이려고 가뜩이나 위태로운 상황을 더 악화시킨다. 더 현실적인 예도

---

101) 카지노에서는 정정당당함을 제도화해서 도박대 책임자에게 특별한 권리와 의무를 부여하고 있다. 내기의 결과에 대한 딜러의 판정에 고객이 이의를 제기하면 전통적으로 선호하는 방식은 어째서 고객의 잘못이거나 잘못일 수 있는지 친절하게 설명해주고, 그렇게 딜러의 입장이 정리되면 고객에게 호의를 베풀어 카지노 편에 불리한 결정을 내리는 것이다. 판을 걷을 정도로 판돈이 크더라도 그런 식으로 행동하는 도박대 책임자들을 나는 본 적이 있다. 그렇게 해서 카지노는 자기네 업소가 '싸구려'가 아니라 '일급'이라는 명성을 얻고 유지하는 데 관심이 있음은 물론이다. (조직의 특성을 다룬 일반적인 논의는 P. Selznick, *Leadership in Administration*, White Plains, Petterson, 1957, 특히 pp. 38~42에서 볼 수 있다.)

102) W. Westley, "Violence and the Police," *American Journal of Sociology*, LIX(1953), pp. 39~40을 볼 것.

있다. 서비스직 종사자들은 자기들이 제공하는 서비스의 가치나 자아를 문제 삼는 고객에게는 단호하게 서비스를 거부하거나 심지어 다른 데 가서 알아보라고 큰소리도 칠 수 있다고, 상대의 체면을 망가뜨리기 위해 자기 코라도 벨 수 있다고 생각한다. 이런 심리적 승리는 업무에 적절치 못한 성격을 갖고 있다는 소리를 들으며 비난당하기 일쑤다. 물론 그런 우발적 사건이 실제로 자주 일어나지는 않는다. 그렇지만 이 같은 일화들은 어디에나 있어서 서비스직 종사자의 자존심과 자제력을 유지하는 데 상당히 크게 작용한다.

운명적 사건의 관리와 관련된 성격 가운데서 가장 흥미로운 것은 자제력, 냉정함, 차분함을 가리키는 침착성이다. 침착성은 기본 자질을 발휘하는 데 직접 영향을 미침은 물론이고 침착성 자체만으로도 평판의 근거가 되는 까닭에 이중으로 사후영향이 있다.

침착성에는 행동의 차원이 있다. 운명적 상황에서 주변과 조화를 이루며 부드럽게 절제된 방식으로 신체적 기량(작은 근육의 통제가 특징적인)을 발휘할 수 있는 능력이다. 내기당구가 좋은 보기다.

당구 도박꾼은 '배짱'(용기)이 있어야 한다. 판이 크게 벌어질 때 자기 기량을 최대한 발휘(도박꾼이 아니면 할 수 없는)하여 자신이 유능한 '돈벌이 선수'임을 보여주는 것이 도박꾼이 갖추어야 할 필수조건이다. 또한 보는 사람들이 있는 자리에서 판을 깨거나 주의가 산만해지면 안 된다(낭패한 척할 수도 있지만 그것이 바로 속임수다). 자기의 계산착오로 생각보다 자기가 훨씬 뒤졌음을 알게 되더라도 판을 엎지는 말아야 한다.[103]

---

103) Polsky, *op. cit.*, p. 10.

그런 자질이 없는 경우를 들어보자.

어젯밤, 검은 선글라스에다 트렌치코트를 걸친 불안해 보이는 남자가 미션가 4940에 소재한 세이프웨이 쇼핑센터의 계산대 앞에 섰다.
주머니에 손을 넣어 32구경 푸른색 권총을 꺼냈다. 아니 꺼내려고 했다. 주머니 속에서 잡힌 권총이 계산대 밑바닥을 향해 발사되었다.
열다섯 남짓 되는 손님들과 점원 열 명이 그를 쳐다보자 그는 초조한 모습으로 입술을 축였다.
그는 "나, 강도야" 하며 네이플가에 사는 30세의 계산대 점원 로즈 캐틸리에게 불쑥 내뱉었다. "여기 있는 돈 다 내놔."
그가 돌아서서 도망치는 순간 점장 발 아드레치와 점원 톰 홀트가 뒤를 쫓았다.
그는 뒤도 돌아보지 않고 마구잡이로 서너 번 총질을 하며 런던가로 빠지는 샛길을 반 블록 남짓 전력 질주한 끝에 제 차에 올라타 쏜살같이 달아났다.[104]

침착성에는 또한 다른 사람들을 대할 때 요구되는 자기감정의 통제라는 정서적 차원도 있다. 실제로 정서적 차원은 대화와 몸짓에 사용되는 신체 기관의 통제와 관련이 있다. 헤럴드 니콜슨 경이 노련한 외교관에게 요구되는 자질을 검토하면서 들려준 이야기다.

---

104) *San Francisco Chronicle*, November 17, 1963.

이상적인 외교관들이 갖추어야 할 세 번째 핵심 자질은 차분함이다. 유쾌하지 않은 협상 임무에서 협상 상대의 어리석음, 거짓, 잔인함, 자만심과 맞닥뜨렸을 때도 불쾌감을 드러내지 말아야 한다. 그뿐만 아니라 인간적인 반감, 호감, 흥분, 편견, 허영심, 과장, 극화, 도덕적 분개 따위는 일절 삼가야 한다. ……

이상적인 외교관의 차분함에서는 두 가지가 핵심이다. 첫째 기분을 온화하게 가져야 하고 아니라면 적어도 분노를 완벽하게 통제할 수는 있어야 한다. 둘째로 극도의 참을성이 있어야 한다.

외교관이 자기 기분을 통제하지 못한 사례는 그 후임 세대에게 가공할 참사로 기억된다. 1813년 6월 23일 드레스덴의 마르콜리니 궁정에서 나폴레옹이 모자를 카펫에 내동댕이치며 메테르니히에게 분통을 터뜨린 사건은 최악의 불행한 결과를 초래했다.* 찰스 유언 스미스 경은 모로코 술탄에게 화가 치밀어 어전에서 조약서를 찢어버리기도 했다. 테튼바흐 백작은 알헤시라스 회의에서 화를 참지 못해 외교적 망신을 당하며 자국을 위험지경에 몰아넣기도 했고, 독일 기업가 슈틴네스는 온천에서 울화통을 터트린 적도 있다.[105]

이렇게 자기를 주체하지 못해 '분노를 터트린' 인물들은 주도권을 뺏기고 남들에게 통제를 당하는 처지에 놓인다.

∴

---

105) H. Nicolson, *Diplomacy*(New York: Oxford University Press, Galaxy Books, 1964), p. 62. * 아프리카 진출의 거점인 모로코의 지배를 둘러싸고 프랑스와 독일 사이에 벌어진 외교 분쟁인 '모로코 사건'의 비화이다. 알헤시라스 회의(Algeciras Congerence, 1906. 1. 16~4. 7)에서 영국은 프랑스를 지지하여 독일이 모로코에 진출하는 것을 막았다. ― 옮긴이

---

* 메테르니히가 주도한 오스트리아·러시아·프로이센·영국의 신성동맹체제에 의해 나폴레옹 제국이 몰락하게 된 역사적 사건.

부드러운 몸동작, 차분한 감정과 더불어 정신적인 평정과 경계심, 즉 냉철한 정신도 고려해야 한다. 가령, 시험처럼 비인격적 과제를 수행할 때 특히 중요한 능력이다. 시험은 실력을 정확하고 유일하게 예측할 수 있는 표본추출 수단이다. 그러나 사실 한 사람의 시험점수는 시간 제한의 압박감 아래서도 자신의 지식과 기억을 불러내어 종합하고 논리 정연하게 답안을 작성하는 데 달려 있다. 그 반대되는 상태를 '사고 정지' 상태라고 한다.[106] 냉철한 정신은 다른 사람들과 직접 대인관계를 할 때도 중요하다. 요령이 좋은 사람들에게는 있지만 자의식을 느끼는 사람에게서는 없는 자질이 냉철함이다. **명언집**, 번뜩이는 말솜씨, 통렬한 '역습', 상대의 '코를 납작하게 만드는' 법을 모아놓은 책들이 있다는 사실은 냉철한 정신 상태의 유지가 보편적 관심사임을 말해준다.

침착성에는 자기나 타인의 갑작스러운 운명의 변화를 감정의 자제력을 잃지 않고 '마음의 동요' 없이 생각해볼 줄 아는 능력이라는 또 다른 차원도 있다.[107]

또한 침착성에는 **품위**라는 신체적 차원도 있다. 치러야 할 대가, 난관, 엄청난 압력이 있음에도 자세를 단정하게 유지하는 능력을 말한다.[108] 이 점에서 서핑(스키보다 더)은 특별히 관심을 끄는 스포츠다. 좁은 보드 위에서

∴

106) 사회화의 일환인 학교 시험은 학생이 시험 치는 법을 배우는 것이 아니라 시험을 치면서 배우는 것이 있기 때문에 중요하다. 적어도 미국 사회에서는 시간 제한이라는 조건에서 어려운 과제를 행하는 것이 초기 교육에서 가장 중요하다. 정신적 침착성이 없으면 제한된 시간을 다 써버리고 문제의 답을 구하기가 더 어려워진다. 흥미롭게도 미국 사회에서는 어려운 조건에서 신체적 침착성 유지가 필요한 공식 시험은 훨씬 나이가 든 다음에 찾아오는 것 같다.

107) 이 문제를 다룬 글에는 B. Glaser and A. Strauss, *Awareness of Dying*(Chicago: Aldine, 1965, ch. 13, "Awareness and the Nurse's Composure"), pp. 226~256이 있다.

무섭게 몰아닥치는 파도의 힘에 맞서 한계에 이르기까지 신체적 통제력을 발휘해 침착한 몸가짐, 우아함, 똑바른 자세를 유지할 수 있어야 한다. 자세를 똑바로 유지함은 공연의 조건일 뿐만 아니라 주된 목표이기도 하다.

침착성의 마지막 차원은 무대 위에서의 자신감이다. 대규모 관중 앞에서 당황스러움, 창피함, 두려움, 자의식을 드러내지 않으면서 위험과 기회에 맞설 수 있는 자질을 가리킨다. 의혹을 사기 쉬운 역할을 수행하며 다른 이들이 보는 자리에서 상황을 다루는 특별한 종류의 침착성도 있다. 몇 초 만에 탄로가 날 것을 알면서도 감식안이 뛰어난 사람 앞에서 '자연스럽게 행동'해야 하는 첩보원, 사복형사, 비밀조직 세계에서 존경받는 범죄자들이 있다. 뉴욕에서 최고 가는 절도범이 호텔 10층에서 큰 건을 하나 해치운 다음에 보여준 태도를 기술한 글을 보자.

> 그는 9층으로 내려가 엘리베이터를 타고 로비로 내려갔다. 경찰이 '절도범의 배짱'이라 부르는 태도로, 그는 수위에게 택시를 부르라고 시켰다. "내 생전 수위한테 팁을 주지 않은 건 처음"이었다며 "주머니에 보석이 가득 들어 있어서 잔돈을 찾을 수 없었다. 곤혹스럽기 짝이 없었다"라고 그는 경찰에 진술했다.[109]

∴

108) 품위는 뉴스가 될 수 있다. 그래서 《선타임스(*Sun-Times*)》(April 17, 1953)에는 "남자 배우가 자기에게 침을 뱉고 저주를 퍼붓는 장면을 찍기를 거부한 프랑스의 영화스타 비비안 로망스(Viviane Romance)는 파리에서 계약 위반으로 벌금 1만 1,428달러를 물었다. 이 스타께서는 '나의 품위를 떨어뜨리는' 연기라고 말씀하셨다"라는 기사(사진과 함께)가 실렸다. 품위가 없다는 소리를 들을 법한 좋은 예가 릴리언 로스(Lilian Ross)의 책 "*Picture*(New York: Dolphin Books, 1962)"에도 나온다. 그녀는 존 휴스턴(John Houston)과 고트프리트 라인하르트(Gottfried Reinhardt)의 조수 역할을 맡은 앨버트 밴드(Albert Band)가 연기한 천한 일들을 묘사하고 있다.
109) Black, *op. cit.*, p. 118.

이 진술에는 일련의 중요한 가정이 들어 있다. 곧 탄로가 날지도 모른다는 두려움을 느낄 사유가 충분한 사람은 도망칠 구석을 찾거나 아니면 있을 수 있는 위험을 끊임없이 경계한다. 이 지극히 자연스러운 충동을 억누를 수는 있지만 동요의 흔적을 남기지 않는 경우는 드물다. 그래서 결백해 보이는 이들 가운데서 진범을 가려내려는 관계 당국자들은 경계심을 보이거나 뚜렷한 이유가 없는데도 초조해 하는 이들을 정확하게 포착해 수사한다. 자의식을 보여준다는 것은 '여느 사람처럼 위장한' 자기 정체를 드러내는 짓이다. 개인이 그런 자기 모습을 감지한다면 두려움이 더 커진다. 두려움을 불러일으키는 현장을 한시바삐 떠나고 싶다는 충동을 억누르면 더 부자연스러운 표가 나서 악순환을 초래한다.

이 모든 상이한 차원의 침착성은 전통적 귀족 윤리에 속하는 것이다. 그렇지만 최근에는 이런 자질이 '냉정'이라는 꼬리표를 달고 비정한 도시적 요소로 강한 설득력을 갖기에 이르렀다. 해럴드 경이 즐기는 말투는 아니겠지만, 그가 정도를 벗어난 외교관들에게 건네는 충고는 바로 "애송이들이여, 냉정을 잃지 마시라"[110]라는 말이다. 여기서 중요한 점은 문화권과

---

[110] 현대사회의 냉정함은 모든 면에서 미묘한 차이가 있는 것 같다. 여기서 인용한 표현은 냉정함이란 한 개인의 특성이지만 언제나 문젯거리여서 개인의 성격 특성과는 거리가 있다고 가정한다. 지갑을 잃어버릴 수 있듯이 냉정함도 상실할 수 있다. 또한 냉정함이란 말은 혼란스러운 문제에만 적용되는 것이 아니라 거의 모든 것에 확대 적용된다. 이를테면, 취약한 사회적 지위에 있는 사람들에게는 어떤 일도 불운이 될 수 있어서 무관심만이 유일한 방어책이라고 생각하는데 그런 생각도 냉정함에 해당된다. 마지막으로, "냉정해"라는 말에는 다른 사람들을 자극해 뜻하지 않은 반응을 불러일으키고 그 결과 자신의 처지와 침착한 자세를 위태롭게 할 행동을 하지 말라는 경고가 담겨 있다.

빈민가의 어떤 말투는 상류계층에 널리 퍼져 있다는 것, 해럴드 경이 꺼리는 언어가 그의 히피 동료들에게는 세상과 연결되어 있음을 입증하는 확실한 언어가 된다는 사실도 덧붙여 둔다.

계층을 불문하고 침착성을 중요한 가치로 여긴다는 사실이다. 주된 이유는 두 가지다.

첫째, 개인이 다른 사람들과 함께 있을 때는 언제나, 특히 협력 관계—서로 대화 상태를 유지하려는 관계—일 때는 더더욱, 다른 사람들에게는 그의 유능한 상호작용자로서의 자질이 중요하다. 모임을 지탱하는 사회질서의 성분과 내용은 작은 절제된 행동들이다. 한 사람의 적절한 처신은 다른 사람들의 처신과 더불어 사회적 공현존 상황을 조성하는 데 기여한다. 자리를 방해하지 않고 유용한 존재가 되려면 자제력을 유지할 수 있어야 한다. 침착하지 못한 태도는 그런 임무를 저버리는 것이고 참여할 권리가 있다고 느끼는 다른 사람들과 더불어 유지하는 세상을 위태롭게 하는 짓이다.

둘째, 다른 사람들이 있든 없든, 어떤 과제든, 개인에게 마음, 팔다리, 특히 작은 근육들을 잘 쓸 수 있는 단련된 능력이 필요하다. 이런 능력을 아주 특별한 조건에서 습득하고 유지해야 하는 경우가 있다. 상황에 신경을 쓰느라고 순간적으로 통제력을 잃으면 자의식을 불러일으키는 원인이 되어 서툴러지고, 급기야는 당황한 나머지 과제를 제대로 다룰 수 없는 지경에 이른다. 칼 삼키기 묘기가 그런 경우를 명쾌하게 보여준다. 칼날의 촉감과 온도는 생경한 이물감을 준다. 수련자가 일단 생경한 이물감을 참아내는 데 성공하면 칼날이 자기의 목구멍을 꽉 조임을 느낀다. 그 다음에는 근육이 느슨해지기 전에 그리고 칼날이 근육에 닿지 않은 상태에서 칼을 통과시키는 연습이 필요하다. 칼이 근육에 더 많이 닿을수록 불수의근 경련이 일어나고 그러면 자연히 칼날이 근육에 닿는 부분이 더 커진다.[111]

---

111) D. Mannix, *Memoirs of a Sword Swallower*(New York: Ballantine Books, 1964), pp. 94~98을 볼 것.

(따라서 침착할수록 칼날이 근육에 덜 닿고 더 쉽게 통과시킬 수 있다.) 이미 지적한 것처럼, 제한시간에 쫓기는 사람도 비슷한 난관을 겪는다. 서툴면 시간을 허비하고 그러면 상황은 더 급해지고 그래서 더 허둥대게 된다.

어느 사회에서나 사람들은 자기 일을 대부분 사회적 상황에서 처리해야 하기 때문에 어려운 상황조건에서도 그 자리를 잘 지킬 수 있는 자질을 보편적으로 높이 평가한다. 마찬가지로, 어떤 사회, 어떤 계층에 속하는 사람이든 수행할 과제가 있으니 과제 수행에 필요한 침착성은 어디서나 관심사일 것이다.

나는 강인한 성격의 토대를 용기, 불굴의 투지, 성실성, 침착성으로 구분해 살펴보았다. 이런 성격적 토대가 합쳐져 공동체의 도덕적 삶을 장식함은 분명하다. 가라앉는 배에서 내리기를 거부하고 침착하게 송신 장비를 수리하고 손에 화상을 입으면서도 불굴의 의지를 보여주는 무선통신기사는 사회가 필요로 하는 거의 모든 것을 자기 행동에 결합시킨다. 설령 무선이 통하지 않는 한이 있더라도 조난신호를 송신하는 것이다.

이제, 성격 특성은 대개 운명적 순간에 나타나지만, 이미 결정된 운명이 노출되고 청산되는 단계에서 주관적으로만 운명적 순간이라고 느끼는 경우에도 나타난다는 앞서의 지적으로 되돌아가보자. 그런 순간에 생기는 감정을 잘 처리하려면 스스로를 통제할 수 있는 힘이 필요하다. 또 다른 사람들이 눈앞에 있을 때는 침착성이 특히 중요하다. 침착성을 잃으면 다른 사람들과 잘 유지하고 있던 순조로운 상호작용이 깨지기 때문이다.

그런 상황을 교수형, 총살형, 가스 처형을 앞두고 있는 사람의 경우보다 더 잘 보여주는 예는 달리 없을 것이다. 사형 집행은 불안한 마음으로 지켜보는 이들 앞에서, 그리고 사형수의 신체적 협조와 마음의 평정이 필수 요건인 상황에서 이루어진다. 그래서 전승담에는 죽기 직전까지 발버둥치고, 몸을 비틀고, 거품을 물고, 울부짖고, 기절하고, 오줌을 지리며 사투를 벌이는 사람들, 성격 결핍을 보여주는 사람들의 이야기가 나온다.

요크 사람들은 끔찍한 교수형을 목격했다. 사형집행인이 사형수 조지프 테리의 목에 올가미를 씌우자 그는 발버둥치고 비명을 지르고 물어뜯으며 사투를 벌였다. 장정 여섯이 달려들어 겨우 그의 머리에 밧줄은 걸었지만 얼굴덮개를 씌우는 데는 애를 먹었다. 낙판이 열리는 순간, 테리가 펄쩍 뛰어 교수대 모서리 기둥을 잡고 가장자리에 발을 디뎠다. 사형집행인과 보조수들이 합세해 마침내 그를 밀어 떨어뜨릴 때까지 테리는 1분 동안 사투를 벌였다. 결국 그는 얼굴도 가리지 못한 채 끔찍한 두려움 속에서 죽었다.[112]

---

112) J. Atholl, *Shadow of the Gallows*(London: John Long, 1954), p. 77. 사형집행의 역사는 흔히 많은 범죄를 잔인하게 처형하는 방식에서 출발해 우리 시대에 와서는 극소수 범죄에 대해 인도주의적 방식의 사형집행으로 바뀌어온 진화의 역사로 기록된다. 그리고 사형 제도를 완전히 폐지하라는 압력도 많다. 사실, 사형집행의 역사를 상호작용이라는 개념을 사용해 기록하는 편이 더 나을 수도 있다. 사형집행 방법의 진화는 대체로 사형집행을 무난한 사회적 행사로 만드는 장치와 관행이 발전한 덕이다. 배석자, 집행인, 사형수 모두 벼랑 끝에 몰린 상황에서 어떻게 그 세 유형의 참여자들이 스스로 제 몫을 감당하게 할 수 있을까? 사형집행의 역사는 서서히 그 답을 축적해온 역사다. 교수형의 예를 보자. 교수대는 소름 끼치는 모습과 소리를 최소한으로 줄이기 위해 감옥 뒷마당에서 한밤중에 조용히 처리하는 기법으로 발전했다. '낙판'은 사형수가 떨어지면서 몸을 꿈틀거리거나 머리를 떨어뜨리지 못하도록, 사형수의 체중과 목 크기에 맞추어 조절할 수 있게 제작했다. 밧줄의 종류와 매듭도 조절이 쉽게 설계했다. 떨어지지 않으려는 사형수의 몸부림을 막기 위해 팔을 묶고, 낙판 뚜껑은 줄을 당기기 전까지는 꽉 닫혀 있다가 재빨리 열리도록 만들고, 그리고 (무엇보다도 가장 감동적인 것은) 떨어질 때 앞뒤로 쿵쿵 부딪치는 소리가 나거나 애절한 절규의 여운이 들리지 않도록 설계했다. 자신이 곧 숨을 거두게 된다는 사실에 비하면 얼마나 빨리 숨을 거두는가의 문제는 아무런 의미가 없으므로 사형수에게 사형집행의 인도적 성격은 그다지 중요하지 않다고 주장할 수도 있다. 뒤에 남은 사람들만이 인도적 처형으로 인해 사형수의 마지막이 별로 고통스럽지 않았으리라는 것, 그리고 그런 끔찍한 일을 행하고 목격하는 것을 즐기는 사람은 아무도 없으리라는 사실을 떠올리며 두고두고 위안을 삼을 뿐이다.

반대로 지켜보는 이들과 농담을 나누고, 사교예절을 지키며, 올가미를 잘 조절하도록 사형수를 도와주기까지 하면서 배석한 사람들이 형의 집행을 조금은 편히 받아들이게 한 사형집행인의 이야기도 있다. 말 그대로 교수대 유머가 나오기도 한다. 이를테면, 어떤 귀족이 단두대 처형을 앞두고 전통에 따라 제공되는 럼주 잔을 거절하며 "나는 취하면 방향감각을 잃는단 말이야"라고 했다는 이야기 같은 것이다.[113]

달갑지 않을 희생자 처형이 초래할 수 있는 절차적 어려움, 그리고 자기 죽음에 협조하는 희생자들의 보편적 성향이 강인한 성격을 보여주고 싶어 하는 사람들의 욕망을 보여준다. 사형수는 대개 협조적이다. 당당하다. 어린애처럼 굴지 않는다. 울분을 토하거나 울음을 터뜨리는 법 없이 자기의 패배를 받아들인다.[114] 심지어는 자기의 마지막 내기를 가로막는 경건함, 기도, 남겨진 사람들에게 용서를 빌고 용서를 받는 따위의 전통적 관행을 조롱하고 무시하면서 싸움꾼다운 투지를 보여주기도 한다.[115] 그런 식의 품위는 사형수가 보여줄 수 있는 최후의, 그리고 끔찍할 만큼 사회화된 행동이다. 그가 나누어 받을 몫이 거의 남아 있지 않은 바로 그런 순간에, 우리의 사회적 삶에서 가장 덧없이 사라질 부분을 지탱하며 사회적 상황

---

113) A. Kershaw, *A History of the Guillotine*(London: Hohn Calder, 1958) p. 71.
114) 물론 어린애들만 게임에 졌을 때 비겁하게 굴고 침착성을 잃어 성격을 지키지 못하는 것은 아니다. 한 여성 체스 선수는, "네덜란드에서 온 선수 하나는 러시아 선수가 갑자기 자기의 퀸을 쳐내자 울음을 터뜨리며 무대를 떠나버린 적이 있다"라고 말한다("Talk of the Town," *The New Yorker*, September 19, 1964, p. 43에 인용된 미스 리사 레인[Miss Lisa Lane]의 이야기).
115) 사형집행 방식이 '인도적'으로 변함에 따라 죽임을 당하는 사람에게 품위와 개성을 요구하는 경향도 시들해졌다. 미국에서는 가스실에서 사형수에게 청산가리를 한 모금 마시게 한 후 곧 심호흡을 시키기도 하지만, 17~18세기에 관습적으로 행해진 임종연설(dying speech) 같은 것은 시키지 않는다(임종연설에 관해서는 Atholl, op. cit., p. 56을 볼 것).

을 순조롭게 풀리도록 해주기 때문이다. 무엇보다도 다른 사람들이 그 자리에 있다. 어차피 당할 일이라면, 자기는 붙잡고 늘어지지 말고 정면으로 영원을 향해 떠나자는 것이다.

공개처형이 이루어지던 시대에는 사람들이 그 집행을 가까이서 볼 수 있었기 때문에 사형수의 행동은 당연히 그의 사후 평판에 크게 영향을 미쳤다. 그래서 사형수가 죽어가는 동안 영웅이 태어나고 확인되고 죽임을 당했다. 공개처형의 가능성이 있는 공동체에서는 아직도 그런 관심사가 남아 있음을 클로드 브라운(Claude Brown)의 할렘 지역 회고록에서 볼 수 있다.

온통 마을 사람들 전부가 관련된 것 같았다. 우리가 찾아내고 학교까지 모시고 다녔던 인물들은 싱싱(Sing Sing)*의 전기의자에서 죽었다. 거기서 죽임을 당한 인물들, 그 어머니들, 친척들이 마을 사람들의 유일한 얘기거리였다. 젊은 시절, 워릭(감옥)에 있다가 나온 직후에 내가 아는 인물들이 전기의자에서 사형당했다는 이야기를 들은 기억이 난다. 우리는 모두 우리에게 무엇이 필요한지 알고 싶었기 때문에 그 인물들이 무슨 말을 했는지 알려고 했다. 죽음을 앞둔 마지막 순간에 할 만한 가치가 있는 말이었는지, 그들이 그렇게 느꼈는지 알고 싶었다.

젊은 시절 워릭에서 나온 후 몇 년간 나는 그들이 정말 굳센 인물들이었는지 알아보았다. 내 또래 사내아이들은 대개 싱싱에서 사형당한 인물들을 영웅으로 우러러보았다고 생각한다. 우리는 그들이 한 마지막 말이 알고 싶었다. 롤리팝은 사탕을 좋아해서 우리가 롤리팝이라고 불렀던 좀 머리가 돈 인물이었는데, 전기의자에 앉아 죽기 직전에 "흠, 롤리가 마지막 입맛을 다

---

* 미국 뉴욕 주에 있는 주립교도소.

시는군"이라고 말했다는 소리를 누군가가 내게 해주었다. 바로 그것이었다. 모두가 그가 죽어간 방식에 경탄했다. 그는 비명을 지르는 따위의 짓은 하지 않았던 것이다.[116]

절망적 상황에서 개인이 행동을 연출하는 방식에 영향을 미치는 몇 가지 개인적 자질을 검토하면서 나는 행동과 성격의 관련성을 제기했다. 그러나 그 관련성을 너무 강조하지는 말아야 한다. 비록 개인의 극단적 헌신이 사회에 보탬이 된다 해도 도덕성을 지지하는 이들은 극단적 헌신이 지나치다고 느낄 수도 있다. 또한 장기간 평범한 일을 계속하여 습득하는 긍정적 성격 자질이 있으므로 어느 한 순간의 행동을 통합된 성격 특성의 표현으로 볼 수는 없음도 인정해야 한다. 더욱이 군인이 전투에 임할 때와 같이 운명적 임무의 수행이란 도박자나 트랙 경기의 주자가 우아함과 대담함으로 스스로 남다름을 보여주는 행동만으로는 충분치 않다. 윌리엄 제임스(William James)가 군인의 덕성을 찬양하면서 지적했던 것처럼 사사로운 관심사를 포기하고 명령에 복종하는 모습도 보여줄 필요가 있다.[117] 위기가 닥치면 남들을 능가해 홀로 우뚝 설 수 있는 성격 특성뿐만 아니라 전체를 위해 필요한 일에 즉각 투신하는 성격 특성도 필요하다. 이익을 보기 위해 반영웅의 모습을 연출하는 것이 필요할 때도 있다. 당구 도박꾼이 좋은 예다.

도박꾼은 극단적으로 어려운 샷을 많이 치지 않도록 자제력을 발휘해야 한

---

116) Brown, *op. cit.*, p. 211.
117) W. James, "The Moral Equivalent of War," in *Essays on Faith and Morals*(New York: Meridian Books, 1962), p. 323.

다. 그런 자제력 발휘는 쉽지 않다. 구경꾼들의 찬사를 불러일으킬 환상적 샷을 날리는 짜릿함을 거부하기란 힘든 일이다. 그러나 참아야 한다. 그러지 않으면 평범한 샷을 놓쳤을 때 사람들이 믿어주지 않는다.[118]

이 경우에는 압박감 아래서도 자신이 지닌 기량을 덜 발휘하는 모습이 더 강한 성격의 표현일 것이다. 마지막으로, 이미 지적한 바 있지만, 여성다움과 관련된 전통적인 성격 자질이 있다. 여성이 자신의 순결성을 보존하고 감각을 더럽히지 않기 위해 어떤 싸움이든 간에 물러나는 자질이다. 덕성을 보존하기 위한 행동이 필요하다 해도 그것은 남성 보호자의 몫이다.

나는 사회적 상황일 때 개인은 그 자리에 있는 다른 사람들의 평가에 노출되어 있으며 그 평가가 개인의 기본 자질과 성격 특성을 판단하는 가늠자라고 주장했다. 평판을 좌우하는 상황조건을 완벽하게 기술하려면 사회에 널리 퍼져 있는 사람들의 본성에 대한 민간의 믿음을 고려하지 않으면 안 된다. 민간의 믿음이야말로 목격 대상의 개인적 특성을 평가하는 틀이기 때문이다.

첫째, 성격 특성은 기본 자질과는 달리 단 한 번의 표현으로 확정되는 경향이 있다. 성격 특성은 중대한 사건을 미처 피하지 못한 드문 경우에 나타나는 것이기에 즉각 뒷받침할 근거를 보태거나 수정할 수가 없다. 부득이 하나의 표본에 기댈 수밖에 없다. 더 중요한 것은 그런 성격 특성이란 예외를 허용치 않는 이미지에 속한다는 점이다. 개인이 가장 벗어나고 싶은 유혹을 느끼는 순간에 자기가 한결같은 성격의 소유자임을 보여줄

---

118) Polsky, *op. cit.*, p. 9.

결정적 기회가 찾아온다. 어떤 일이 있더라도 한결같음이 사실상 성격의 전부다. 상투적 평가란 충동적이고 믿을 수 없으며, 실제로 시간이 지나 다양한 상황을 거치다 보면 당시에 개인이 보여준 성격이 그대로 유지되지는 않는다는 말은 맞기는 하지만 초점을 한참 벗어나 있다. 나의 관심사는 한 개인이 고유의 성격 특성을 지니고 있는지가 아니라 성격이라는 것이 일상의 삶에서 어떻게 작용하는지에 있다. 다른 사람을 대할 때 우리는 상대가 그 자리에서 드러낸 성격을 온전하고 최종적인 그의 사람됨이라고 생각한다. 그리고 상대도 자기가 어떤 성격으로 비칠지를 생각하며 우리를 대한다. 물론, 변명도 하고 해명도 하고 예외도 허락하지만 그것도 그 순간의 모습이 결정적이라는 가정과 관련해 이루어지며 효과 또한 제한적이다.

둘째, 일단 강한 성격이 입증되고 나면 당장은 성격을 재구성할 필요가 없다. 적어도 그 순간에는 행위자가 자기 성격을 지킬 수 있다. 개인은 적절한 때가 오면 그의 태도와 언행으로 성격을 증명해 보이리라는 다른 이들의 믿음에 기대기도 한다. 그러나 이는 도덕적 삶에 위험을 하나 더 보태는 셈이다. 검증할 기회가 닥치면 망신을 당할지 모르는데도 우리는 스스로를 낙관적으로 보는 경향이 있는 탓이다.

셋째, 어떤 식으로든 한번 성격 표현에 실패하면 개인은 그 이후 완전히 다른 사람이 되어 자포자기에 빠진다는 믿음도 있다. 자기에게는 철저히 지켜야 할 의지가 있고 의지를 지키지 못하면 완전히 무너진다는 믿음에 사로잡힌 병사는 적군의 심문에 무언가를 한번 누설하고 나면 자기가 알고 있는 기밀을 전부 털어놓는 경향이 있다.[119] 비슷한 예로, 처음 황소를

---

119) A. Biderman, "Social-Psychological Needs and Involuntary Behavior as Illustrated by Compliance in Interrogation," *Sociometry*, 23 (1960), pp. 138~139. 더 진전된 논의는 E. Goffman, *Asylums*(New York: Doubleday Anchor Books, 1961), pp. 89~90에서 제시했다.

들이받고 난 후 자기에게 있던 담력을 모조리 잃어버린 투우사도 있다.[120] 경마계에서는 '배짱을 상실한' 후 형편없는 경기를 하거나 더는 말을 타지 않으려는 기수들 이야기가 나돈다. 배짱을 잃었다고 느끼고 그 사실을 천명한 후 완전히 은퇴해버린 유명 기수들의 이야기도 있다.[121] 심해 잠수부를 다룬 소설에도 비슷한 이야기가 나온다. 추리소설은 심하게 얻어터지고 난 후 결코 예전과 같은 투지를 발휘하지 못하는 경찰과 건달들을 묘사하곤 한다. 또 매수를 당한 경력이 있는 사람은 신뢰할 구석이 없고 하찮은 뇌물을 수시로 받을 인물이라는 세간의 믿음도 있다.

배짱의 '상실', 도덕성 붕괴, '더는 예전 같지 않음'과 짝을 이룰 만한 또 다른 믿음도 있다. 오랫동안 배짱을 잃고 도덕성이 붕괴되었던 사람이라도 별안간 '배짱'이나 '투지'가 생길 수도 있다는 믿음이다.

니노 데 라 팔마로 불리던 카에티노 오르도네스는 어느 쪽 손으로나 물레타*를 완벽하게 사용할 수 있을 만큼 탁월한 예술적·극적 감각을 지닌 훌륭한 투우사였다. 그러나 5,000페세타**가 걸린 황소의 뿔에 받혀 병원으로 실려 가거나 죽을지도 모른다는 조건이 함께 걸려 있음을 깨닫고 나서는 결코 예전의 기량을 회복하지 못했다. 돈을 갖고 싶기는 했지만, 결국은 그만큼 대가를 치러야 한다는 것을 알고는 뿔에 접근하려 하지 않았다. 용기는 그토록 가까운 곳에서 온다. 심장에서 머리로. 그러나 용기가 사라질 때는

---

120) 가령, Hemingway, Death, op. cit., p. 89.
121) J. Leach, "Unseated by Nerves," *The Observer*, March 3, 1963.

---

* 투우사가 황소를 유인하는 데 사용하는 붉은 천.
** 스페인의 화폐 단위.

얼마나 멀리 달아날 수 있을지 아무도 모른다. 용기는 철철 흐르는 피 속으로 사라질 수도 있고 여자 속으로 달아날 수도 있다. 어느 쪽이든, 용기가 사라지면 투우는 몹쓸 직업이다. 또 다른 부상을 당하고서 용기를 되찾을 때도 있다. 첫 번째 부상은 죽음의 공포를 불러일으키고 두 번째 부상은 죽음의 공포를 없애주기도 한다. 한 여자가 앗아간 용기를 다른 여자가 되찾아주기도 하는 법이다. 투우사는 위험을 줄일 수 있는 지식과 능력에 의지하면서 용기를 되찾을 수 있으리라는 희망으로 투우를 계속한다. 용기가 되돌아오는 때도 있지만 그런 경우는 드물다.[122]

소설과 신화에서 구원은 흔히 자기 원칙을 지키기 위해 죽음을 불사하는 굳센 행동을 통해서만 이루어진다. 구원을 받은 사람의 죽음은, 품격의 추락은 영원하다는 믿음과 무너진 사람도 스스로를 치유할 수 있다는 믿음, 이 두 상반된 가정을 모두 충족시켜주는 것이다.

극적으로 획득할 수도 있고 잃어버릴 수도 있는 것이 성격이라는 믿음이 있기에 개인은 물질적·신체적 대가를 치르는 한이 있더라도 운이 걸린 상황을 겪어내고 이른바 명예를 과시할 이유가 있다. 배짱에 도움이 되리라 믿고 약간의 외부수단에 기댄다는 점도 흥미롭다. 보통 독주를 빨리 마시면 하기 힘든 행동도 수월하게 잘해낼 수 있다고 느낀다. 그런 방어책을 허용하는 상황도 놀랄 만큼 많다.[123]

이러한 성격의 특성을 고려하면 어째서 행동이 특별한 호소력을 지니는지 더 잘 이해할 수 있다. 개인이 스스로에게나 때로 다른 사람들에게 자

---

122) Hemingway, *Death*, p. 222.
123) 솜씨 자랑이 그 한 예다. 예를 들면, A. Keller, ed., *Hangman's Diary*(London: Philip Allen, 1928), p. 8의 *Stärkenden Trunk*이라는 구절 이하를 볼 것.

기의 스타일을 과시할 기회이자 위험을 내포한 행동을 할 수 있는 순간은 막상 일이 닥쳤을 때다. 그는 성격을 걸고 도박을 한다. 한번 보여준 멋진 모습이 대표적 성격으로 간주되고, 시시한 모습은 변명할 수도 다시 시도할 수도 없는 것이다. 강하든 약하든 성격의 과시는 곧 성격을 창조하는 일이다. 간단히 말해서, 자아는 자발적으로 재창조할 수 있다. 개인의 성격 과시는 사회의 입장에서 보면 분명 실속이 있다. 도박자의 '도박'이 명쾌하게 보여주듯이, 성격 연기에 거는 대가의 크기가 과잉연기를 하는 이들을 자동으로 감별해주기 때문이다. 어쨌든, 중압감 아래서도 품격을 보여줄 절호의 기회, 헤밍웨이식 남성다움을 평가받을 호기가 바로 성격 표현에 있다.

우리는 무엇보다도 우선 행동을 충동이나 몰이성의 표현으로 볼 필요가 없다. 뚜렷한 상금이 걸려 있지 않은데 위험을 무릅쓰는 행동이라 할지라도 마찬가지다. 물론 행동을 벌여 손해를 볼 수도 있지만 성격이라는 진정한 이득은 챙길 수 있다. 행동을 계산된 모험이라고 보는 근거가 바로 그 점에 있다.[124] 행동은 그 자체가 목적이라는 진술(나의 주장도 포함한)은 일종의 관용어법으로 이해해야 한다. 자발적으로 위험한 운 걸기를 택하는 것은 성격을 획득하고 유지하기 위한 수단이다. 단지 다른 목적이 있는 경우와 비교해서 행동 자체가 목적이라고 말하는 것이다. 문자 그대로 행동 자체가 목적이라고 보면 사회적 설명을 하찮게 만들고 축소시키는 셈이다.

이제 성격이란 어떤 것인지가 보인다. 성격은 한편으로는 개인의 본질적이고 변함없는 특성, 개인 특유의 개성을 가리킨다. 다른 한편으로는 운명

---

124) 최근에는 혼외 성관계와 폭력배들의 싸움에 따르는 위험과 관련해서도 이와 같은 주장이 있다. F. Stredt and J. Short, "Aleatory Risks Versus Short-run Hedonism in Explanation of Gang Action," *Social Problems*, 12(1964), pp. 127~140.

적 순간에 창조될 수도 있고 파괴될 수도 있는 속성을 가리킨다. 뒤의 관점에서 보면 개인은 자신의 성격 특성을 결정짓는 행동을 할 수 있다. 자기에게 부여될 성격을 창조하고 획득하기 위한 행동을 할 수 있다는 말이다. 따라서 계기만 있으면 참여자들은 저마다 다른 이들과 함께 스스로의 사람됨을 만들 기회를 찾는다.

그러니 성격은 변함없는 것이지만 동시에 변하는 것이기도 하다는 역설이 성립한다. 우리가 성격을 생각하는 방식이 바로 이렇다.

성격을 비논리적으로 보는 우리의 관점에는 분명 사회적 가치가 있다. 사회조직치고 도덕성과 지속성의 문제가 없는 조직은 없다. 개인은 소소한 모든 상황에서 어느 정도의 열정과 관심은 느낄 수 있어야 한다. 사회적 삶은 대체로 열정과 관심을 느끼는 순간들로 이루어지며 참여자들이 저마다 신선한 활력을 불어넣지 않으면 사회는 분명 병들 것이기 때문이다. 참여자들이 명성을 획득할 가능성이 있다는 점이 사회의 원동력이다. 그럼에도 사회가 존속하려면 한 사회적 상황에서 다음 사회적 상황에 이르기까지 동일성이 유지되어야 한다. 그래서 규칙과 관례가 필요하다. 개인들은 자기 몫으로 부여된 속성들로 스스로를 규정하고, 그에 걸맞게 믿음직한 언행을 해야 한다.

사회는 도덕성과 지속성이라는 근본 요건을 충족시키려고 우리에게 근본적 환상을 지니라고 부추긴다. 그것이 성격이라는 것의 정체다. 성격은 변하지 않는 우리의 것이지만, 또 불안정하고 변하기 쉬운 것이기도 하다. 성격을 획득할 가능성이 우리를 사회의 활동, 특히 사교 활동에 계속 진력하라고 부추긴다. 그리고 그런 계속된 노력이 바로 오래된 일상이 유지될 수 있는 비결이다. 우리가 마주치는 순간들로부터 얻어낼 무언가가 있다는 생각을 할 수 있기에 사회도 그런 순간들에 맞서고 물리치기도 할 수 있다.

IX. 성격 겨루기

　직업상 운명적인 임무를 수행한다는 관점에서 시작하면 우리는 행동을 의례화된 도덕적 무대에서 임무를 수행할 때 생기는, 자아를 향한 환기작용의 일종으로 볼 수 있다. 행동은 '그 자체가 목적인' 위험한 과제들로 구성된다. 행동을 펼치는 묵시적 목적은 운명이 걸린 무대에서 실용적 도박의 부산물로 얻는 흥분과 성격 과시에 있다. 그렇지만 운명이 걸린 임무와 행동이, 한 사람의 성격 과시가 상대의 성격 과시에 미치는 상호 영향과 함축적 의미를 우리에게 알려주는 바는 그리 많지 않다. 또 우리가 그런 상황을 다룰 해석의 틀을 갖고 있는지도 알 수 없다. 그래서 대인관계 행동에 관심을 돌려야 한다.
　대인관계 행동이 이루어지는 경우, 서로의 성격이 걸려 있을 뿐만 아니라 서로에게 영향을 미칠 운명적 사건도 펼쳐진다. 적어도 각자가 강한 성격을 입증하는 데 신경을 쓸 수밖에 없는 상황도 생길 것이다. 그런 상황은 오직 다른 참여자의 성격을 훼손해야만 가능한 조건일 것이다. 한 사람이 자기의 성격을 표현하기 위해 이용하는 마당이 상대에게도 성격 표현의 마당이 될 수 있다. 때로는 단지 싸움을 걸고 성격을 표현하기 위한 수단으로 기본 자질을 공개적으로 겨루기도 한다. 그 결과 **성격 겨루기**라는 특별한 종류의 도덕 게임이 벌어진다.
　물론 성격 겨루기는 맞수들 간에 기량이 엇비슷하고 근소한 차이로 승리가 결정되는 게임이나 운동 경기에서 벌어진다. 그러나 성격 겨루기는 계획해서 이루어지는 것인지가 그리 분명치 않고 저마다 사소한 손해와 이득을 주고받을 뿐인 조건에서도 벌어진다. 우리는 날마다 여러모로 점수를 따려 애쓰기도 하고 점수를 따는 데 실패하기도 한다. (그럴 때마다 감정의 찌꺼기가 남아 있는 사람은 상대를 만나는 순간 패배의 빌미가 된 평소의 태도와 체면을 버리고 그간의 상호작용 전개방식을 교묘하게 중단한다.) 상거래에서든 외교관계에서든, 전쟁에서든, 카드놀이나 개인적인 관계에서든, 참여자들 간의 협상·협박·약속은 짜증을 돋우거나 회유하여 기밀을 간파하려는 상대의 능력에 맞서 자기 쪽의 의도와 자원을 감출 수 있는 능력을 겨루는 것이다. 개인이 양해를 주고받고, 칭찬과 모욕을 주고받을 때는 언제나 자제력 대결이 벌어진다. 마찬가지로, 친구들이나 모르는 사람들 사이에서 벌어지는 미묘하고 소소한 연애놀이는 접근 불가능성을 놓고 벌이는 대결일 뿐, 그 이상의 의미는 없다. 정감어린 농담이나 '평가'를 주고받을 때 상대를 압도하려 드는 사람도 있다. 자아의 영토에는 그야말로 넘볼 수 없는 영역이 있다. 그러나 영역 경계선을 놓고 다툼을 벌이고 자기 영역을 확보하는 수단으로 방자하게 구는 경우(흔히 기쁨에 들떠)도 있다. 그런 다툼이 성격 겨루기다.

그러나 성격 겨루기의 의미를 제대로 파악하려면 게임과 사소한 다툼에서 사회적 삶의 구성요소로 주의를 돌려야 한다. 개인이 자기 몫을 정당하게 확보하기 위해 해야 할 투자, 특히 비공식적 투자와 권위, 남이 탐낼 만한 지위, 지배력, 서열을 확보하는 데 이용할 수 있는 수단도 검토해야 한다. 정의감과 서열의 상호영향에서 자아의 핵심을 관통하는 코드를 찾아내고 이념적 구성도 시도해볼 만하다.

두 사람이 함께 있을 때 각자의 품행은 자신과 상대에 대한 생각의 표현으로 읽힐 수 있다. 따라서 함께 있을 때의 행동은 서로를 대우하는 행동이다. 또 이는 사회적으로 정당화되는 경향이 있어서 의례적이든 실질적이든 모든 행동이 행위자에게는 의무, 상대에게는 기대가 된다. 각자가 상대의 좋고 나쁜 품행을 드러낼 수 있는 무대로 바뀐다. 게다가 각자가 마땅한 대우를 받으려 함은 물론이고 정의로운 상호작용이 되도록 단속할 의무가 있다는 것도 안다.

서로에 대한 대우를 둘러싼 겨룸이 확산되면 각자가 상대에게 틈을 주지 않고 자기 성격을 증명할 증거 내놓기에 몰두한다. 이런 다툼이 벌어지면 성격 규정과 관련해 만족스러운 지위를 차지하려는 욕구는 물론이고 지위 주장에 따르는 권리와 의무도 혼란에 빠진다. '원칙의 문제'가 개입되는 것이다. 규칙의 신성함은 규칙에 따르는 실제 품행에서 비롯하기도 하지만 규칙 체계 가운데 하나인 상징적 의미에서 나오는 것이기도 해서 규칙 체계 자체가 위태로워진다.[125] 정당한 자기 입지를 주장함으로써 만족할 만한 지위를 차지하고 그래서 지위가 강화되면, 그 지위를 지킬 의무도 가중된다. 그렇지 않으면 규칙 전반이 무너진다. 그래서 **명예**가 개입한다. 즉, 인격적 면모가 걸려 있으니 개인은 자기 권리를 침해당하면 성격 겨루기에 들어갈 수밖에 없다. 대가가 커 보이는 만큼 성격 겨루기는 그가 반드시 밟아야 할 수순이다.[126]

게임은 보통 한쪽이 상대가 지키기로 다짐한 도덕적 규칙을 어기고 특별히 상대나 또는 상대가 동일시하는 이들을 표적으로 삼기 때문에 시작된다. 이것이 '도발'이다. 사소한 것이면 반칙을 저지른 사람이 즉시 사과를 해서 규칙도 지키고 상대의 명예도 회복시켜준다. 반칙을 당해 마음이 상한 사람이 사과를 받아들인다는 뜻만 전하면 게임은 무산된다. 사실, 당

---

125) C. Fried, "Reason and Action," *Natural Law Forum*, Vol. 11(1966), pp. 13~35.
126) 첫째가는 사례가 16세기의 명예를 건 결투다. 상류계층은 명예를 지켜야 했다. 그렇지만 결투로 명예를 지킬 의무가 부여된 사람들은 아주 적었고 서로 만족할 만한 시간과 장소, 도구를 정하는 문제가 엄청나게 어려워서 영국을 비롯한 몇몇 나라에서는 실제로 결투가 벌어지는 일은 드물었다. F. Bryson, *The Point of Honor in Sixteenth-Century Italy: An Aspect of the Life of the Gentleman*(New York: Publications of the Institute of French Studies, Inc., Columbia University, 1935); Baldicck, *op. cit.*를 볼 것.

한 쪽에서 동시에 사과를 하거나 상대가 청하기도 전에 용서함으로써 그런 행동이 발을 붙이지 못하게 하려고 몹시 신경을 쓰고 있음을 보여주기도 한다. (여기서 중요한 구조적 쟁점은 변명과 사과는 자기 존엄성 수호자로서보다는 상대편 권리의 보호자로서 제안하기가 더 쉽다는 점이다.) 이와 비슷하게, 반칙을 당한 쪽에서 가볍게 도전하여(자신에게도 명예가 있음을 충분히 보여주면서), 반칙을 저지른 사람에게 주의를 환기시키고 사과와 용서의 절차를 밟으면 게임이 끝난다. 서로 '만족'을 주고받음으로써 작으나마 각자의 성격을 내세우며 그 과정에서 각자가 게임의 규칙을 존중할 줄 아는 제대로 사회화된 사람임을 재차 확인함은 물론이다. 심지어 정도가 심하고 몰상식한 반칙이라도 결과가 심각해지는 것만큼은 막을 수 있다. 당한 쪽에서 공개적으로 상대의 행동을 심각하게 생각할 만큼 상대를 이상한 사람이라고는 생각하지 않는다는 뜻을 표현하면 된다.[127] 반칙을 저질러 도전을 받게 된 사람이 스스로 굽히고 들어가는 기지를 발휘하면, 그의 명예는 일부 손상되지만 또 도전자의 자아회복 작업을 약화시켜 도전자의 명예를 실추시키는 면도 있다.

도전하겠다는 의사를 주고받을 수도 있고 지극히 미미한 신호에도 수그러들기도 하니, 대인관계의 보편적인 사회적 통제 기제가 작용함을 알 수 있다. 잠시 엇길로 나간 사람은 심각한 상처를 입기 전에 자기가 한 행동의 방향과 결과를 깨닫는다. 이와 같은 사회적 통제기제는 다양한 권리가 결부된 서열 관계에도 적용된다.

⁖

127) 은행 창구 직원들은 무장 강도로 돌변할 수도 있다는 절도범들의 협박을 심각하게 받아들이지 않는 것만으로도 절도범들을 좌절시켰다. 경찰들도 자기네를 겨눈 권총을 거들떠보지도 않고 그냥 등을 돌림으로써 겨룸의 토대를 제거하고 권총 협박범들을 제압했다. (*San Francisco Chronicle*, July 26, 1965, p. 3, "Cop Turns His Back—And Disarms a Gunman,"

겨룸이 치열해지면 반칙을 당한 사람들의 도전도 심각해질 수밖에 없고 반칙을 저지른 사람도 결코 상대를 만족시키려 들지 않는다. 이런 상승작용이 일어나면 시발점이 된 반칙의 의미를 되짚어 재구성하면서 '언쟁'이 벌어진다. 언쟁은 주로 한 사람만 관련된 '우발적 사건'과는 달리 언제나 양자대결로 치닫는다. 성격 특성이 개입되어 죽기 살기식 도덕적 전투가 이어진다.[128] 언쟁은 피해자로 하여금 가해자를 제재하는 모든 과정을 밟게 만든다. 언쟁의 법정에서는 고발한 사람이 판사와 집행인 노릇도 겸해야 한다. 행동의 보편적 특성이 그렇듯이, 이 경우 역시 어떤 도움에도 기대지 않는 개인이 가장 효과적인 조직단위다.

이런 다양한 조치의 의미는 부분적으로 겨룸에 나선 사람이 지닌 성향과 그 조치들에 대한 사후 해석에서 비롯함이 분명하다.[129] 그래서 상황을 달리 정의할 여지가 있고 본격적인 언쟁으로 번지기 전에 상황에 대한 상호합의도 필요하다.

오늘날에는 언쟁이 벌어지면 성격 겨루기가 즉각 뒤따르곤 한다. 신화와 전통의례에서는 양쪽이 정해진 장소에서 다시 만나 신체적·성격적 자질을 모두 운명에 걸기로 약속하고 그 자리에서는 물러난다. 양편 모두 증인이 필요하고 증인은 겨룸을 방해하지 않도록 조심한다. ('공정'한 겨룸이 되도록 성격 겨루기에 합당한 무대를 보장하는 장치다.)

대결이 벌어지고 겨루기가 시작되면 그 성격적 함의가 다른 방향으로

---

128) 전통적인 결투는 무기 선택 규칙 때문에 더 복잡하다. 모욕을 당한 쪽이 모욕을 가한 쪽에 도전을 하면, 도전을 받은 쪽에게 무기 선택권이 주어지는 결투의 규칙은 애초에 잘못을 저지른 사람에게 유리한 불공정한 조건이다. 그래서 모욕을 당한 쪽에서 공개적으로 상대에게 '거짓' 모욕을 가함으로써 애초에 모욕을 가한 쪽을 도전자로 만든다. 이렇게 확대된 협력과정을 통해 무기 선택권이 정당한 당사자에게 돌아갈 수 있었다

129) P. Bourdieu, "The Sentiment of Honour in Kabyle Society," p. 200, in Peristiany, *op. cit*.

펼쳐져 반드시 '영-합(Zero-sum)' 결과로 끝나지는 않을 수도 있다.

어느 한쪽이 성격 특성에서 확실히 패배해 고통을 겪을 수도 있다. 그는 줄곧 허세를 부려왔으며 공언한 만큼 대결할 준비가 되어 있지 않음을 드러내거나 배짱을 잃고 꼬리를 감추며 달아나버린다. 그러면 상대는 그 대결을 치르기 위해 얼마나 진지하게 준비했는지 과시할 필요 없는 편안한 입장이 되는 셈이다. 아니면 그는 상대에게 자비를 청하며 납작 엎드리고 상대가 자기를 더는 공격할 만한 인물이 아니라고 생각하게 만들어 스스로 맞수 자격을 포기할 수도 있다.

양쪽 다 명예를 지키고 훌륭한 성격의 소유자임을 확인하는 결과로 끝이 날 수도 있다. 명예가 걸린 결투에서 볼 수 있는 것처럼 용의주도하게 이루어지는 결과는 대개 신체상해를 피했기에 거둘 수 있는 대단한 성과이기도 하다.

한쪽이 져도 상대가 얻는 바가 없으면 둘 다 패배한다. '치킨 런(chicken run)'* 게임과 같은 성격 겨루기는 둘 다 방향을 틀거나, 둘 다 방향을 틀지 못하거나, 아니면 한쪽이 너무 일찍 방향을 틀어 불명예를 당하지만 상대에게 명예가 돌아가지도 않는 결과로 끝난다.[130]

물론, 겨룸에서 드러나는 성격은 실전에서 '나타나는' 결과와는 아주 다르다. 강적을 잘못 만난 사람이 절망적인 상황에서도 자기를 전부 거는 투지를 발휘하고는 용감하고 당당하게, 또는 오만하고 우아하게 야릇한 미

---

* 치킨 런 게임은 1950년대 미국 젊은이들 사이에서 유행한 자동차 게임으로, 한밤중에 두 경쟁자가 자신의 차를 몰고 정면으로 돌진하다가 충돌 직전에 핸들을 먼저 꺾는 사람이 지는 경기다. 핸들을 꺾은 사람은 겁쟁이(치킨)로 몰려 명예롭지 못한 사람으로 취급받는다. 그러나 아무도 핸들을 꺾지 않는다면 둘 다 게임의 승자는 될 수는 있지만, 결국 충돌해서 양쪽 모두 자멸한다.

소까지 띠며 쓰러지기도 한다.[131] 피의자가 경찰 수사팀의 정교한 심문기법에 냉정함을 유지한다든가 판사가 유죄판결을 내려도 놀라는 기색을 보이지 않을 수도 있다. 또한 맞수를 만난 선수가 상대의 비겁하지만 치명적인 기술 때문에 무자비하게 고통을 겪을 수도 있다. 그럴 경우 결투에서는 패배하지만 성격은 승리한다. 마찬가지로, 맞수가 못 되는 약한 상대와 판을 벌이면 이기는 사람이 오히려 졸장부임을 자인하는 셈이다. 실상 이런 식으로 시합에서 패배해 캘리포니아 주 프레즈노에서 뉴스가 된 졸장부의 이야기가 있다.

어제 술집 여종업원과 강도가 장전된 권총을 들고 '치킨' 게임을 벌였다. 실제 총격은 없었고 술집 여종업원이 이겼다.
도심의 남쪽 변두리의 값싼 맥주와 와인을 파는 술집 비트에서 매력적인 여종업원 조앤 오히긴스가 일하는 시간에 사건이 벌어졌다.
갑자기 장신의 강도가 들어와 맥주를 주문하더니 작은 권총을 획 들이밀고 오히긴스 양에게 금고에 있는 현금을 몽땅 내놓으라고 협박했다.
여종업원은 11달러를 내놓았다. 키가 얼추 6.5피트나 되는 장신의 강도를

∴

130) 자동차 치킨 런을 소설화한 것은 G. Elliott, *Parktilden Village*(New York: Signet Books, 1961), pp. 42~43에서 볼 수 있다. T. C. Schelling, *Arms and Influence*(New Haven: Yale University Press, 1966), pp. 116~125에도 훌륭한 분석이 있다. 게임을 하기 전에 사용 도구를 어떻게 확보할 수 있는지 알아야 한다는 사실에 주목할 것. 살이 타는 순간까지 불붙은 담배꽁초를 손가락에 끼고 있을 수 있는지가 완벽한 게임의 도구가 될 수 있다는 사실(먼저 손가락을 떼는 사람은 지고, 그것으로 겨루기는 끝난다)을 일부 중간계급 소년들은 알지 못한다. 숨 멈추기 시합은 더 널리 알려져 있다.
131) 액션 소설이 예기치 못한 구출 스토리를 삽입하는 이유가 있다. 그러지 않고서는 승산이 없는 절망적인 상황에서도 영웅은 앓는 소리를 하지 않는다는 것을 보여줄 길이 없다. 그래서 두 번째 실마리를 삽입해 이야기 구조를 확장하는 것이다.

만족시키기에는 턱없이 부족한 금액이었다.

강도는 "나머지도 다 내놔"라며 협박했다.

여종업원 오히긴스는 돈 자루가 들어 있는 서랍을 열고 그 밑에서 22구경 권총을 꺼내 들었다.

강도에게 총을 겨누고 그녀는 이렇게 물었다.

"자, 뭘 원한다고?"

강도는 만만찮은 적수를 만났음을 깨닫고는 눈을 깜박거리며 권총을 바라보다가 맥주도, 11달러도, 모두 팽개치고 달아났다.[132]

겨룸에서 한 수의 의미가 해석하기 나름인 것처럼 성격 겨루기의 결과도 사람마다 달리 읽힐 수 있다. 이를테면 국가 간의 협상에서 어느 나라가 이겼고 어느 나라가 졌는지 합의할 수 있는 명확한 기준이 나오는 경우는 없다.[133] 어떤 경우에는 득점 기준이 들쑥날쑥해서 최종 결과에 대해 저마다 다른 관점을 유지할 수도 있다. 그래서 거리의 맞수 갱단들이 맞붙고 나서는 제각기 자신들이 이겼다고 느끼며 끝나기도 한다.[134] 이런 식의 자만심은 신체적인 것에 관심을 두는지 아니면 드러난 결과에 관심을 두는지 따위의 다양한 요소가 뒤섞여 있기 때문에 생긴다. 한 팀은 기본 자질의 득점을 내세우고 상대 팀은 성격 자질의 득점을 강조한다.

성격을 만들어내고 무너뜨리는 게임이 성공하려면, 즉, 성격을 건 게임이 되려면 참여자 모두가 존중하고 협조해야 할 규칙이 있음을 드러낸다

∴

132) *San Francisco Chronicle*, July 14, 1966.
133) F. Iklé, *How Nations Negotiate*(New York: Harper & Row, 1964), P. 164ff. 또한 Bourdieu, p. 207 in Peristiany, *op. cit.*를 볼 것.
134) J. Short and F. Strodtbeck, "Why Gangs fight," *Transaction*, I (1964), 26.

는 점에서 카우보이의 목숨을 건 결투가 특히 인상적이다. 양쪽 모두는 게임을 진지하게 대해야 한다. 둘 다 자발적으로 게임에 자신을 던져서 게임에 이용할 수 있는 존재가 되어야 한다. 영웅은 결투를 벌이는 동안 쉽게 유리한 고지를 점하게 되었음을 알면 떳떳치 못하다 생각하고 그 기회를 포기해야 한다. 악당에게 피할 틈도 주지 않고 압박하는 수단은 스스로 삼간다. 그리고 영웅은 도전이나 결투에서 이기면 곧장 적수에게서 등을 돌린다. 일단 자신의 우월함이 입증되고 나면 즉각, 재도전받는 일은 없으리라는 것, 그리고 자신이 항상 경계하는 모습을 내보이면 품위가 떨어진다는 것을 알기 때문이다.[135]

성격 게임의 역학에 관한 지금까지의 논의를 바탕으로 예상되는 결과를 몇 가지 간략하게 살펴보자.

반칙을 저지른 쪽이든 당한 쪽이든 운명적 사건을 피하려는 사람이라면 대결을 피하거나 피할 수 없을 때는 안전하게 몸을 빼야 한다. 황제의 신하들이라면 그럴 리 없겠지만, 보통 사람들은 거의 모두가 그렇게 한다. 만만찮은 검객이며 한 성격 하는 인물로 자처하는 카사노바조차도 명예 때문에 낯선 사람과 결투를 벌여야 할 자리를 회피한 적이 있었음을 인정한다.

우리는 결투에 대해서는 한마디도 하지 않고 함께 만찬을 즐기고 유쾌하게 이야기를 나누었다. 다만, 어떤 맥락인지는 잊었으나 영국인 숙녀 하나

∵

135) 방금 패배한 적수에게 자신의 목숨을 거는 이런 식의 페어플레이에 대한 야릇한 믿음에는 명백한 사회적 기능이 있다. 이런 믿음이 없으면 지배력과 서열이 잠정적 질서의 수립에 실용적 사회기제로 작용하지 않을 것이다. 대결이 끝나자마자 상대가 다시 겨루자고 덤비면 질서는 수립될 수 없다. 모든 사람이 언제나 싸움에 연루되거나 항상 경계심을 지니고 살아야 할 것이다. 어쨌든, 승자 쪽의 '마지막 자아노출'이 레슬링, 투우, 카우보이 결투 따위의 다양한 겨룸을 끝내는 전형적인 동작이다.

가 명예를 존중하는 남자라면 필요할 때 싸울 작정은 하지 않고 호텔의 만찬 자리에 앉아 있는 따위의 위험을 무릅쓰지는 않으리라는 말을 했을 뿐이다. 그때 그 자리에 딱 맞는 말이었다. 잡담 대신 칼을 뽑아들고 결투 결과야 어찌 되든 자신을 던져야 한다고 숙녀에게조차 지적당할 만했다.[136]

위험을 피하면 '겨룸을 놓고 겨루기'가 벌어지는 결과가 따른다. 성격이 망가질 위험한 상황을 피하려는 사람은 겨룸에 들어갈지 말지를 놓고 제3자와 겨루어야 할 처지에 놓인다. 공격자는 자기의 먹잇감이 무슨 수를 쓰든 대결을 피하려 든다고 생각하면 증인을 세워 자신의 용맹을 과시하고 상대의 약점을 노출시키려 한다.

공격자가 상대로서는 도저히 무시할 수 없을 정도로 무례하게 굴거나 상대가 무심결에 저지른 하찮기 짝이 없는 무례에 민감하게 반응하면서 겨룸 겨루기가 시작된다.[137] 여전히 상대가 싸움에 걸려들지 않으려고 하면, 공격자는 상대가 폭발할 지점을 찾거나 아니면 상대에게 그럴 만한 배짱

---

136) *The Memoirs of Jacques Casanova*, tr. A. Machen(New York: Dover Publications, 1961), vol. 2, p. 958.
137) L. Yablonsky(*The Violent Gang*, New York: Macmillan, 1962, pp. 208~209)는 갱단 성원들의 유형을 기술하면서, 극단의 논리를 구사하는 부류를 이렇게 묘사한다. "······ 갱단에서 미미한 존재에 불과한 조무래기들은 주변에 비슷한 무리가 있으면 누구와도 싸우려 들 만큼 반사회적이다. 그들은 폭력을 찾아다니거나 그저 그들 말로 '걷어차거나 행동'할 구실을 찾으려고 폭력을 도발한다. 그들이 특별히 폭력적이라고 할 수는 없겠지만 모두가 얼마쯤은 그런 속성을 가지고 있다. 쉽고 편하게 폭력과 접할 기회가 있기 때문에 갱단에 합류한다. 그럴 수단을 찾지 못하면 '나름의 절차'를 밟는다(가령, 세 놈이 '자기네들이 좋아하지 않는 노래를 휘파람으로 불었다는 이유로' 사람을 발길질해 죽인 것처럼). 예를 들면, 비아냥거리며 낯선 사람에게 접근해 "뭐야, 우리 엄마가 어쨌다고?" 하는 식이다. 그리고는 상대가 뭐라고 대답할 겨를도 없이 상대를 폭행한다. 물론 어떤 대답을 해도 폭행을 막을 수는 없다."

이 없음을 드러내려는 의도를 분명히 하면서 상대가 참기 힘들 만큼 약을 올린다. 이를 '미끼 던지기', '서열 짓기', '과장하기', '약 올리기'라 한다. 공격자가 아랫사람일 때는 상대를 '건방지다'고 한다. 이런 식의 공격이 흔하지는 않다. 그러나 적어도 중간 계급의 일상적 삶에서 개인들 사이의 모든 대면 접촉은 수많은 상호존중의 기호로 구성된 질서를 통해 이루어진다는 점, 그리고 이 질서는 한 사람의 공격으로 인해 운명을 건 대인관계 행동의 위험한 무대로 쉽게 바뀔 수 있다는 점을 다시 한 번 지적해야겠다. 예컨대, 개인은 가는 곳마다 그곳에 있는 사람들이 공손한 시선, 목소리, 자신과의 물리적 거리를 지키라는 무언의 요구를 각인시킨다. 어디서나 개인의 고유 영역을 지켜주는 예절은 거의 자동적으로 무심결에 이루어진다. 그렇지만 여전히 공격자가 (정확하고 조심스러운 배려를 하지 않아) 개인의 명예를 시험에 들게 할 손쉬운 수단들이 널려 있다. 마찬가지로, 공공장소에서 낯선 사람들 사이에서도 상호 협조해야 할 최소한의 의무와 권리가 있다. 예를 들어, 시간이나 길을 묻거나 더하게는 담배나 잔돈푼을 청하는 경우를 보자. 간청에 응하는 사람은 상대가 담뱃갑을 통째로 가져가거나 또는 자기가 빤히 보고 있는데도 자기 손에 놓인 잔돈을 몽땅 집어가는 것을 보면서 결국 무례란 서로가 무례임을 알고 인정하는 데 바탕을 두고 있다는 사실을 깨닫는다. 빈민가의 노점상들도 수모를 당하며 손수레에 실린 과일을 빼앗긴다.[138]

인간적 교류에 질서를 부여하는 상호적응을 당연시하는 사람들은 취약한 처지에 빠진다. 윌리엄 샌섬(William Sansom)의 소설에 나오는 사례를

---

138) 이런 식의 '희롱'은 한 개인을 겨냥하지만 그 개인은 성인 세계, 경찰 당국, 백인들과 같은 특정 집단을 대표하는 상징인 경우가 흔하다.

좀 길게 인용해본다. 무대는 런던의 술 파는 '클럽'이다. 클럽에서 피아노를 치던 주인공 화자가 느닷없이 호명을 당한다.

"이봐 좀 사내다운 걸 칠 수 없어?" 하는 목소리가 위에서 들린다.
한 번도 본 적 없는 젊은이, 아니 술집을 드나들기에는 너무 어린 소년이다. 목이 너무 약해 지탱을 받기 힘겨워 보이는 머리가 헐거운 문고리처럼 덜렁거린다. 요란한 옷차림에 고슴도치 같은 머리를 하고 있다. 커 보이려고 어깨를 잔뜩 치켜 올리고 있다. 눈은 상한 생선 눈알처럼 흐릿하다. 마치 병자가 되고 싶기라도 한 것처럼 입술을 얇게 문다.
내가 그에게 말한다. "좀 기다려." 그의 말투는 아주 무례했지만 젊으면 용인되는 게 많은 법이다.
"너무 오래 기다리게는 마쇼, 친구." 그는 여전히 상한 생선 같은 눈빛으로 내게 시선을 꽂고 말한다.
그 뒤로 쌍둥이처럼 같은 복장을 하고 있는 애송이가 또 하나 보인다. 그리고 바에 서 있거나 탁자 밑으로 다리를 뻗치고 있는 예닐곱쯤 되는 또래들도 있다. 건너편의 벨(여사장)과 시선을 마주치니 벨은 어쩔 수 없다는 듯 어깨를 으쓱해 보인다. 마치 이런 갑작스러운 일은 자기와는 상관없는 일이라는 듯이.
여전히 제자리에 우뚝 서서 나를 내려다보는 놈을 무시한 채 나는 마리에게 말했다. "아이고, 오늘 우리 친구가 생겼네."
"맞아, 분명 친구가 생긴 거지." 놈은 딱하다는 투로 말했다. 그러고는 산책이라도 하는 양 느릿느릿 바로 걸어갔다. 바에서 옆 사람들에게 무슨 말인가를 했고 그들은 모두 내 쪽을 바라보며 머리를 흔들었다. 다시 한 번, 마치 내가 곤란한 처지에 빠져 애석하다는 듯이……

우리는 잠시 그들을 바라보았다. 그들이 보내는 눈빛과 몸짓이 모두 공격적이었다. 서로의 다리를 단단히 걸고 있어 술을 나르던 앤드루가 돌아가는 수고를 줄이기 위해 쟁반을 한 바퀴 돌려야 했다. 그러는 앤드루를 그들은 말없이 주시했다. 한 놈은 뒤로 기대더니 다른 사람의 탁자에 있던 안주 접시를 집어 들었다—웃지도 않고 미안하다는 시늉도 없이. 바에 있던 또 한 놈은 올리브 알맹이를 술병에 던지기 시작했다. 벨은 멈추라고 말했다. 그놈은 사과한답시고 과장되게 절을 하며 정면으로 한 알을 더 던졌다.

'맙소사 아무 거나 좀 **쳐봐**' 벨이 말했다.

내가 일어섰다. 그렇게 공개적으로 그놈들을 언급한 것이 잘못이었다. 그들은 자기네들을 들먹이는 줄 알았고, 이제 내가 피아노로 걸어가 자기네가 내린 명령에 복종하는 모습을 볼 참이었다. 놈들이 사방으로 확산되는 느낌이 들었다. 조금이라도 그들을 물러나게 해보려고 유머레스크*의 쫀쫀한 음률을 치기 시작했다.

물론 소용없는 짓이었다. 이런 젊은 치들은 자신들을 두려워하게 만든다는 공통점이 있다. 그들은 자리에 앉아 매사를 못마땅해 하며 바라본다. 그래서 저 유명한 '시큰둥한' 모습이 된다. 내가 띵똥 소리를 내자 그들 중 하나가 느릿느릿 걸어와 턱을 아래로 붙이고 나를 굽어보았다. 그러고는 건조한 목소리로 유행곡 음반의 이름을 대며 치라고 명령했다. 이런 무례와 별개로 피아니스트의 가장 큰 골칫거리는 이미 연주하고 있는 곡을 다른 곡으로 바꾸라는 요구다. 나는 이를 악물고 귀를 막으려 했다. 그는 팔꿈치로 내 오

---

* 유머레스크(humoresque)는 19세기 음악에서 성격소품의 한 유형을 말한다. 유머가 있으면서 약간 변덕스러운 성격을 띠는 곡이다.

른팔을 악보에서 밀치며 건조하게 말했다. '집어치워.' 그러고는 자기 신청곡을 큰소리로 되풀이했다."[139]

사소한 언행이 심각한 대결이나 결전을 자초할 수 있다. 결판을 내는 동작을 하나 구체적으로 들어보자. 일어서서 다른 사람들이 모두 보는 자리로 걸어가 공개적으로 행동을 촉구하는 몸짓이다. 성인들의 권위에 도전한다는 뜻을 효과적으로 전하는 '비행청소년의 걸음걸이'라는 것이 있다. 그런 걸음걸이로 자기네가 먼저 움직였다는 뜻은 물론이고 자기네가 겨냥했고 또 겨냥하는 상대가 맞서기를 피했다는 뜻도 동시에 드러낸다.[140] 투우장에서 투우사가 으스대며 걷는 산둥가(Sandunga)라는 걸음걸이도 표현 양식의 일종이다.

이런 게임에서는 내용이 아니라 의사소통 방식이나 표현 방식이 문제이기 때문에 상징의 지속성도 없고 가시성 또한 점차 약해져 사실상 소멸하고 만다. 물론 미드(G. H. Mead)가 상호작용 분석에서 보여주듯이,[*] 대결을 벌이는 두 사람이 서로 일련의 동작을 주고받을 수도 있고, 아무런 눈

∴

139) W. Sansom, *The Cautious Heart*(New York: Reynal and Company, 1958), pp. 100~102.
140) 더러 '뚜쟁이 걸음'이라고도 불린다. 비행 청소년들이 택하는 이런 식의 방자한 몸짓에 대한 유용한 연구로는, C. Werthman, *Delinquency and Authority*, M.A. Thesis, Dept. of Sociology, University of California, berkeley, 1964, p. 115, chapter LV, "Gang Members and the Police."를 볼 것.

---

* G. H. 미드(G. H. Mead)는 의사소통을 상징의 교환과 의미의 이해라고 본다. 상징은 의미를 전달하는 수단으로 언어가 대표적이지만 의미를 전하는 다양한 비언어적 몸짓도 상징에 포함된다. (G. H. Mead, *Mind, Self and Society: From the Standpoint of a Social Behaviorist*, 1934. University of Chicago Press).

에 띄는 행동 없이 승자가 결정되기도 한다.

앞서 지적한 바 있지만, 매력적인 소녀에게 작업을 걸거나 지극히 사소한 모욕에도 '조치를 취하거나' 어디서든 내깃거리를 찾아내는 사람은 또래 사이에서 행동추구자로서 명성을 누릴 수 있다. 또 특정한 대인관계 행동이 필요할 때는 언제나 **남들**에게 자기를 내줄 수 있고, 명확하게 선을 긋자는 사람이 있으면, 그는 언제든지 결판을 낼 준비가 되어 있는 사람이라는 명성도 누릴 수 있다. 그 전형적인 보기가 서부극에서 그리는 '총잡이'다. 저명한 당구 선수들은 흔히 행동추구자로서의 배역이 자기에게 돌아온다는 사실을 안다. 백만 달러 배짱의 존 게이츠도 그런 도박꾼 역할에 매료되었음이 틀림없다.[141] 오늘날 경찰은 접촉하는 모든 민간인들로부터 즉각적인 존대를 받고, 또 물리적 제재 의사까지 내비치며 상대에게 존대를 강요하는 업무를 수행하면서 때때로 자신들이 시험관 노릇을 강요당하고 있음을 깨닫는다. 강인한 영웅 역할을 연기한 남성 영화 스타들은 공공장소에서 스타를 만나는 우연을 잡은 사람들에게 견본용으로 이용되기도 한다. 이름난 재즈 연주자도 평론가들에게만은 자신을 '난도질'하는 관행을 허용한다.

항상 성격을 겨룰 기회를 찾아다니거나 늘 성격 겨룸에 불려나오는 사람이라면 명성이 그리 오래가지 못할 것이다. 지나치게 겨룸에 몰두하는 사람은 결국 밀려날 확률이 높다. 겨룸이 벌어질 때마다 운을 걸고 도박을 하다보면 장기적 미래를 계획할 수 없다. 행동 배역 자체는 수명이 길지만, 텔레비전 드라마 속이 아니면 행동 연기자의 수명은 짧다.

행동 역할을 맡는 전문가가 있듯이 행동 촉구에만 쓰이는 기호도 있다.

---

141) Lucius Beebe, *The Big Spenders*(New York: Doubleday, 1966), p. 85. * 백만 달러 배짱을 지닌 게이츠에 대해서는 주 74에 상세한 내용이 나온다. ―옮긴이

명예를 중시하는 사람이라면 참지 말아야 할 특별한 모욕이라는 것이 있다. 관련자들 모두가 더 이상 가면 사태가 너무 커진다고 해석하는 임계점도 있다. 임계점에 이르면 모욕당한 사람은 변명을 용납지 않고, 사태의 심각성을 느끼며, 자기 명예를 지키기 위해 필요한 규범적 질서의 재수립 조치에 들어간다. 이름난 카우보이가 들을 수 있는 말들 중에 제아무리 평화를 지킬 의지가 있어도 누구나 '싸움'을 거는 수작이라고 인정할 수밖에 없는 말들이 있다. 일단 어떤 언행에 특별한 의미가 부여되고, 공격자가 택한 그런 언행은 피할 수 없는 행동의 요청으로 간주된다. 치밀하게 계산된 언행은 당하는 사람에게는 명예를 건 시험이다. 어떤 대가를 치르든 자기 삶의 코드를 수호할 준비가 되어 있음을 입증해야 한다. 당사자들 모두가 실제 공격 행동은 그저 요식에 불과하고 더 중요한 의미는 개인의 명예에 관한 무언의 주장을 정면으로 검증하는 데 있다고 생각한다.[142] 따라서 "당신은 새빨간 거짓말을 하고 있어"라는 상투적인 발언은 **도발용**이다. 모욕을 가한 쪽에서 도전 의사를 밝히도록 강요하는 결투 전통에서 나온 말이다.[143] 점잖지 못하지만 더 자주 쓰이는 방법은 얼굴에 침을 뱉는 것이다. 미국 사회의 백인들이 인종관계에 쓰는 '깜둥이'라는 말 역시 도발용이다. 일부 한정된 집단에서만 쓰이는 시험용 몸짓도 있다. 지각이 교칙 위반임을 지적하는 도시 빈민가 학교의 교사는 어슬렁거리며 늦게 들어와 태연히 쏘아보는 시선으로 도전 의사를 과시하는 학생과 맞닥뜨린다.[144] 이

---

142) 이런 식의 방자함과 명백한 반항은 존대의 몸짓과 대비된다. 존대 몸짓 역시 특별한 의미가 부여된 행동이지만 그 의미는 행위자가 현상 유지를 수용하겠다는 의지를 입증하는 것이다.
143) Bryson, *op. cit.*, chap. Ⅳ. 앞서 지적한 것처럼, 무기 선택권은 도전받은 쪽에 돌아가기 때문에 모욕을 당한 쪽에서 가한 쪽에 도전 의사를 표할 수 없다. 그래서 모욕을 가한 자들은 스스로 도전자 역할을 떠맡아야 명예롭다고 본다.
144) Werthman, *op. cit.*, pp. 68~69에 이런 식의 사건이 묘사되어 있다.

런 것들이 겨룸 겨루기에 즐겨 사용되는 시험용 언행들이다.

개인이 공격적 언행으로 상대를 시험에 빠뜨릴 수도 있지만 상대가 적절치 못하다고 생각하는 방식의 언행을 하도록 협박해서 상대를 시험에 빠뜨릴 수도 있다. 공격자는 일단 상대가 항복을 하고 나면 앞으로 자기가 그에게 어떤 요구를 하더라도 그가 응할 수밖에 없으리라(상대도 자기가 그리될 것임을 안다) 생각하고서 상대를 하수로 만들기 위해 공개적으로 상대로 하여금 비굴하게 항복하도록 하거나 자기 수발을 들도록 강요하기도 한다.[145] 말을 다룰 '배짱'을 잃은 경마 기수처럼, 상대가 대인관계 활동과 의례질서를 다룰 용기를 잃을 것이라 생각한다. 양쪽이 그런 믿음을 공유하면 사회적 게임은 당연히 그 믿음에 맞추어 이루어진다.

행동과 성격은 관련이 있다고 말했지만 성격 형태가 행동의 정신과는 반대되는 경우도 있다. 대인관계 행동과 성격 겨루기의 관련성에도 단서를 붙여야 한다. 명예를 건 싸움에 들어가기를 거부하는 사람을 높이 평가하고 도전자에게 '미성숙'하다는 평가가 돌아가는 상황이 있다. 의례의 준거틀을 통째로 거부하고 언제나, 특히 또래들이 지지할 때는 더더욱 허세를 부리는 사람도 있는 법이다.

널리 퍼져 있는 고정관념에도 불구하고 청소년 갱들이 모두 갈등 성향을 지니고 있지는 않다는 점, 그리고 다른 인간 집단들과 마찬가지로 그들 안에도 다양한 가치체계가 있다는 점은 강조해야 할 것이다. 그런 점에서 보면 마약의 효과에다 가치를 두는 '은둔주의형' 갱은 인상적이다.

다른 갱들에게 비겁하다거나 사내답지 못하다는 비난도 받고 놀림도 당하

---

145) E. Goffman, *Asylums, op. cit.*, pp. 17~18에서 다룬 'obedience test'를 볼 것.

지만, 은둔주의자들은 조롱에 반응하는 적이 거의 없다. 싸움에서는 항상 물러난다. 싸움꾼으로서 명성도 없을 뿐더러 명성 따위를 염려하거나 중요하다고 생각하지 않는다. 오히려 갈등 지향적인 갱들을 '꼴통'이라고 생각한다. 그들은 시카고의 한 호숫가에서 흑인들이 벌인 '인종차별 항의 시위'에 반격을 가하는 다른 백인 갱들에 대한 노골적인 도전의 표시로, 사건이 벌어지는 동안 마약도 하고 무심하게 카드놀이를 즐겼다.[146]

그와 비슷한 사례가 중간계급 사람들이 주로 가는 술집에서도 벌어진

---

146) Short and Strodtbeck, "Why Gangs Fight," op. cit., pp 27~28. 또한 "The Response of Gang Leaders to Status Threats," *American Journal of Sociology*, LXVIII (1963), pp. 576~577을 볼 것. 문학작품으로는 루이스 오친클로스(Louis Auchincloss)의 소설, *Sybil*(New York, Signet Books, 1953), pp. 122~123이 있다. 한 남자(필립)가 클럽에서 자기 정부를 친구(니컬러스 커밍스)에게 소개하려고 그녀를 만나보겠느냐고 묻는다. 니컬러스가 거절하자 다음과 같은 대화가 이어진다. "조심하게, 커밍스," 그가 불길한 목소리로 말했다. "자네는 지금 내가 결혼할 마음을 먹고 있는 젊은 여성 얘기를 하고 있는 중이네." 그러나 니컬러스는 계속 그에게 차가운 시선을 보내고 있었다."사람들은 잘 모르지, 안 그런가?" 필립이 물었다. "자넨 아직 내 사촌과 결혼한 상태지?" 무거운 침묵이 흘렀다. "뭐, 어찌 됐든," 필립은 묵직한 목소리로 말했다. 이 어색한 상황에서 어떻게 해야 명예로운지 알지 못한 채, "줄리아에게 상처 주는 짓은 그만두게. 머리통 깨지고 싶지 않으면." 그러나 니컬러스는 냉혹했다.

"'상처'라니, '정부' 말인가?" 그가 물었다. "미안하지만, 나는 그게 정확한 말이라 생각하는데. 자네는 그 여자가 자네 정부임을 부인하지 않을 텐데, 안 그런가? 자네 부인의 변호사니까 말하겠는데, 그녀를 자극할 생각은 없지만 자네가 앤더슨 양과 정확히 어떤 관계인지 알아야 하는 게 내 업무란 말일세. '정부'란 말이 딱 맞지. 더 나은 말이 있을까? 어쨌든 나는 관련자들과 자네의 불륜을 이야기할 계제가 되면 내 직권으로 그녀를 그렇게 불러야 하네. 이의가 있다면 명예훼손으로 걸어서 법적으로 바로잡아. 아니면 자네가 협박하듯 불법적으로 내 인격을 모독하든지, 그건 자네 자유네." 필립은 이제 숨까지 막혔다. 좋은 친구로서 가장 기본적인 믿음도 뻔뻔하게 저버리는 자를 처리할 아무런 규칙이 없었다. "밖으로 나갈까? 신사답게 결판을 내지?" 필립이 물었다. "천만에, 그러지 않겠네." 니컬러스가 대답했다. "나는 자네를 거리에서 소동이나 벌이게 하려고 이 클럽에 온 게 아니야." 필립은 불안정하게 친구를 바라보며 잠시 더 서 있었다. "그래, 지옥에나 떨어질 놈" 하며 쏘아 붙이고는 자리를 뜨며 말했다. "망할 놈의 변호사들, 사기꾼들이야, 모조리."

다. 모욕을 당한 쪽은 적어도 그 순간에는 상대를 자기보다 못한 주제에 '만족을 구하려는' 것으로 느낄 것이다. 그렇게 해서 사회적으로 대등해야 도전할 가치가 있다는 기사도 정신을 민주화하는 것이다. 피해자는 상대에게 틀림없이 '아픈' 모양이라는 짧은 설교를 내뱉는 선에서 만족할 것이다. 명예가 높이 평가되고, 체면 지키기에 삶을 투자할 준비가 되어 있어야 하는 사교 세계에서 유행하는 도덕성은 빠르게 변하고 '남성성'으로 자신의 도덕적 자질을 증명하려는 행동의 중요성 또한 점차 줄어들 것이다.[147] 더 심하게는 드높은 덕목을 보여줄 모든 기회를 담담하게 사양하고, 도덕적 의무를 벗어난다는 데서 내심 자부심을 느끼며 결코 운 걸기에 나서지

---

[147] Brown, op. cit., pp.. pp. 211, 253~56, 261은 1930년대와 40년대에 할렘의 청소년들이 돈과 여자는 목숨을 건 싸움을 해서라도 지켜야 한다는 것을 배우는 방식과 그런 물리력이 어떻게 마약의 중요성이 부각되던 1950년대에 이르면 감소하는지를 훌륭하게 기술한다. 이런 사례는 거시 역사의 축소판이다. 예를 들면, 명예를 건 결투는 프랑스에서는 크게 유행했지만 시민들의 결투에 대한 거부감이 강했던 북부 국가에서는 드물었다. 영국에서는 1844년에 군 장교들이 결투로 명예를 지킬 의무를 규정한 반란 조례(Mutiny Act)를 폐지하고, 결투금지법으로 대체했다. 새 법안의 3조는 근대의 반(反)-분개 관점을 잘 요약하고 있다. "불행하게도 하극상을 저지르거나 타인을 상해하고 모욕을 가하는 행동에 찬동한 자는 정직하게 해명하고 사과하거나 그에 상응하는 배상을 해야 하고, 마찬가지로 모욕을 당한 자도 정직한 해명이나 사과를 정중하게 받아들여야 한다. 그런 사과를 거절하거나 받아들이지 않는 자는 지휘관에게 신고해야 한다. 마지막으로, 장교와 병사 모두 그런 시정조치를 받아들여 시행할 의지를 보이고 도전을 거부한 자들에 대해서는, 존경받을 만한 인격에 걸맞은 행동만 하고 군기에 복종하는 훌륭한 군인으로서의 임무를 다할 것이기에, 그들에게 불명예나 불이익이 돌아가지 않도록 한다"(Baldick, op. cit., p. 114). 그래서 발딕(Baldick)은 이렇게 논평한다. "놀라울 정도로 빠르게 이 법조항은 영국의 '명예 헌장'에 포함되어야 할 내용으로 인정되어. 판사와 배심원들로 하여금 결투를 벌여 살인을 한 사람들에게 유죄판결을 내리고 언론의 조롱을 받게 하는 데 결정적 역할을 했으며 광범한 대중 여론의 압력 또한 영국에서 결투 관행을 제어하는 데 성공하기에 이르렀다. ……. 19세기에 중반에 이르면 영국에서는 어떤 목적과 의도로든 명예롭고 존중받는 제도로서 번창하던 결투는 사라진다(Ibid).

않는 '반(反)영웅'을 문학적 이상형으로 발전시킨 작품까지도 등장했다. 물론 냉정하게 도전을 거부하거나 모욕을 당하고도 격분하지 않는 사람은 힘든 상황에서도 자제력을 보여줌으로써 영웅적인 것은 아닐망정 나름의 성격만은 확고히 할 수 있다.

요컨대, 물리력에 기대지 않고도 싸움을 벌일 수 있는 성격 겨루기가 드물지 않고, 때려눕히기와 카우보이식 사생결단의 결투 같은 고전적 방법은 영화에나 나온다. 그럼에도 여전히 싸움과 결투의 논리는 우리의 일상 사회적 삶의 중요한 특성이다. 자리를 함께한 사람들은 아무리 가능성이 낮아도 싸움으로 번질 수 있는 문제에 대해서는 적개심 표현을 삼가야 한다. 그래서 그런 싸움이 벌어지지 않도록 방지하는 지침이 있다. (실제로, 농담을 해서 '옆길로 새는' 것도 사교 대화를 위협할 정도로 사태가 번지기 전에 시시한 문제로 만드는 전략적 조치다.) 다양한 방식의 상호적응을 통해서 어떤 불명예도 발생하지 않도록 이성의 목소리가 널리 퍼지는 것이다.

X. 결론

인간에 대한 전통적인 사회학의 관점은 낙관적이다. 사회적으로 규정된 목표를 '이기심'에 사로잡혀 탐하는 짐승 같은 인간을 보면, 그를 붙잡고 면밀하게 구성된 기본원칙에 따라 욕망을 절제하라고 설득하기만 하면 된다는 식이다(나는 중요한 규칙으로 '상황적 속성', 즉 당면한 상황에서 개인이 보여주어야 할 품행유지 규준을 보태고 싶다). 따라서 개인이 일으키는 문제는 주로 합당한 욕망을 습득하지 못하거나 욕망을 충족하는 과정에서 지켜야 할 규칙을 일부러 어기는 탓에 생긴다. 고려해야 할 다른 난관들도 분명 있다. 이 글은 그 가운데 하나를 다루었다.

관심이 사적인 목표의 달성에 있든 제약 규범의 준수에 있든, 개인은 먼저 신체적으로 자기 통제력을 지녀야 한다. 그리고 당면한 문제의 처리를 가로막는 우발적 상황 조건에 촉각을 곤두세워야 할 때가 있다. 그럴 때 개인은 정신적·신체적 과제를 수행할 능력을 발휘하지 못하고 표준 도덕 원리에 대한 평소의 소신이 흔들린다. 목적을 추구하는 과정에서 앞을 내다보고 계산을 할 수 있는 지능, 단순한 기계보다는 좀 더 복잡한 반응을 할 수 있는 개인의 자질이 오히려 생각을 불러일으켜 자질 발휘를 가로막고 평소 지녔던 도덕성을 혼란에 빠뜨릴 때가 있는 법이다.

힘든 상황에서도 자제력을 유지할 수 있는 자질이 중요하고, 자제력을 유지할 수 있는 침착성과 도덕적 단호함이 필요하다. 개인이 사회에 유용한 존재가 되려면 운 걸기의 위험성을 가늠할 만큼은 지능적이어야 하고, 그러면서도 그런 생각 때문에 당황하거나 의기소침해지지는 말아야 한다. 그래야 비로소 개인은 사회 활동이 이루어지는 순간에 사회조직의 유지에 꼭 필요한 안정성과 지속성을 제공할 수 있다. 사회는 이런 자질을 도덕적 보상으로 뒷받침한다. 자제력을 보여주는 이에게는 강한 성격이라는 이름을, 쉽게 동요하고 압도당하는 이에게는 약한 성격이라는 이름을 붙여주는 것이다. 그렇기 때문에 충동적 유혹에 빠지지 않고 치밀한 계획 아래 부도덕한 성과를 올린 사람은 결코 온전한 존경을 받지 못하며 성격이 **약한** 사람은 아니라는 평가와 성격이 아주 **못된** 사람이라는 평가를 동시에 받게 되는 역설을 이해할 수 있다.[148]

---

[148] 그 좋은 최근의 예가 영국에서 기막힌 순간포착으로 대열차강도를 저지른 영웅들이다. 그들에 관한 글은 J. Gosling and D. Craig, *The Great Train Robbery*(Indianapolis, Bobbs-Merrill, 1965), pp. 173~175.

강한 성격을 보여줄 수 있는 절호의 기회는 운명적 상황에 있고, 그런 상황은 모험을 택한 사람과 그가 지닌 자원을 위험에 빠뜨린다. (이미 결판이 나버린 운명의 결과가 드러나는 순간을 기회로 사용할 수는 있지만 대가는 더 크다.) 행위자는 그래서 운 걸기를 피하고, 피할 수 없으면 머뭇거린다. 무엇보다도 미국 사회에서 순간들이란 그저 살아지는 것이 아니라 살아내야 하는 과정이다. 게다가 운명적 행동은 사회적 일상을 교란하기 마련이고 규모가 큰 조직은 관용을 베풀지 않는다. (군주제 시대의 유럽 사회에서는 결투 관습이 번창했지만 군주와 고관들은 결투 관행을 억제하려 했다. 결투 비용이 고관들에게 부과된 탓도 일부 있었다.) 가정과 일터에서는 이런 위험요소가 안전하게 제거된 듯하다.

그러나 안전하지만 순간에 충실하지 못한 삶에 대한 일종의 양가감정도 있다. 성격에는 쉽게 확인할 수 있는 면도 있지만 쉽게 표현할 수도 안전하게 획득할 수도 없는 면 또한 있다. 신중하고 빈틈없는 사람들은 높은 평가를 받을 수 있는 성격을 드러낼 기회를 단념해야 한다. 개인을 운명적 상황에서 벗어나게 해주는 장치는 또한 그 자신에 관한 새로운 정보, 중요한 표현을 가로막는 장치이기도 하다. 그 결과, 신중한 사람은 사회가 높이 평가하는 어떤 가치, 바로 자기가 바람직한 사람임을 표현할 수 있는 어떤 가치는 실현할 길이 없다.

그래서 실용적 도박을 찾거나 아니면 적어도 일상사에서 무언가 일을 벌인다. 정상을 벗어난, 피할 수도 있는, 극적인 위험과 기회로 가득 찬 일들이 바로 행동이다. 운명적 성격이 강할수록 행동은 더 위험해진다.

운명적 상황은 개인에게 아주 특별한 시간을 선사하고, 위험한 행동이 그 개인에게 특별한 시간을 체험하게 해준다. 개인은 운명적 상황에 자신을 던질 각오를 해야 하고 또 그렇게 한다. 이미 지적한 바와 같이, 개인이 자신을 던지게 만드는 상황에서는 문젯거리이며 사후영향이 있는 일들이 벌어지기 마련이다. 그리고 개인의 주관적 경험이 유지되는 동안 개인이 상황에 대처한 결과가 나오고 보상도 얻어야 한다.[149] 자기가 통제할 수 없는, 째깍째깍 흘러가는 몇 분 몇 초의 시간과 맞서야 한다. 짧은 시간 안에 결판이 나는 불확실한 결과에다 자신을 던져야 한다. 그리고 적당한 대가를 치르지 않으면 피할 수 없을 때는 개인은 자신을 운명에 맡겨야 한다. '도박'을 해야만 하는 것이다.

위험한 행동은 위험한 승부다. 그리고 위험한 승부는 모두 일상 삶에서는 가능하지 않도록 짜여 있다. 앞서 지적한 대로, 누구나 사후영향이 따르는 행위를 하지만 대부분은 문젯거리가 아니다. 그리고 문젯거리 행위도 (자신의 삶에 영향을 미치는 진로의 선택처럼), 결과는 수십 년이 지난 다음에야 나온다. 또 그 결과도 이미 다른 도박에서 나온 보상이 뒤섞여 있어서 식별하기가 어렵다. 반면에 행동은 운 걸기와 결판을 동시에 체험할 수 있는 도취의 순간을 갖게 해준다. 이어질 삶에 영향을 미칠 행동의 사건들이 그 찰나의 순간에 몰아닥치는 것이다.

위험한 행동은, 대개 영웅주의에 결부된 기회를 몽땅 상실할 위험을 감수하지 않고서도, 영웅적 품행과 비슷한 도덕적 이점을 어느 정도 누릴 수 있는 수단이다. 그러나 위험한 행동에는 또 상당한 대가가 따른다. 개인

---

149) 숨을 멈출 만큼 몰입을 경험하는 시간의 길이는 사람마다 다르다. 열혈 신도나 광신자는 다른 사람들이 숨을 내쉬며 다른 데로 관심을 돌리는 순간, 좀 더 길게 몰입 경험과 열광을 유지하는 것 같다. 물론 시인이나 종교적인 사람들은, 한 개인이 죽은 채로 소비한 엄청나게 긴 시간과 그에게 허락된 조마조마하고 자랑스러운 짧은 시간을 비교해본다면 삶이 지극히 짧은 한판의 운명적 게임이라 깨달을 것이고, 매순간 무엇을 낭비하고 있는지 불안에 휩싸일 것이라고 주장하곤 한다. 실상, 우리는 째깍째깍 흘러가는 짧은 시간 중 단지 몇 초 몇 분간 숨을 멈추고 있을 따름이다.

이 대가를 최소화할 수 있는 방법은 삶의 한 영역에서 운명적인 것으로 보이는 행동에 참여한 대가를 나머지 삶에서 치르도록 정교하게 계산해놓은 상업화된 영역에 참여하는 것이다. 소액의 요금만 치러도 되고 의자에서 일어나 방문을 열고 집을 나서기만 하면 된다.

성격은 유지하되 비용은 줄이고 싶은 사람들에게 사회가 제공하는 또 다른 해결책이 있다. 대중매체를 통해 대리체험을 제조하고 배포하는 것이다.

상업화된 대리체험의 내용을 검토해보면 놀라울 만큼 획일적이다. 실용적 도박, 성격 겨루기, 위험한 행동이 묘사된다. 운명을 건 행동을 벌이는 사람의 속임수, 일대기, 그럴듯한 관점도 보여준다. 그러나 언제나 똑같은 흘러가버린 행동 목록을 생중계하듯 내보낸다.[150] 다양한 종류의 운명적 사건에 연루된 허구의 인물이나 실제 인물과 우리를 동일시하고 대리체험을 할 수 있게 해주는 기회가 사방에 널려 있다.

삶에서 이미 제거된 성분인 갖가지 형태의 운명적 사건들이 왜 그토록 인기가 있을까? 앞서 지적한 것처럼, 소비자는 주인공과 자신을 동일시하면 대가를 치르지 않고도 흥분을 얻을 수 있다.[151] 이 동일시 과정을 촉진하는 요소는 두 가지다. 첫째, 운명을 건 행동은 말 그대로 완벽하고 효과적인 능력을 발휘하는 연기자를 자기의 대리인처럼 느끼게 만든다. 한 인물이 의사결정자도 되고, 집행자도 되고, 조직의 관련자도 된다. 실제 인물이든 허구의 인물이든 한 인물과의 동일시가 집단, 도시, 사회운동 또는 트

---

150) 제임스 본드(James Bond)는 운명을 걸어야 할 임무를 맡는다. 상류사회의 클럽에서 상사와 함께 처리해야 할 임무를 빈틈없이 점검한다. 제임스 본드는 호화로운 세계의 호사스러운 휴양지에서 값비싼 호텔의 객실에 묵는다. 좀체 손에 넣기 힘든 여성과 안면을 트고 얼마나 그가 침착하게 그녀 옆자리의 살인자와 대적하는지 보여준 후 재빨리 그녀를 손에 넣는다. 제임스 본드는 적수와 자동차경주, 카드 게임, 헬리콥터, 권총, 칼, 작살총, 기발한 재주, 와인 취향, 유도, 말솜씨 따위를 겨룬다. 시뻘겋게 단 무쇠로 상대를 제압한다 등등.

랙터 공장과의 동일시보다 쉽다. 적어도 부르주아 문화에서는 그렇다. 둘째, 운명적 사건은 전모를 다 볼 수 있을 만큼 작은 시공간에서 시도되고 실현된다는 점이다. 자본주의의 발흥이라든지 제2차 세계대전의 발발 같은 현상과는 달리 처음부터 끝까지 전 과정을 묘사하니 한자리에 앉아서 볼 수 있다. 다른 사건들과는 달리 본질적으로 묘사와 관람에 적합하다.

자기 같은 사람이 하는 대륙횡단 자동차 여행이란 어떤 것인지 취재여행을 떠난 한 흑인 언론인의 이야기를 들어보자.

매서운 호숫가 겨울이 일찍 찾아온 인디애나폴리스와 시카고에서는 오래 머물지 않았다. 안전벨트를 바짝 조이고 지루한 운전을 계속하며 오하이오를 지나가고 있었다. 늦은 오후로 접어들 즈음 순찰차가 뒤따르는 것을 보았다. 속도계를 보니까 제한 속도 70마일을 가리키고 있었다. 경찰이 추월하기를 바라며 나는 그 속도를 유지하고 있었지만, 얼핏 보니 그는 계속 나와

∵

151) 물론 시대에 따라, 문화권에 따라, 대리만족을 주는 인물들에는 큰 차이가 있다. 지금은 사형집행 관람을 특권으로 여기지 않지만 한때는 대리참여를 통해 짜릿한 흥분을 느끼게 해주었음이 틀림없다. 그래서 18세기 영국에서는 다음과 같은 일도 있었다. "죽음에 임하는 사람들에 대한 호기심이 지식인들과 유행에 민감한 사람들을 매혹시켰다. 피프스(Pepys)는 단골 관람자였다. 전기 작가인 보즈웰(Boswell)에 따르면 존슨(Johnson)은 단지 처형 때 좋은 자리를 얻으려는 목적만으로 뉴게이트 감옥의 친구를 사귀는 데 뛰어난 재능을 발휘한 것으로 유명했다고 한다. 한번은 존슨이 사형수와 함께 타이번(Tyburn)으로 가는 마차를 탈 수 있었는데, 마치 현대사회의 스포츠 팬이 세계 헤비급 권투시합의 입장권을 구했을 때에 비할 만큼 그 행운을 기뻐하고 옆자리에 타고 있던 조슈아 레이놀즈(Joshua Reynolds) 경과 기쁨을 나누었다."(Athell, op. cit., p. 53). * 새뮤얼 피프스(Samuel Pepys, 1633~1703)는 17세기 영국의 저술가·행정가로 왕정복고 이후 정계에서 활약하며 해군장관, 왕립협회 회장을 역임했다. 『일기(Diary)』는 당시의 풍속을 연구하는 좋은 자료가 되고 있다. 존슨은 영국의 대중적인 저술로 유명한 시인이자 비평가 새뮤얼 존슨(Samuel Johnson, 1709~1784)을 가리킨다. 타이번은 런던에 있던 사형 집행장이다.―옮긴이

속도를 맞추어 뒤따르고 있었다. 그러더니 길을 비키라는 신호를 보냈다.
켄터키를 지난 후 조지아, 테네시, 미시시피에서는 계속 경찰의 추적을 받았다. 일리노이와 캘리포니아에서는 차를 세우라는 명령을 받았다. 그러고는 내가 큰 차를 탄 유일한 흑인이라고 지적했다. 지독한 약점이었다. 받을 만큼 받았다. 안전벨트를 잡아 빼고 창문을 내렸다. 달리 항의할 도리가 없어서 차문을 발길로 차서 열었다.

"뭐가 문젭니까?" 경찰에 대고 소리쳤다. 그는 대답도 없이 내 차로 다가왔다. 나는 내 모든 것을 걸기로 했다. 그가 원한다면 내 몸까지도. 더는 시달리지 않겠노라고.

"운전면허증 봅시다."

"뭐가 잘못인지 물었잖소." 그것은 그가 원하는 대답이 아니었다. 관례에 따르면 나는 말없이 내 운전면허증을 보여주어야 한다.

"운전면허증 좀 봐야겠소."

나는, 그가 공직자의 오만을 행사할 작정이라는 낌새를 채고, 면허증을 건네주었다. 그것은 구식 게임이었다. "당신은 흑인, 나는 백인, 게다가 나는 경찰이기도 해"라는 것.

그는 면허증을 만지작거리더니 창문을 가볍게 짚고서 말했다. "존, 당신 직업이 뭐요?"

웃음이 터졌다. 교통위반과 직업이 무슨 상관이란 말인가? 내 직업이 그를 먹여 살린다고 말해주기라도 하나? 내가 그에게 뜨거운 맛을 보여줄 정치적 연고가 있는, '올바른' 흑인이라는 걸 알려주기라도 하나? 내가 직업도 없이 주 경계를 넘어 마약이나, 시체, 아니면 어린 소녀들을 거래라도 하는 것처럼 보이나? 미국의 경찰과 기동대원의 하루는 느리게 간다. 그들은 언제나 흑인 한두 명이 관할 주에서 어슬렁거리는 걸 본다. 정확히 그들이 하는 일이란 그런 건수를 잡아 그 하루를 빛나게 만드는 것이다.

"내 이름은" 나는 소리쳤다. "미스터 윌리엄스요." 경찰과 기동대원들은 백인들에게는 친숙한 인사법으로 이름을 묻지만 나는 이 경우는 다르다고 확신했다. '존'은 '애송이'라는 말이나 다름없음을. 그는 창문에서 자기 팔을 홱 거두었다. 나는 공식 여행허가서를 던져주었다. 그가 여행허가서를 읽는 동안 그를 지켜보며 생각했다. 나는 정치적으로 '올바른' 흑인도 아니고 그를 먹여 살리는 사람도 아닐 뿐더러 5초 안에 모든 것을 걸 사람이라고. 나는 5초 안에 그자의 머리통을 갈길 작정이었다.

그는 서류를 대충 훑어보고는, "윌리엄스 씨, 80마일을 넘겨 달렸습니다. 당신을 잡았을 때는 82마일이었소."

"거짓말 말아요. 70마일이었어. 80마일이라고? 어디 증거를 내놔 봐요."

"윌리엄스 씨—"

"당신네들의 이런 짓거리에 신물이 나."

"윌리엄스 씨—"

"계속 이런 말도 안 되는 짓거리를 계속해보쇼. 머리통이 박살 날 테니."

차들이 속도를 늦추며 우리를 지나쳤다. 기동대원의 얼굴은 초조해 보였다. 그렇다. 나는 분노가 솟구쳤지만 그 자리를 떠나기로 했다. 게다가 그는 내가 가한 모욕 때문에 자신의 판단이 옳았다고 나를 붙잡을 수도 있었다. 그러는 대신 그는 자기 차로 돌아갔고 나는 시속 70마일로 운전을 계속했다.[152]

윌리엄스 씨는 실제로 이런 경험을 하고, 자신을 증명하고, 그 이야기를 대중 잡지에 싣는다. 한 편의 극적인 기사가 영화나 연극 무대에 적합

---

152) J. Williams, "This Is My Country, Too," Part Ⅱ, *Holliday*, September 1964, p. 80.

할 법한 사건을 멋지게 다룬다. 독자들은 우리의 삶에서는 제거된 사건에 안전한 상태로 대리참여 한다. 그에게는 성격 겨루기요, 진실을 건 순간의 경험이 우리에게는 우리의 도덕성을 확인하는 수단인 셈이다.

우리가 운명적 사건을 대리소비 하는 이유가 무엇이든 거기에는 분명 사회적 기능이 있다. 우리가 현실세계에서 시선을 돌릴 때마다 우리 모두가 안전하게 동일시할 수 있는 명예로운 인물과 그들이 벌이는 운명적 사건들을 볼 수 있다. 이런 동일시를 통해, 일상생활에서 온전히 지키려면 대가가 너무 크고 위험한 운명적 활동의 품행 코드가 명료해지고 재확인된다. 아무 대가를 치르지 않고도 일상의 행동을 판단할 수 있는 준거틀이 보장되는 것이다.

인물과의 동일시는 위험한 과제·성격 겨루기·위험한 행동, 이 세 가지 운명적 활동에서 매우 흔하게 일어난다. 그래서 우리는 그 세 가지가 본질적 관련성이 있다고 믿기 쉽다. 성격 때문에 운명적 행동에 말려든 사람은 나머지 두 가지 활동에도 참여해야 하고 또 그런 삶을 바람직하게 여기는 사람이라고 믿는다. 형태야 어떻든 모든 운명적 사건에 나오는 영웅의 친화력은 그 영웅에게 있는 것이 아니라 그의 운명에 대리참여 하는 우리들에게 있다는 사실을 우리는 잘 보지 못한다. 우리는 욕구 충족을 위해 그런 낭만적인 인물들을 만들어내고 키운다. 우리에게는 같은 값에 될 수 있는 한 많은 성격들과 대리접촉 하려는 필요의 경제가 있다. 그 모든 운명적 활동을 추구하는 인물로 우리가 오인한 살아 있는 개인이란 소비자의 일괄 구매품에 살과 피를 덧붙인 것에 불과하다.

이러한 사실은 사회조직의 규칙이 운명적 사건의 본보기가 들어 있는 대리체험의 세계를 뒷받침해주고 또 대리체험의 뒷받침을 받는 관계에 있음을 보여준다. 영웅적 성격은 보통 사람들에게서는 찾아보기 어렵다.

회계사, 컴퓨터 프로그래머, 인사관리 담당자에 관한 영웅 신화를 만들어내야 한다면 우리의 도덕적 어휘가 얼마나 부족할지 상상해보라. 우리는 카우보이, 형사, 자동차경주 선수를 선호한다. 그런 이들이야말로 우리의 도덕적 어휘가 기리는 성취, 개척, 기량 따위의 덕목을 구현하기 때문이다.[153]

초상화가 필요하기 때문에 초상화 화가들을 위한 공간도 있는 법이다. 그리고 사회의 변두리에는 명예로운 삶을 위해 위험한 일에 직접 뛰어드는 게 합당하다고 생각하는 진흙투성이 사람들이 있기 마련이다. 그들 자신은 사회의 실체로부터 점점 더 멀어지면서 사회의 어떤 정신적 측면은 더욱더 꽉 움켜잡으려 한다. 현실에서의 소외가 그들로 하여금 우리의 도덕적 환상을 실현하도록 유도하는 셈이다. 비행청소년들에 관한 지적에서 밝혔듯이, 그들은 어떤 방식으로든 우리가 성격에 투사하는 역동성을 무대에 올리고 실행한다.

비행청소년은 불량청소년이다. 그의 품행불량은 부정적으로 보면 점잖은 문화를 해치고 공격하는 수단이다. 그러나 긍정적으로 보면 길들지 않는 남성다움의 전통을 상징하는 행동양식을 이용하는 것일 수도 있다. 중간계급 문화에서는 목표와 부합하지 않아 포기한, 그러나 얼마쯤은 매혹과 낭만의 빛이 남아 있는 행동양식이다. 물론 점잖은 문화에서 그런 길을 찾을 수도 있지만, 그 길은 조직화된 운동경기, 환상, 가상 게임처럼 온건하고 약화된

---

[153] B. Berger, "The Sociology of Leisure: Some Suggestions," *Industrial Relations*, 1, 2 (1962), p. 41. Yablonsky, *op. cit.*, pp. 226~227도 '반사회적 영웅'이라 불리는 인물에 대한 논의에서 비슷한 지적을 한다.

형태나 영화, 텔레비전, 만화를 통한 대리체험으로만 가능할 뿐이다. 점잖은 문화는 그런 식의 행동이 삶의 진지한 일들을 방해하도록 방치하지도 않는다. 반면에 중간계급에서 규정한 진지한 일들을 포기한 비행청소년들은 문화적 전통의 밑바닥 흐름을 입맛대로 바꾸어서 활용한다. 여기서 중요한 점은 비행청소년들의 품행은 아무리 '잘못'되고 '평판이 나쁜' 것이라 해도 남성다움과의 동일시를 해치지 않는 범위에 국한된 행동이라는 사실이다.[154]

운명적 활동은 대개 존경할 만하지만, 그렇지 않은 성격 겨루기와 위험한 행동도 많다. 그렇지만 운명적 활동은 여전히 도덕적 성격에 대한 존경심을 볼 수 있는 계기이며 영역이다. 등산가를 환대하는 산맥뿐만 아니라 카지노, 당구장, 경주 트랙에서도 우리는 숭배의 장소를 볼 수 있다. 운명적 사건 따위는 일어날 리 없는 교회에도 도덕적 감수성이 약한 구석이 있다.

행동이 있는 곳을 찾다보면 세상의 낭만적인 영역에 다다른다. 한쪽에는 안전하고 조용한 곳이 있다. 집이 있고, 일터에서 잘 관리하는 역할이 있다. 반대쪽에는 개인의 자기표현을 가능하게 해주는 온갖 활동들이 흘러가버릴 한 순간에 자신을 던지라고 부추기는 전선과 장소가 있다. 바로 그 대비가 거의 모든 상업적 공상물의 원천이다. 비행청소년, 범죄자, 도박꾼, 운동선수들은 그 대비로부터 자존심을 찾는다. 아마도 우리가 치르는

---

[154] A. Cohen, *Delinquent Boys*(Glencoe, The Free Press, 1955), p. 140. 또, 작가 노먼 메일러(Noman Mailer)만큼 이 점을 더 잘 보여주는 예를 찾기는 힘들 것이다. 그의 소설은 운명을 건 임무, 성격 겨루기, 위험한 행동의 장면들을 보여준다. 그의 에세이는 운 걸기를 상세히 설명하고 찬사를 보낸다. 그는 자기의 삶에서도 결혼에서 사교생활에 이르기까지 모든 것을 전투 게임의 언어와 구조로 규정하려는 성향이 있었음을 분명히 밝힌다. 도박에 기운 삶의 대가와 보상이 무엇이든 그는 그 모두를 거둬들인 것으로 보인다. 자신의 삶을 환상화한 이전의 챔피언은 물론 헤밍웨이였다.

비용은 그들이 연출하는 의례를 이용하는 대가일 것이다.

　마지막으로 지적할 점은, 대리체험이 우리를 성격 관련 가치와 다시 연결시켜준다는 사실이다. 행동도 마찬가지다. 행동과 대리체험은 겉보기에는 아주 다르지만 사실상 밀접한 동맹관계에 있다. 그 증거도 들 수 있다.

　옷차림을 보자. 여성들의 옷은 '매력적'으로 보이도록 디자인된다. 어떤 의미로든 불특정 남성들의 관심을 자극하려 함이 틀림없다. 그리고 남성들을 자극해 특정한 유형의 행동을 유도하는 토대를 깔아놓는다. 실제로 그런 행동이 일어날 가능성은 지극히 낮다. 공상물은 행동을 부추기지만 현실은 그렇지 않다. 그런 대리 놀음을 더 명쾌하게 보여주는 사례는 말을 갖고 있지도 않은 사람들에게 카우보이모자와 목이 긴 부츠, 청바지, 문신 따위를 판매하는 것이다.[155] 칼이나 그 비슷한 '물건'을 지니고 다니는 비행청소년은 과장된 행동 지향성을 드러내지만 행동보다는 겉모습이 현실을 교란시킬 가능성이 더 크다.

　복권, '숫자 맞추기', 카지노의 키노 게임은 모두 아주 적은 돈으로 오랫동안 행동을 할 수 있도록 상업화한 도박이다. 물론 언어낼 수 있는 기댓값은 훨씬 낮지만 대박의 환상을 생생하게 느낄 기회를 준다. 그런 행동의 기회를 누리는 것은 대리체험인 동시에 실제체험이다.

　행동이 있는 곳으로 갈 때 사람들은 대개 운이 정해진 곳이 아니라 운을 걸어야 이득을 볼 가능성이 높은 곳으로 간다. 실제로 행동이 벌어진다면 자기가 아니라 자기와 같은 부류에 속하는 누군가 **다른 사람**이 행동에 참여하는 것이 좋다. 그렇다면 가야 할 곳은 다른 사람들을 가까이에서 지켜보고 대리체험을 즐길 수 있는 곳이다.

∴

[155] 가령, J. Popplestone, "The Horseless Cowboys"(*Trans-Actions*, May-June 1966)을 볼 것.

물론 환상과 행동을 뒤섞는 마지막 요소는 상업화다. 그리고 상업화된 생태계도 있다. 도심 지역과 여름 휴양지에 길게 늘어선 오락실들은 사후 영향은 미미하지만 생생한 재미를 주는 도박을 유도해서 소비자를 스타로 만들어주는 무대다. 그런 곳에서 소비자는 당장 아무런 사회적 관계가 없이도 기계에다 동전을 집어넣고 자기가 사회적 찬사를 받을 만한 성격적 자질이 있음을 과시한다. 세상의 한끝에서 이런 자아의 작은 경련이 적나라하게 벌어진다. 그 세상의 한끝이 바로 행동과 성격이 있는 곳이다.

옮긴이 해제

고프먼의 사회학과 『상호작용 의례』

1. 독창적 사회학자, 어빙 고프먼

어빙 고프먼(Erving Goffman, 1922~1982)은 영미 사회에서 20세기 후반의 가장 영향력 있는 사회학자로 평가받는다. 11권에 이르는 저서와 다양한 대상을 다룬 논문들은 이제 미시사회학 분야의 고전이 되었다. 그의 지적 유산은 일탈과 장애 사회학, 사회심리학, 문화인류학, 사회언어학과 대화 분석 분야의 풍성한 연구로 이어지고 있다(Smith, 2006: pp. 1~32; Trevino, 2003). 또한 고프먼은 인문사회과학 분야에서 가장 인용이 많이 되는 지식인 가운데 한 사람으로(앤서니 기든스 다음으로 6위를 기록) 올라 있기도 하다(*The Times Higher Education Guide*, 2007). 그뿐만 아니라 고프먼은 문예비평계, 연극계에서도 그의 저서에 대한 평론이 나올 정도로 대중적 명성을 누리기도 했다. 그의 첫 저서 『자아연출의 사회학(*The Presentation of Self in Everyday Life*)』(1959)은 50만 부 이상 팔렸고, 『낙인(*Stigma*)』(1963)은 30쇄를 넘겼으며 12개국 언어로 번역되어 전 세계에 소개되었다(Burns, 1992: pp. 1~5).

생전에 아웃사이더, 독립적 지식인, 현대의 도회적 삶에 대한 냉소적이고 비정한 관찰자, 일상생활의 이면을 탐구한 폭로 전문가라는 수사로 불리기도 했지만, 고프먼은 무엇보다도 빛나는 통찰력으로 일상의 상호작용을 분석한 매우 독창적인 사회학자였다(Manning, 1992; Burns, 1992; Collins, 2004).

고프먼의 사회학은 당시 사회학계를 지배했던 거대이론, 계량적 분석 위주의 연구 방법에 대한 신선한 대안이 되기에 충분했다. 그는 아주 세부적인 미시 수준의 일상 상호작용에 초점을 맞춘 연구 분야를 개척했다. 연구 대상도 여러 직업현장과 조직, 정신병동, 카지노, 거리, 파티 장소, 엘리베이터, 스파이와 사기꾼들의 세계를 망라할 만큼 다양했다. 그뿐만 아니라, 고프먼은 건조하고 추상적인 개념보다는 연극, 게임, 의례, 전략, 프레임(frame)과 같은 은유적 개념으로 현실을 생생하게 기술하고 분석했으며, 민속지적 현장관찰 자료, 소설, 신문기사, 전승담 따위의 다양한 출처에서 뽑아낸 예화를 자료로 활용했다. 또한 학계의 관행과 기준에 따른 건조한 논문의 형식보다는 문학적 향기를 풍기는 에세이 형식의 글쓰기를 선호했다.

2. 고프먼의 생애와 지적 배경

고프먼은 사생활을 노출하지 않은 것으로 유명하다. 고프먼의 동료나 제자들도 그가 다른 사람들의 사생활에 왕성한 호기심을 보이고 사람들의 행동을 예리하게 관찰하며 촌철살인의 논평을 하면서도, 자기 자신에 관해서는 거의 아무것도 내보이려 하지 않았다고 한다. 고프먼의 사생활과 관련해 알려진 사실은 그가 1952년에 앤젤리카 초트(Angelica Choate)와 결혼하고 아들을 하나 두었으나 심각한 정신질환을 앓던 아내 앤젤리카가 1964년에 자살했다는 것, 1981년에 언어학 교수 질리언 샌코프(Gillian Sankoff)와 재혼하여 이듬해 딸을 얻었다는 것 정도다. 1982년 11월 위암으로 타계하기까지, 고프먼의 생애를 추적해본다(Smith, 2006: pp. 1~32; Trevino, 2003: pp. 3~11).

고프먼은 1922년 6월 11일, 우크라이나에서 캐나다로 이주한 러시아계 유대인 부모의 장남으로 태어났다. 그의 아버지는 의류 사업으로 상당한 부를 축적해, 고프먼이 시카고대학에서 대학원 공부를 마칠 때까지 재정적 뒷받침이 가능했다고 한다.

1939년 캐나다 매니토바대학에 입학하여 3학년까지 화학을 전공했으나 흥미를 잃은 고프먼은 토론토에 있는 캐나다 국립영화진흥원에 취직한다. 그곳에서 당시 토론토대학의 사회학 전공 대학원생이던 데니스 롱(Dennis Wrong)[1]을 만난다. 롱의 권유와 영향으로 고프먼은 1944년 토론토대학으로 전학하여 에밀 뒤르켐(Émile Durkheim)과 탤컷 파슨스(Talcott Parsons)를 비롯한 문화인류학과 사회학의 고전들을 섭렵하며 학부를 마친다. 토론토대학에서 고프먼에게 지적 영향을 미친 교수는, 오스트레일리아 출신 인류학자 하트(C. W. M. Hart)와 동작학(kinesics) 연구자 레이 버드위스텔(Ray Birdwhistel)이다. 고프먼은 하트에게서 뒤르켐의 관점을 온전히 배울 수 있었고, 버드위스텔의 영향으로 인간의 미세한 신체동작과 몸짓이 지닌 상징적 의미에 주목하게 되었다.

∴

[1] 데니스 롱(1923~2018)은 뉴욕대를 비롯한 미국의 여러 대학에서 사회학을 가르쳤고, 뉴욕대의 명예교수로 퇴임한 미국 사회학자이다. 계층현상에 관한 기능주의적 설명을 조목조목 비판한 것으로 유명하다.

1945년 토론토대학을 졸업하던 해에 우연히 만난 사회학계의 거장 에버릿 휴스(Everitt Hughes)와의 인연으로 고프먼은 미국 시카고대학의 대학원 과정에 진학한다. 당시의 시카고대학은(하버드대학과 컬럼비아대학과 함께, 그러나 상반된 경향을 보이며) 미국 사회학계에서 가장 우수한 교육·연구 기관으로서의 명성을 누리고 있었고, 특히 대도시의 지역공동체 연구로 유명했다. 고프먼은 시카고대학에서 문화인류학자 래드클리프브라운(Radcliffe-Brown)의 강의도 듣고, 사회인류학자 로이드 워너(W. Llyod Warner), 상징적 상호작용론 학파를 주도한 허버트 블루머(Herbert Blumer)와 같은 대가들에게서도 배운다. 또한 당시 시카고대학의 지적 풍토를 구성하고 있던 게오르크 짐멜(Georg Simmel)의 사회학과 블루머의 은사 조지 허버트 미드(George Herbert Mead)의 사회심리학도 깊이 이해한다.

고프먼은 1949년부터 3년간 지도교수 워너의 주선으로 영국으로 건너가 에든버러대학 사회인류학과의 연구비 지원을 받아 연구를 계속한다. 그는 1949년 12월에서 1951년 5월까지 스코틀랜드 연안의 섬 셰틀랜드(Shetland)에 거주하며 지역공동체 현장연구의 결과를 토대로 학위논문 「섬 지역 공동체에서 이루어지는 의사소통 행위(Communication Conduct in an Island Community)」를 쓰고 박사학위를 받는다. 이 연구는 지역사회의 전모를 다루는 현장연구들과는 달리 '대화 상호작용'에 초점을 맞춘 연구로, 이때 수집된 자료와 분석은 고프먼의 이후 여러 저작에서 거듭 활용된다.

고프먼은 박사학위를 받은 후 시카고대학에서 에드워드 실스(Edward Shils)가 지휘하던 연구프로젝트에 참여하며 훗날 자신에게 사회학자로서 명성을 부여한 『자아연출의 사회학』의 초고를 쓴다. 1954년부터 3년간은 미국 워싱턴 D.C.의 국립정신병원에서 자신의 첫 번째 저서 못지않게 반향을 일으킨 『정신병원(*Asylums*)』(1961)의 골격이 될 연구를 진행한다.

1957년에는 상징적 상호작용론 학파의 거두 블루머의 초청으로 UC버클리의 교수로 부임한다. 1966년까지 10년 동안 버클리에 머물며 상징적 상호작용론과 민속방법론 연구자들과 교류하고 왕성한 저작 활동을 한다. 버클리 시절에 고프먼은 라스베이거스의 카지노도 경험한다. 처음에는 고객으로, 나중에는 딜러로 참여하며 카지노를 관찰한 결과는 이 책의 마지막 글「행동이 있는 곳(Where the action is)」에 녹아 있다. 버클리에서 고프먼에게 영향을 받은 당시의 대학원생들 가운데는 훗날 질적 현장연구로 유명해진 존 로플런드(John Lofland), 민속방법론의 맥을 잇는 하비 색스(Harvy Sacks), 페미니스트 연구로 유명한 도로시 스미스(Dorothy Smith) 등이 있다.

1967년 고프먼은 하버드대학의 방문교수를 거쳐 1968년에는 버클리 생활을 마감하고 펜실베이니아대학으로 자리를 옮긴다. 하버드대학의 국제관계 연구센터에서 만난 게임이론가 토머스 셸링(Thomas Schelling)[2]과의 지적 교류를 통해 게임으로서의 상호작용에 대한 이해를 발전시킨다. 펜실베이니아대학에서는 1982년 60세를 일기로 사망할 때까지 사회언어학파와 함께 연구를 계속했다(Burns, 1992: p.p. 9~13). 제73대 미국 사회학회의 회장으로 선출된 고프먼은 1982년 여름 미국 사회학대회에서 회장 연설을 할 예정이었으나 위암이 급격히 진행되어 불참한 채 회장 연설원고「상호작용의 질서(The Interaction Order)」(1983)만 남기고 11월 세상을 떠난다.

∴
2) 토머스 셸링(1921~2016)은 2005년 게임이론으로 노벨 경제학상을 받은 미국의 경제학자이자 게임이론의 대가다. 핵전략과 국가안보 및 군축 이슈와 관련된 국제관계 관련 연구는 물론 유럽(Marshall Plan)과 미국(백악관)에서 실무에도 관여했다. 대표적인 저서로 *The Strategy of Conflict*(1960)가 있다.

고프먼의 사회학에 영향을 미친 지적 전통을 몇 갈래로 요약할 수 있을 것이다(Trevino, 2003: pp. 7~11; Smith, 2006: p. 32; Manning, 1992: pp. 15~25; Collins, 2004: pp. 16~24).

우선, 뒤르켐과 짐멜이 고프먼에게 미친 영향에 대해서는 거의 모든 고프먼 연구자들이 동의한다. 특히 고프먼의 초기 연구들은 주로 뒤르켐의 거시인류학적 개념들을 짐멜의 미시사회학적 주제에 적용하여 결합시킨 것이다. 뒤르켐에게서는 사회질서에 작용하는 의례 개념과 성/속의 개념을 얻어 미시 수준에 맞게 변형했다. 짐멜에게서는 일상 삶의 세목과 사람들이 무심결에 이루는 군집(sociation) 현상에 대한 관심, 그리고 모든 사회적 활동과 사회관계에 거듭 나타나는 형식을 발견하고 분석하는 방법에 매료되었다.[3]

시카고대학의 지역사회 현장연구 전통과 문화인류학자들이 고프먼에게 미친 영향도 빼놓을 수 없다. 고프먼은 토론토 시절부터 시카고 시절까지 줄곧 문화인류학자들의 연구를 접했고 현장연구자들로부터 지적 훈련을 받았다. 연구대상을 관찰하고 기술하고 이해하는 질적 연구 방법은 계량적 방법으로는 포착할 수 없는 고프먼의 연구 관심사와 부합하는 것이기도 했다.

또한 프로이트의 정신분석과 미드의 사회심리학도 고프먼이 정신병원 연구와 자아 개념을 발전시키는 데 자극을 주었다. 그러나 그 영향은 고프먼의 독자적인 해석과 개념화와는 차별화되는 방향으로 작용했다.

버클리 시절은 고프먼이 블루머를 비롯한 상징적 상호작용론자들과 민

---

[3] 고프먼은 첫 저서 『자아연출의 사회학』(1956/1959) 서문에 자신과 짐멜의 미시사회학적 접근의 유사성을 길게 언급한다.

속방법론을 창시한 해럴드 가핑클(Harold Garfinkel) 및 그의 제자들의 활발한 연구 분위기 속에서 지낸 시기였다. 그래서 고프먼을 흔히 상징적 상호작용론자로 분류하기도 했지만, 고프먼 자신은 상징적 상호작용론의 지나친 일반화와 추상화에 의구심을 보이기도 했고 민속방법론과도 거리를 두었다. 특히 민속방법론자들은 미시 상호작용에 대한 지적 관심을 고프먼과 공유하면서도 고프먼의 통합된 이론과 정교한 방법론의 결여에 대해서는 날카롭게 비판하기도 했다. 고프먼은 민속방법론자들의 도전에 대한 대답으로 10년에 걸친 연구의 결과물로서 576쪽에 이르는 방대한 연구서 『프레임 분석(Frame Analysis)』(1974)을 내놓는다. 이 책은 개인이 주어진 활동과 경험에 의미를 부여하는 방법을 이론화하고 체계적인 자료 분석 방법을 제시하려는 야심 찬 기획이기도 했다.

마지막으로 고프먼에게 영향을 미친 것은 펜실베이니아대학의 사회언어학파 교수들이었다. 그들과의 긴밀한 협력 작업은 고프먼의 마지막 저서 『담화의 형태(Forms of Talk)』(1981)로 나타났다.

3. 고프먼의 사회학

고프먼의 연구 작업들은 하나하나가 아주 새롭고 독특한 미시 수준의 경험적 연구 자료를 엮어내는 식으로 구성되고, 또 글마다 용어가 바뀌고 개념의 내포적 의미와 강조점이 달라진다.

박사학위 논문과 사회학자로서 명성을 얻은 『자아연출의 사회학』에서 고프먼은 연극적 은유를 활용한다. 그리고 사회적 삶과 대면 상호작용이란 '인상관리'와 집단공연을 하는 연극무대와 같고, 사람들은 그 무대에서 각자 맡은 배역에 따라 개인적 이득을 성취하는 연기자와 같다는 관점과 논지를 제시한다. 『상호작용 의례(Interaction Ritual)』(1967)에서는 사회적 상호작용을 냉소·의례·신뢰의 복합체로 본다. 고프먼은 이 책을 통해 상호작용은 참여자들이 의례규칙을 수호하고 준수함으로써 유지되며 서로 의례를 주고받음으로써 각자가 긍정적인 가치(체면)를 지닌 존재로서 자아 정체성을 획득하고 유지하는 과정임을 보여주었다. 그런가 하면, 고프먼은 사회와 상호작용을 일종의 게임으로 보는 합리적 선택 이론과 친화력을 보이기도 했다. 『만남(Encounters)』(1961)과 『전략적 상호작용(Strategic Interaction)』(1970)이 그런 관점을 발전시킨 저작들이다. 후기 저작인 『프레임 분석』에서는 상황 맥락이 어떻게 우리의 지각을 구조화하는지를, 『담화의 형태』에서는 우리의 일상 담화가 어떻게 조직되는지를 치밀하게 분석한다.

고프먼에게서 하나의 체계화된 통합이론을 찾아내기는 쉽지 않다(Collins, 2004/2009: p. 55, 490). 그 스스로도 특정학파로 분류되는 것을 탐탁해 하지 않았지만, 고프먼 연구자들 또한 그를 특정한 이론학파로 분류하기는 어렵다고 말한다(Smith, 2006; Trevino, 1003; Manning, 1992). 그러나 고프먼의 전 저작을 통해 변함없이 유지된 핵심 특성, 이른바 '고프먼의 사회학'이라 불릴 특성은 정리할 수 있을 것이다.

1) 상호작용의 질서에 대한 관심과 분석수준

고프먼은 사회학이 즐겨 다루는 정치 질서, 경제 질서, 가족관계 질서에 못지않게 상호작용의 질서가 중요하다고 보고 연구 생애 내내 관심을 놓지 않았다. 그의 마지막 육성이라 할 미국사회학회 회장 연설 원고가 「상호작용의 질서」임은 그래서 의미심장하다.

무엇보다도 고프먼의 연구 목표와 초점은 미시 상황에서 이루어지는 대면 상호작용을 관찰하고 묘사하고 분석하는 데 있었다. 그의 박사학위 논문 「섬 지역공동체에서 이루어지는 의사소통 행위」부터 후기 저작인 『프레임 분석』과 『담화의 형태』에 이르기까지 대면 상호작용의 특성, 행위자에게 작용하는 사회적 상황 맥락과 행위자의 상황 이해의 중요성, 그 원인과 결과로 작용하는 상호작용의 질서를 밝히려 했다. 고프먼은 사회학이 무엇보다도 가장 기초적이고 미시적인 수준의 일상 상호작용에 대한 이해에서 출발해야 한다고 믿었다. 거시 수준의 사회현상도 궁극적으로는 일상의 상호작용이 무수히 거듭되면서 형성되고 재생산되는 것으로 보았기 때문이다(본문 144~145쪽).

이런 관점은 고프먼의 '사회' 개념에서 분명히 드러난다. 고프먼은 사회가 저 멀리, 사람들의 일상 외부에, 신비스럽게 존재하는 무엇이 아니라 "사람들이 함께 어울리고 상호작용을 하는 상황에서 형성되는 것"(본문 1쪽)이라고 본다. 고프먼에게 사회는 '지금-여기' 미시 수준의 상호작용 상황에서 참여자들이 협력하여 구성하고, 지키고, 위반하면 제재가 가해지는 규칙과 질서, 곧 사회성의 요건을 실현하는 현장이다(불가피하게 거시 수준의 사회를 지칭해야 할 경우, 고프먼은 언제나 더 넓은 사회, 상위 수준의 사회라는 형용구를 사용한다). 그래서 그의 연구는 극히 제한된 시공간에서 일시적으로 마주쳐 상호작용이 이루어지는 상황을 분석의 초점으로 삼는다. 고프먼에게 구체적 상황을 벗어난 특권적 실체로서의 사회는 없다. 사회라는 핵심 조직단위는 언제나 상황에서 형성되고, 유지되거나 해체되는 것이다. 그래서 고프먼은 상황의 사회학(sociology of occasion)이 필요하다고 주장한다(본문 14쪽).

2) 연구전략과 방법

석사학위 논문(미국의 라디오 일일연속극에 대한 청취자 반응 연구)을 빼면 고프먼은 건조한 계량적 연구와 엄밀한 형식을 갖춘 논문의 틀을 벗어난 독특한 글쓰기를 보여주었다. 그의 연구전략과 방법은 세 가지 방법의 혼용으로 요약된다(Manning, 1992: pp. 141~155).

첫째, 은유적 개념을 적극적으로 활용했다. 『자아연출의 사회학』에서는 사회적 삶과 대면 상호작용을 '연극' 은유로 접근한다. 박사학위 논문과 『상호작용 의례』, 『전략적 상호작용』에서는 게임 은유와 의례 은유로 확장한다. 『프레임 분석』에서는 프레임 은유를 택한다. 은유는 문학뿐 아니라 과학에서도 관찰 대상의 속성을 생생한 이미지로 포착할 수 있게 해준다. 은유적 접근은 사회를 보는 새로운 관점을 열어주고 사회학적 연구를 창조적 행위로 만들어주는 작용을 한다. 고프먼이 사회학계에 불러일으킨 매혹과 열광은 새로운 사회학 영역을 탐구하는 데 필요한 창조적 통찰력에서 비롯했을 것이다.

둘째, 비체계적인 자연 발생적 상황을 관찰하고 기술했다. 고프먼은 대면 상호작용을 관찰한 결과를 일반적 기술로 조직하고 다시 자연 발생적 상황을 관찰하는 데 적용한다. 예외적 사례를 발견하면 새롭게 개념을 정교화하고 발전시킨다. 이런 '나선형적' 전략은 개념적 비일관성, 개념적 정교함과 경험적 세목에 대한 충실성의 결여, 분석틀의 변경으로 비춰져 사회학자들의 비판을 초래하기도 했다.

셋째, 체계적인 자연 발생적 상황의 관찰과 기술로 구성된 민속지 방법이다. 고프먼의 민속지 연구의 현장은 시카고의 주유소와 같은 직업현장, 스코틀랜드 연안의 섬 공동체, 워싱턴의 국립정신병원, 라스베이거스의 카지노 등을 망라한다. 현장에서 참여 관찰한 결과와 자료는 그의 전 연구

저작에 거듭 활용된다. 그러나 다른 민속지 연구와 달리 고프먼의 민속지는 특정 장소의 민속지라기보다는 일종의 개념적 민속지라고 이해하는 편이 더 정확하다. 그의 글에는 현장에 대한 상세한 기술이 나오지 않는다. 고프먼이 현장연구를 통해 대면 상호작용에 관한 기본 개념들을 도출하고 다른 민속지 자료, 신문기사, 자서전 자료, 문학작품의 자료들과 대조하여 유사성을 추출하는 방식으로 연구를 진행했기 때문이다. 상이한 현장에서 벌어지는 익숙한 사건들을 새로운 개념적 어휘로 재구성하는 방식을 취한 것이다.

이러한 세 가지 연구 방법의 혼용과 더불어 고프먼의 전 저작을 통해 드러나는 분석전략의 특성은 비교와 대조다. '경험적으로 관찰할 수 없는 구조를 경험적으로 밝히려는 사회학'(Lemert, 2003)의 전형적 방법이다. '비정상적 상황'에 대한 분석을 통해 '정상적 상황'의 기본 요소를 설명하는 전략인 것이다. 이는, 뒤르켐이 자살 연구를 통해 사회통합의 요건을 분석한 방법론적 전략과 같다. 고프먼은 상호작용에서 적절한 행동을 하지 못해서 발생하는 사회적 만남의 교란과 참여자의 당혹감, 당혹감을 감추거나 수습하려는 시도를 관찰하고 기술함으로써 사회적 만남을 순조롭게 하는 요건이 무엇인지 밝힌다. 사회적 만남, 대면 상호작용이 어떤 조건에서 성공하고 실패하는지, 실패하면 개인이나 사회에 어떤 결과를 초래하는지를 밝히기 위해 정신병원 입원환자, 스파이와 사기꾼, 도박자의 세계, 다양한 직업현장을 관찰하고 분석한 것이다.

3) 고프먼의 유산

고프먼이 현대 사회(과)학에 미친 영향은 매우 폭넓다. 그의 통찰력과 독창성은 생전에는 매혹과 비판을 동시에 불러일으켰다. 다양한 분야에서 고프먼의 아이디어와 개념들은, 짐멜이 자신의 글들에 관해 남긴 말처럼, 원소유자를 묻지 않는 '현금'처럼 유통되고 있다(Trevino, 2003: p. 2). 고프먼의 은유적 개념과 관점(가령, '폐쇄조직' '인상관리', 연극무대와 같은 사회적 삶)은 사회과학자들 사이에서 널리 인용되고 활용된다.

고프먼의 연구들에서 통합된 이론체계를 찾을 수 없다는 점, 거시 사회구조와 체계의 영향을 간과하고 지나치게 미시 수준에 집착했다는 점은 비판의 대상이었다. 또한 사회(과)학계의 지배적 관행을 따르지 않은 그의 연구 방법과, 세밀하고 풍부한 묘사로 가득 차 있으나 다소 비체계적이고 난해한 글쓰기는 그를 비주류로 남게 했다.

그러나 고프먼의 사후 영향력은 훨씬 강력해 보인다. 그의 초기 저작에 속하는 『정신병원』과 『낙인』은 여전히 장애와 일탈연구 분야의 고전이다. 또 고프먼 스스로는 통합적 사회학이론을 정립하려는 거대한 야심을 품지도 않았고, 고프먼학파라 이름 붙일 만한 단일 학파를 형성하지도 않았다. 그러나 동구권 사회주의 국가의 붕괴와 네오마르크스주의의 쇠퇴 이후, 민속방법론(ethnomethodlogy)과 더불어 그가 초석을 놓았던 미시사회학 분야가 영미 사회에서 주류로 부상했다. 그의 저작들은 미시사회학 분야 연구자라면 반드시 읽고 이해해야 할 경전의 지위에 올라 있다. 고프먼의 대화 상호작용에 관한 연구, 특히 『담화의 형태』에서 보여준 연구 관심은 연구 기법과 장치의 기술적 발전에 힘입은 대화분석가들에게서 풍성한 결실을 본다.

콜린스(Collins, 2004)는 뒤르켐 전통과 고프먼의 핵심 아이디어를 결합하여 '상호작용 의례의 사슬' 모델과 이론으로 발전시켰다. 그런가 하면, 기든스는 고프먼의 미시 수준의 연구를 기반으로 1984년 사회학이론의 오랜 쟁점인 거시구조와 미시 상호작용의 연계를 이론화한 작업의 결과로 구조화이론(structuration theory)을 제시한 바 있다(Manning, 1992: pp. 179~183).

고프먼의 통찰력과 날카롭고 풍부한 분석은 오늘날에도 여전히, 일견 사소해 보이는 일상 삶이 훨씬 중요해진 복잡하고 다양한 현대사회에서는 더욱더, 사회학자들에게 중요한 영감의 원천이자 자원이라는 결론을 내릴 수 있겠다.

4. 『상호작용 의례』: 대면 상호작용의 기제

『상호작용 의례(Interaction Ritual)』(1967)는 고프먼의 초기 연구를 종합 정리한 중요한 책이다. 새로운 글(책의 마지막 장)을 포함, 1955년에서 1960년대 중반 사이에 발표된 글들을 묶었다. 『상호작용 의례』에서 고프먼은 『자아연출의 사회학』에서 보여준 '연극으로서의 사회적 삶'이라는 관점을 더 발전시켜 '의례로서의 삶,' '게임으로서의 삶'이라는 관점으로 확장하고 있다.

고프먼은 의례를 사회의 도덕적 질서를 보장하는 행위규칙으로 본다. 이는 뒤르켐이 종교의례를 분석하면서 내린 정의를 따른 것이다. 뒤르켐은 종교의 특성은 세계를 성과 속의 두 영역으로 구별하는 데 있고, '의례는 성스러운 대상을 앞에 두고 어떻게 처신해야 하는지를 규정하는 행위의 규칙'으로 정의한다. 그러나 사회 전체의 도덕적 통합의 문제에 총체적 이론을 제시했던 뒤르켐과는 달리, 고프먼은 의례를 현대사회의 세속적 상황, 미시 수준의 일상 상호작용 상황에 적용한다. 고프먼은 "아무리 사사롭고 세속적인 행동이라 해도 개인이 자기에게 특별히 소중한 대상 앞에서는 행동의 상징적 의미를 생각하고 행동방식을 조절하기 때문에 의례라는 용어를 쓴다"(본문 67쪽)라고 말한다. 상호작용에서 성스러운 대상은 상호작용에 참여한 개인의 자아, 다른 사람들, 상호작용 상황(사회적 만남) 자체이고 이 성스러운 대상들을 대하는 행동방식은 상황에서 형성되고 유지되는 의례규칙의 지배를 받는다는 것이다.

「체면 지키기: 사회적 상호작용에 내재된 의례적 요소의 분석」과 「존대와 처신의 성격」에서 고프먼은 의례적 요소의 분류표를 제시한다. 내용과 종류가 달라도 모든 상호작용이 공유하는 가장 중요하고 기초적인 두 가지 요소는 **존대**와 **처신**이다. 존대는 함께 상호작용을 하는 사람들을 상호작용의 상대로서 정중하게 대하는 태도를 가리킨다. 존대의례(deference ritual)에는 **연출의례**(presentational ritual)와 **회피의례**(avoidance ritual)가 있다. 연출의례는 상호작용에서 상대를 존중한다는 뜻을 구체적으로 입증해 보이는 의례 형태로서 상호작용에서 권장되는 행동들로 구성된다. 사람들이 서로 마주칠 때 나누는 인사, 상대의 사회적 지위, 상황적 입지, 상대와의 친소관계에 따라 적절한 호칭 및 언어 사용하기, 상대의 긍정적 특성에 찬사를 보내기, 상대에게 필요한 것을 챙겨주는 자잘한 서비스, 만남을 마칠 때 나누는 작별인사 따위가 대표적인 연출의례에 속한다. 회피의례는 상호작용하는 상대의 권리를 침해하지 않으려는 의례 형태로서 상호작용에서 하지 말아야 할 일을 규정하는 금지 또는 금기 규칙으로 구성된다. 고프먼은 대표적인 회피의례의 형태로 남 보기에 흠이 될 행동을 할 수도 있는 '무대 뒤'를 상대에게 허락하는 사생활 존중, 상대와 적절한 거리 지키기, 상대가 드러내려고 하지 않는 사항에 대한 언급 삼가기, 상호작용 중에 상대가 당황할 때 그 모습을 못 본 체하기 등을 든다.

처신(demeanor)은 개인의 사회적 자아를 구성하는 행위로서, 남들에게 이상적인 모습으로 자아를 표현하는 옷차림, 몸가짐, 태도, 언행을 가리킨다. 처신은 남들 눈에 자기가 어떻게 비치는지를 감지하고서(대개는 무의식적으로), 남들로부터 믿음직한 상호작용 상대로서 인정받을 수 있는 자아를 연출하는 것이다. 따라서 함께 상호작용하는 사람들의 협조가 필수적이다. 개인은 남들이 존대로써 인정하고 긍정적으로 평가해주지 않으면 이상적 자아로서 처신하기 힘들다. 존대와 처신은 동전의 양면처럼 상호작용을 구성하는 서로 다른 면으로서 상호보완·상호검증 작용을 한다.

또한 고프먼은 효과적인 의례 실행에 작용하는 장애에도 관심을 기울인다. 「당혹감과 사회조직」은 체면(긍정적 가치를 지닌 사회적 자아)을 위협하는 상황에서 사회성원들이 느끼는 당혹감, 그 원인과 영역, 기능을 다루고, 「상호작용에서의 소외」는 상호작용에 참여한 사람들이 단일한 관심의 초점에 몰입해야 함에도 그러지 못하고 소외를 느끼는 상황을 다룬다. 그런 상황이 예외에 속하기보다는 사실 무척 흔하다는 관찰을 토대로 소외의 원인과 형태를 밝힌다. 이러한 장애에 대한 관심도 결국은 순조로운 상호작용으로서 성공할 수 있는 조건들이 무엇인지를 선명하게 밝히는 데 있다.

정신병원 연구를 통해 고프먼은 의례규칙의 위반행위를 관찰함으로써 일상 상호작용에서 의례규칙의 중요성을 조명한다. 「존대와 처신의 성격」에서는 정신병원의 입원환자, 가족, 정신병원의 의사와 직원들 사이 다양한 상호작용의 세목을 비교하고 대조한다. 그리고 「정신이상 증상과 공공질서」에서 고프먼은 기존의 정신의학적 접근의 편향성을 비판하고 대안적 접근을 제시한다. 정신의학에서 정신이상으로 진단하는 행위는 정신병원과 정신과 진료 상황의 편향성에서 비롯한다고 본다. 즉, 상호작용 의례규칙의 준수에 필요한 자원을 모두 박탈당한 상태에 놓인 환자들은 불가피하게 규칙위반 행동으로 반응할 수밖에 없다는 것이다. 따라서 환자들의 이상 행동은 일차적으로 개인이 속한 집단의 규칙위반 행동으로 볼 필요가 있다고 고프먼은 주장한다.

고프먼의 모든 연구를 관통하는 요소 가운데 하나가 자아 개념이다. 고프먼은 개인의 자아는 상호작용 상황에서 형성되고 실현되는 것으로 본다. 그리고 상황을 초월한 본질적 자아가 있다기보다는 구체적 상황에서 매 순간 형성되고 실현되는 상황적 자아들이 있다고 주장한다. 따라서 논리적으로 보면 상황의 수에 따라 그만큼 복수의 자아가 있는 셈이다. 뿐만 아니라 고프먼은 한 상황에서도 자아는 주어진 배역을 연기하는 자아, 상호작용이라는 게임에서 승부를 겨루는 타산적이고 전략적인 자아의 면모를 동시에 지니고 있음을 지적한다. 또, 개인에게는 함께 상호작용을 하는 다른 이들의 자아도 지켜주고 질서와 규칙을 수호하는 자아도 있다. 이런 복합적 자아를 지닌 개인은 의례규칙의 제약을 받지만 또 적극적으로 자아를 획득할 수 있는 자율성도 있다. 이 점은 매우 흥미롭고 풍부한 예화로 가득 찬 여섯 번째 에세이 「행동이 있는 곳」에서 특히 두드러진다. 행동이 있는 곳은 순간의 선택과 실행이 개인의 나머지 삶에 영향을 미치는 운명적 사건이 벌어지는 장소와 상황이다. 도박, 사기, 절도, 게임, 결투 따위의 행동은 다른 이들이 보는 자리에서 개인이 자신의 '성격(character)'을 창조·획득·과시할 절호의 기회이자 많은 것을 잃을 수도 있는 위험한 자리이기도 하다. 이 자율성과 모험적 속성이 건조하고 틀에 박힌 개인 일상의 삶에 활기와 열정을 불어넣는다는 주장이다.

이제, 이 책에 실린 글들을 관통하는 고프먼의 핵심 논지를 요약해보자. 우리의 사회적 삶은 직간접 대면 상호작용으로 구성되며, 대면 상호작용은 의례 기제를 통해 개인에게는 자아를, 사회에는 도덕적 질서를 보장해준다. 사회는 사람들이 일상의 미시적 상호작용 상황에서 적절한 행동으로 실행에 옮겨야 비로소 실재한다. 사회제도와 사회조직도 구체적 상황에서 사람들의 실행을 통해 형성되고 실현되는 것이다. 사람들의 실제 행동, 특히 타인들과 마주한 자리에서 주고받는 상호작용은 의례규칙에 따라 이루어진다. 그러지 않으면 상호작용의 질서는 교란되고 무너진다. 개인의 자아도 상호작용 의례를 행하는 과정에서 형성되고 실현된다. 무수한 상호작용 상황으로 이루어지는 현대사회에서 개인은 복수의 상황적 자아를 지닌다. 그래서 상호작용 상황은 개인에게 자타가 공인할 만한 긍정적 자아 이미지를 획득할 수 있는 기회이자, 자칫하면 의구심과 불신의 대상이 될 수도 있는 위험한 계기이기도 하다. 우리의 사회적 삶은 이런 대면 상호작용의 연속과 반복으로 구성되므로 대면 상호작용의 구조와 요건과 결과를 이해하는 데서 출발하는 사회학이 필요하다.

『상호작용 의례』는 고프먼의 전 연구 생애를 관통하는 연구 관심사와 거듭되는 연구 주제가 가장 선명하게 집약되어 있어서 고프먼의 사회학을 이해하는 데 좋은 길잡이가 되리라고 생각한다. 무엇보다도 고프먼은 이 책에서 우리가 당연히 여기는 아주 사소하고 하찮은 일상이 사실은 정밀한 사회학적 탐구가 필요한 수수께끼임을 보여준다. 그리고 우리로 하여금, 때로는 불편하고 때로는 눈앞을 환히 밝혀주는 사회적 삶의 진실을, 우리의 자아 정체성과 우리를 제약하는 상황적 맥락을, 새로운 눈으로 보고 이해하고 반추할 수 있게 해준다.

고프먼 읽기는 언제나 지적 자극과 흥미를 동시에 느끼게 해준다. 그러나 우리말로 옮기는 일은 엄청난 고역이었다. 그가 다루는 현상이 세밀하고 미묘하고 복잡하기도 하지만 그의 글쓰기 스타일이 까다롭고 난해하고 그러면서도 문학적 향기가 있어서 그 모두를 온전히 살리기가 힘들었다. 고프먼에 대한 우리말 번역서가 두 권에 불과한 데는[4] 그런 연유도 있지 않을까. 부족한 번역에서도 독자들이 행간의 의미를 바로 읽을 수 있기만 바랄 뿐이다. 원고를 꼼꼼히 읽고 세세한 지적을 해주신 한국연구재단 '명저번역지원 사업'의 평가위원들께 깊이 감사드린다. 여전히 남아 있을 미흡한 부분은 전적으로 옮긴이의 부족함 때문이다. 세심하게 글을 다듬어 주신 아카넷의 좌세훈 편집자께도 고마운 마음을 전하고 싶다. 덕분에 훨씬 정확하고 읽기 좋은 글이 되었다.

참고문헌

Burns, Tom, 1992, *Erving Goffman*, London & New York: Routledge.
Collins, Randall, 2004, *Interaction Ritual Chains*(『사회적 삶의 에너지: 상호작용 의례의 사슬』, 2009, 한울아카데미).
Durkhein, Emile, 1912/1965, The Elementary Forms of Religious Life New York: Free Press.
Lemert, Charles, 2003. "Goffman's Enigma" in *Goffman's Legacy* ed. by Trevino, 2003.
Manning, Philip, 1992. *Erving Goffman and Modern Sociology*, California: Standford University Press.
Smith, Greg, 2006. *Erving Goffman*, London & New York: Routledge.
Trevino, A. Javier(ed.), 2003. *Goffman's Legacy*, Rowman & Littlefield Publishers.

∴

[4] *The Presentation of Self in Everyday Life*를 번역한 『자아표현과 인상관리』(김병서 옮김, 1987, 경문사)와 *Stigma*를 번역한 『스티그마』(윤선길·정기현 옮김, 2009, 한신대학교 출판부).

고프먼의 주요 연구논문 및 저서

1949. "Some Characteristics of Response to Depicted Experience," MA thesis, University of Chicago.
1951. "Symbols of Class Status," *British Journal of Sociology*, v.11: pp. 294~304.
1952. "On Cooling the Mark Out: Some Aspects of Adaptation to Failure," *Psychiatry*, 15/4: pp. 451~463.
1953a. "The Service Station Dealer: The Man and His Work," Chicago: Social Research.
1953b. "Communication Conduct in an Island Community," Ph. D. thesis, University of Chicago.
1955. "On Face-work: an analysis of ritual elements in social interaction," *Psychiatry: Journal for the Study of Interpersonal Processes*, 18?3: pp. 213~231.
1956a. *The Presentation of Self in Everyday Life*, Univ. of Edinburgh Social Sciences Research Centre. Monograph No. 2.
1956b. "The Nature of Deference and Demeanor," *American anthropologist* 58/3: pp. 473~502.
1956c. "Embarrassment and Social Organization," *American Journal of Sociology* 62/3: pp. 264~271.
1957. "Alienation from Interaction," *Human Relations* 10/1: pp. 47~59.
1959. *The Presentaion of Self in Everyday Life*, Harmondsworth: Penguin.
1961a. *Asylums*, Harmondsworth: Penguin
1961b. *Encounters: Two Studies in the sociology of Interaction*, Indianapolis: Bobbs-Merill.
1963. *Behavior in Public Places: Notes on the Social Organization of Gatherings*, New York: The Free Press.
1964a. *Stigma*, Englewood Cliffs, NJ: Prentice-Hall.
1964b. "The Neglected situation," *American Anthropologist*, v. 66: pp. 133~136.

1964c. "Mental Symptoms and Public Order," *Wlater Reed Army Institute of Research*.

1967. *Interaction Ritual: Essays on Face-to-Face Behavior*, New York: Anchor.

1970. Strategic Interaction Oxfoord: Basil Blackwell.

1971. *Relations in Public: Microstudies of the Public Order*, New York: Basic Books.

1974. *Frame analysis: An Essay on the Organization of Experience*, New York: Harper and Row.

1977. "The Arrangement Between the Sexes," *Theory and Society* 4/3: pp. 301~332.

1979. *Gender Advertisements*, London: Macmillan.

1981. *Forms of Talk*, Oxford: Basil Blackwell.

1983. "The Interaction Order", *American Sociological Review* 48: pp. 1~17.

찾아보기

ㄱ

가식 131, 133
가핑클, 해럴드(Harold Garfinkel) 27, 150
거리존중 의례 72
거리존중 체계 72
게임 7, 23(n), 36, 37(n), 53, 112, 141, 164, 166, 168, 195, 223, 257~258, 291
겨룸(겨루기) 167, 221, 225, 255~258(n), 259~264, 269~271
공식 규칙 63
구두 상호작용 44~51, 124, 140~145
구조화이론 15
기대 효용성 169
기댓값 164, 169~170
기든스, 앤서니(Anthony Giddens) 15, 298

ㄴ

낙인 7
내기의 단계 189
내용규칙 59(n), 63~64, 94(n)
노블리스 오블리제 40
노선 17~26, 27, 36, 41, 44

노선 협조 53
행동노선 15, 109, 165

ㄷ

당혹감 24, 53, 80, 105, 107, 113, 117, 119
대리체험 278, 282, 284~285
대면 상호작용 13, 59(n), 96, 107, 109, 151, 153, 182, 188, 302
대인관계 의례 67, 181
대인관계 행동 222, 226, 255, 265, 269, 271
대처 187, 189, 193, 194, 217, 277
대칭적 규칙 62~63, 73, 83(n), 87
대화 상호작용 23, 141
도덕적 의무 113, 273
뒤르켐, 에밀(Durkheim, Émile) 31(n), 57~58, 81~82, 103, 297, 299
딴생각 127, 129, 134, 135, 142

ㄹ

래드클리프브라운(Radcliffe-Brown) 57, 67(n), 79(n), 290
로플런드, 존(John Lofland) 291

롱, 데니스(Dennis Wrong) 289
루쉬, 위르겐(Jurgen Ruesch) 155

ㅁ
만남(encounter) 155
메일러, 노먼(Norman Mailer) 284(n)
메타 의사소통 49(n)
몰입 7, 123, 128, 129, 143, 157, 277(n)
    과잉몰입 132
    몰입불량 127, 135, 140, 142
    몰입 시늉 135
    몰입 의무 124, 134, 139, 142, 143
    상호몰입 123, 127, 225
문젯거리 166~167, 175~176, 183, 187, 194, 197, 230, 234, 277
    문젯거리 상황 230
미드, 조지 허버트(George Herbert Mead) 93, 268, 290
민속방법론 151(n), 291, 298
민속지 6, 8, 14, 296
밀스, C. 라이트(C. Wright Mills) 5

ㅂ
바커, 로저 갈록(Roger Garlock Barker) 154
방어 26, 54, 189, 19~193, 194, 208, 217
    방어기제 27, 147
    방어적 적응 194
    방어행동 189
    자기방어 27, 78
배당률 163
버드위스텔, 레이(Ray Birdwhistel) 289
베노이트 스뮐리안, 에밀(Émile Benoit-Smullyan) 118
베이트슨, 그레고리(Gregory Bateson) 155
본드, 제임스(James Bond) 278(n)
볼드윈, 마크(Mark Baldwin) 105

불굴의 투지 233, 244
브라운, 클로드(Claude Brown) 247
블로일러, 오이겐(Eugen Bleuler) 156
블루머, 허버트(Herbert Blumer) 290
비공식규칙 63
비대칭적 규칙 62, 73, 87

ㅅ
사교 코드 21
사회적 만남 17, 55, 107, 109, 112, 114
사회적 상황(social situation) 67, 155, 157, 161(n), 179~182, 183, 220, 249, 254
사회조직 14, 105, 233, 254, 282
사후영향 169, 174~176, 179, 183, 187, 197, 209, 228, 230, 237, 277
상징적 상호작용론 6, 290
상호작용에 대한 의식 129
상황의 사회학(sociology of occasion) 14, 295
상황적 부적합성 152, 159
색스, 하비(Harvy) 291
샌섬, 윌리엄(William sansom) 265
샐린저, 제롬(Jerome D. Salinger) 137(n)
성격 228, 231, 234, 237, 248, 250, 253, 255, 257, 260, 262, 269, 271, 276
    성격 겨루기 255, 278, 282, 284
    성격 과시 255
    성격 특성 232, 244, 249, 259
성실성 229, 233
셸링, 토마스(Thomas Schelling) 165, 291
소로킨, 피트림(Pitrim Sorokin) 5
소비 과시 행동 212
소외 123, 127, 135, 283
수습절차 30
수학적 승률 163
스미스, 도로시(Dorothy Smith) 291

스미스, 애덤(Adam Smith) 126
시간 죽이기 174, 175
시민적 무관심 157
신분의례 66
신체접촉 체계 82~83
　대칭적 접촉 83
　비대칭적 접촉 83
실스, 에드워드(Edward Shils) 290
실용적 도박 183, 187, 194, 228, 255, 276

ㅇ
암묵적 협동 40
역할 7, 27, 33, 43, 51, 109, 119, 126, 132, 140
　역할 거리 7
　역할 분리 117
연극적 관점 7
연출의례 71, 72(n), 79, 85, 300 또한 '회피의례'를 보라.
오친클로스, 루이스(Louis Auchincloss) 272
용기 223(n), 232, 244
운(chances) 162, 173, 19, 214
　운 걸기 176, 184(n), 193, 200, 209, 215, 230, 275, 276, 277
운명적 사건 177, 180, 183, 187, 193, 194, 232, 237, 255, 263, 278, 282, 302
운명적 활동 176, 226, 282, 284
워너, 로이드(Warner, Lloyd) 290
위반실험 151(n)
위선 131
유사대화 141
은유적 개념 288, 296
의례 30, 31(n), 55, 67, 94, 99, 299
　의례 게임 35, 43
　의례규칙 59(n), 64, 99
　의례 균형 30, 49, 55

의례 모독 93
의례 주고받기 35, 48
의례질서 30, 37, 51, 53, 125, 134, 181, 234
의례 코드 33, 42, 43, 45(n), 49, 51, 65
이론적 승률 163
인상관리 85(n)

ㅈ
자기분열 119
자아 6, 43, 48, 50, 55, 61, 75, 81, 93, 99, 114, 119, 253, 256, 302
　복수의 자아 117, 119, 302
　사회적 자아 35(n), 85(n), 300
　상황적 자아 85(n), 93(n), 302
　자아의 취약성 8
　자아의 활력성 9
　자아 이미지 18, 20, 21, 43, 49, 85(n), 115, 124, 129, 303
　자아 정체성 116, 303
　자아투사 114
자의식 128, 134, 139(n), 142, 144, 240
작업 걸기 224~225
정정당당함 64(n), 235~236
정해진 승률 163~164
제임스, 윌리엄(William James) 248
존대 57, 66, 85(n), 89, 93, 99, 269, 270(n) 또한 '처신' 항목을 보라.
　존대의례 67, 81, 83, 300 또한 '연출의례'와 '회피의례'를 보라.
　존대와 처신(의 관련성) 57, 89, 99, 300
존슨, 새뮤얼(Samuel Johnson) 119(n), 279(n)
주고받기 30~33, 36, 48, 81, 91, 141, 228
짐멜(지멜), 게오르그(Georg Simmel) 28(n), 72, 75, 175(n), 290

찾아보기 | 309

ㅊ

처신 57, 85, 89, 99, 181, 243 또한 '존대' 항목을 보라.
청중 분리 117
체면 18, 20, 22, 24, 27, 30, 35, 51, 54, 111
    체면 지키기 24, 25, 27, 35, 37, 40
    체면 지키기 협동작업 39
초점이 맞추어지지 않은 상호작용 17(n), 141, 155
초점이 맞추어진 상호작용 17(n), 141, 155
치킨 런 (게임) 260
침착성 21, 24, 37, 38(n), 55, 109, 112, 116(n), 119, 237, 240, 275

ㅋ

콜린스, 랜달(Randall Collins) 298
쿨리, 찰스(Charles H. Cooley) 131

ㅌ

타인에 대한 의식 129, 130, 132, 134
투신 165, 211(n), 248
투우 186, 217~219, 221(n), 229, 231, 268

ㅍ

파슨스, 탤컷(탈콧)(Talcott Parsons) 5, 161, 289
평판 20, 43, 53, 62, 80, 181, 197, 207, 230, 232, 234, 249, 284
폐쇄조직 298
표현 통제 22
표현적 질서 21, 30, 32~33, 49
품행규칙 33, 59~66, 99, 139(n), 144, 150, 154
    품행불량 88, 102, 148, 149, 180, 182, 283
    품행 코드 282
프레임 7

ㅎ

하트, C. W. M(Hart C. W. M) 289
행동(action) 8, 13, 161, 199, 200, 201, 202, 204, 205, 207, 209, 215, 218, 220, 223, 228, 255, 259, 269
    행동 마당(field of action) 220
    행동 장(behavior settings) 154
    행동이 있는 곳 198, 201, 202, 203, 204, 205, 206, 209
헤밍웨이, 어니스트(Ernest Hemingway) 195(n), 220, 222, 229, 231, 253, 284(n)
홉스, 토머스(Thomas Hobbes) 126(n)
홉슨(Hobson)식 선택 184
환상(의) 제조 212
회피 27(n)
    회피의례 71, 72(n), 78~81, 85, 92, 300 또한 '연출의례'를 보라.
    회피절차 27
휴스, 에버릿(Everitt Hughes) 290
힐러리, 에드먼드(Sir. Edmund Hillary) 196

지은이

∷ 어빙 고프먼 Erving Goffman

어빙 고프먼(1922~1982)은 우크라이나에서 캐나다로 이주한 러시아계 유대인 부모에게서 태어났다. 토론토대학에서 학부를 마치고 시카고대학 사회학과 대학원으로 진학하여, 1953년 「섬 지역 공동체에서 이루어지는 의사소통 행위」로 박사학위를 받았다. 이후 미국 국립정신병원 연구원을 거쳐 UC버클리, 펜실베이니아대학의 교수를 역임했다. 1982년 제73대 미국사회학회의 회장으로 선출되었으나 급격히 진행된 위암으로 사망했다.

고프먼은 일상의 대면 상호작용을 분석하여 미시사회학 분야를 개척한 매우 독창적인 사회학자로, 20세기 후반, 세계에서 가장 영향력 있는 대가 가운데 한 사람이다. 고프먼은 다양한 직업현장과 조직, 정신병동, 카지노, 거리, 파티 장소, 엘리베이터, 스파이와 사기꾼들의 세계를 특유의 통찰력으로 관찰하고 분석했다. 그 결과로, 『자아연출의 사회학』(1959), 『정신병원』(1961), 『낙인』(1963), 『상호작용 의례』(1967), 『프레임 분석』(1974), 『담화의 형태』(1981)와 같은 명저를 남겼다. 『상호작용 의례』는 고프먼의 초기 연구들을 묶은 것으로, 첫 저서 『자아연출의 사회학』에서 보여준 '연극으로서의 사회적 삶'이라는 관점을 '의례'와 '게임'으로서의 삶이라는 관점으로 확장시킨 책이다. 연구 대상과 분석의 초점을 달리하는 고프먼의 여러 연구저작 가운데서, 이 책은 그의 생애를 관통하는 연구 관심사와 방법론적 특성을 가장 잘 보여주고 있다.

옮긴이

∷ 진수미

경북대학교 사회학과 명예교수. 랜들 콜린스의 『상식을 넘어선 사회학』, 『사회적 삶의 에너지: 상호작용의례의 사슬』과 어빙 고프먼의 『자아연출의 사회학』을 번역했다.

한국연구재단총서 학술명저번역 서양편 538

상호작용 의례
대면 행동에 관한 에세이

1판 1쇄 펴냄 | 2013년 5월 24일
1판 6쇄 펴냄 | 2025년 9월 22일

지은이 | 어빙 고프먼
옮긴이 | 진수미
펴낸이 | 김정호
펴낸곳 | 아카넷

출판등록 | 2000년 1월 24일(제406-2000-000012호)
주소 | 10881 경기도 파주시 회동길 445-3
전화 | 031-955-9510(편집) · 031-955-9514(주문)
팩스 | 031-955-9519
책임편집 | 좌세훈
www.acanet.co.kr

ⓒ 진수미, 2013

Printed in Paju, Korea.

ISBN 978-89-5733-284-9 94330
ISBN 978-89-5733-214-6(세트)